Quando o passado não passa
Elisa Masselli
Copyright © 2020 by Lúmen Editorial Ltda.

1ª edição - Novembro de 2020.

Coordenação editorial: *Ronaldo A. Sperdutti*
Revisão: *Alessandra Miranda de Sá*
Projeto gráfico e arte da capa: *Juliana Mollinari*
Imagem da capa: *Shutterstock*
Diagramação: *Juliana Mollinari*
Assistente editorial: *Ana Maria Rael Gambarini*
Impressão: *Gráfica Loyola*

```
Dados Internacionais de Catalogação na Publicação (CIP)
         (Câmara Brasileira do Livro, SP, Brasil)

   Masselli, Elisa
      Quando o passado não passa / Elisa Masselli. --
   1. ed. -- Catanduva, SP : Lúmen Editorial, 2020.

      ISBN 978-85-7813-235-4

      1. Espiritismo 2. Romance espírita I. Título.

20-45692                                         CDD-133.9
         Índices para catálogo sistemático:

   1. Romance espírita : Espiritismo    133.9

   Maria Alice Ferreira - Bibliotecária - CRB-8/7964
```

1-11-20-3.000

Av. Porto Ferreira, 1031 - Parque Iracema
CEP 15809-020 - Catanduva-SP
Fone: 17 3531.4444

www.lumeneditorial.com.br | atendimento@lumeneditorial.com.br
www.boanova.net | boanova@boanova.net

2020
Proibida a reprodução total ou parcial desta
obra sem prévia autorização da editora.

Impresso no Brasil – *Printed in Brazil*

QUANDO O PASSADO NÃO PASSA

ELISA MASSELLI

LÚMEN
EDITORIAL

APRESENTAÇÃO

Aconteceu comigo.

Este foi o primeiro livro que escrevi. Surgiu quando eu tinha cinquenta e quatro anos e em um momento da minha existência em que julguei estar tudo perdido. Embora eu houvesse trabalhado muito em minha vida, naquele momento, havia perdido tudo. Meu último negócio, assim como o anterior a ele, não deu certo. Trabalhava com artigos para noiva. Era um negócio que tinha tudo para ser bem-sucedido.

Acredito que, como todas as outras pessoas que trabalham nesse ramo, eu vendia com cheques pré-datados e pagava a mercadoria também com cheques pré-datados. Tinha várias pessoas que trabalhavam para mim e sabia que elas dependiam do sucesso do meu trabalho. Tudo corria bem, até que um cheque de cinco mil reais voltou, o que me causou um mal irreparável na época (1997): não tinha como pagar as mercadorias que havia comprado. Para continuar trabalhando recorri a agiotas e esse foi o começo do meu fim. Em pouco tempo, estava devendo muito, uma quantia impagável. Para fugir das pessoas que, com razão, me cobravam, fugi para o litoral e fui morar em um apartamento que minha filha havia acabado de comprar. Fiquei lá, sozinha e desesperada. Eu, que nunca tinha devido nada para ninguém, que sempre tivera meu nome limpo, estava ali sem saber nem ter o que fazer. Meu coração doía, parecia que ia estourar, e eu pedia que estourasse mesmo, pois, para mim, não havia mais um caminho, e eu não era capaz de me suicidar.

Além de me considerar velha, vi que toda a minha vida de trabalho não tinha dado em nada. Sempre que algum trabalho não dava certo e eu tinha que trocar por outro, nervosa, gritava:

– Deus não quer que eu trabalhe!

O tempo foi passando. Eu dormia no chão e tinha só uma geladeira, um fogão e uma televisão velha. O meu salário de pensionista permitia que eu me alimentasse, nada mais.

Estava tão desesperada que não conseguia fazer nada. Não conseguia ler, assistir televisão, nada... só chorava...

Em uma manhã, depois de ter passado uma noite quase sem dormir e sem ter o que fazer, liguei o rádio e, por estar na praia, são poucas as estações que você consegue sintonizar. Comecei a girar o botão e ouvi a voz de um homem falando bem acaipirado. Não sabia quem era aquele homem, nunca havia ouvido falar nele, mas, mesmo assim, parei e fiquei escutando. Ele atendia uma mulher que falava pelo telefone. Ela dizia:

– *Meu marido perdeu tudo o que tinha, está desesperado!*

Ele calmamente perguntou:

– *Ele tá vivo?*

Ela, parecendo não entender, respondeu:

– *Está, graças a Deus.*

– *Intão eli num perdeu nada... é só continuar...*

Dali para frente, não lembro mais como foi a conversa, somente fiquei pensando: "Ele está certo. Eu ainda estou viva!

Como sempre trabalhei, vou encontrar um outro trabalho e vou conseguir consertar a minha vida!"

Senti um novo ânimo. Não sabia como, mas sentia que alguma coisa ia acontecer; algum trabalho, como sempre, ia aparecer.

Os dias foram passando. Continuei ligando o rádio na mesma hora e descobri que aquele homem que falava acaipirado era Calunga, o guia espiritual de Luiz Gasparetto, que eu já conhecia pelas muitas vezes que o havia visto na televisão pintando quadros maravilhosos.

Em uma manhã, acordei com um pensamento estranho. Via um lugar, uma família em Portugal. Não entendia o que estava acontecendo e deixei pra lá. Mas aquela família e aquele lugar não saíam da minha cabeça. Tentei pensar em outras coisas, mas não conseguia. Peguei um livro para ler e uma das personagens dizia: "Já tive filhos, já plantei uma árvore, só falta escrever um livro".

Parei e sorri, pensando: "Também já tive três filhos e, quando minhas filhas foram ser escoteiras, plantei muitas árvores; só falta escrever um livro".

Aquela família, aquele lugar voltaram ao meu pensamento. Não entendia o que estava acontecendo. Pensei: "E se eu escrevesse um livro sobre essa família, sobre esse lugar?" Ao mesmo tempo, refletia: "Não! Como vou escrever? Não tenho escola! Só estudei até o quarto ano primário! Não tenho como escrever um livro!"

Os dias foram passando e eu não parava de pensar naquele lugar. Em uma manhã, surgiu o rosto de uma mocinha linda, que morava naquela casa. Enquanto tomava o meu café, pensei: "Será que isso vai dar uma história? Também, não tenho o que fazer. Estou aqui, sozinha e sem ter o que fazer. Vou tentar escrever; ao menos vou ter o que fazer".

Fui até o supermercado, comprei um caderno e comecei escrevendo sobre aquele lugar, aquelas pessoas e, principalmente, aquela mocinha.

Assim que comecei a escrever, as imagens foram se tornando mais nítidas. Elas vinham com tanta força, que minha mão não conseguia acompanhar meus pensamentos. Minha mão doía, pois eu não estava acostumada a escrever, porém mesmo assim eu não parava. A história foi surgindo e eu escrevia chorando, pois não conseguia acreditar que estava escrevendo coisas tão lindas. Muitas vezes, enquanto escrevia, tive de parar para poder enxugar os meus olhos. A cada dia que passava, a história ia ficando mais linda.

Por algum tempo, levantava pela manhã e não sabia o que escrever. Estava ansiosa, como um leitor que quer saber a continuação do livro, mas nada. Em outra manhã, acordei com a continuação. Assim foi, até o livro terminar. Quando ele ficou pronto, senti-me muito feliz, mas, ao mesmo tempo, sabia que seria muito difícil publicá-lo.

Meus filhos não acreditavam que eu tinha escrito uma história. Estavam felizes, pois durante todo o tempo em que escrevi eu havia renascido, parecia outra pessoa. Antes disso, eles estavam preocupados, com medo de que eu entrasse em depressão. Minha filha, Adriana, quando comecei a escrever, disse que, se eu levasse mesmo a ideia adiante, ela iria corrigir o texto. Quando o livro ficou pronto e pedi que fizesse a correção, ela desconversou, deixando sempre para o outro dia. Ela sabia que eu estava empolgada e ficou com medo de ter de me dizer que o livro era ruim e, assim, que eu voltasse a ficar como antes.

Um dia, estava ouvindo o programa do Gasparetto, e ele disse:

– Temos uma editora em que são publicados os meus livros e os da minha mãe.

Mais tarde, dona Zibia me disse que ele nunca tinha dito aquilo, pois não falava sobre a editora no programa, mas sei que disse: eu ouvi!

Resolvi que ia mandar o livro para a editora. Disse para minha filha que, se ela não corrigisse, ia mandar daquele jeito que estava. Ela, não tendo como escapar e com medo de que eu me decepcionasse, resolveu corrigir.

A essa altura, depois de muito penar, eu, que nunca tinha chegado perto de um computador, já havia passado o livro para um. Enquanto eu imprimia as páginas, minha filha ia lendo. Depois de mais ou menos uma hora de leitura, ela veio, muito nervosa, até a sala onde eu estava e perguntou:

– Mãe, de onde a senhora tirou essa história? Plágio dá cadeia!

Comecei a rir e disse:

– Não é plágio, não tirei de lugar algum! Surgiu na minha cabeça! Eu só escrevi.

Ela, um tanto temerosa, terminou de ler. Depois mandou encadernar e eu coloquei no correio. Quinze dias depois, recebi um telegrama da dona Zibia pedindo que eu fosse até a editora. Eu comecei a tremer.

Fui até a editora. Tremia muito de emoção, primeiro por conhecer, pessoalmente, a dona Zibia, uma escritora maravilhosa que eu acompanhava de há muito tempo, e depois por saber o que ela havia decidido sobre o meu livro.

Assim que cheguei, ela me recebeu muito bem. Uma pessoa maravilhosa, simples e carinhosa. Sorrindo, disse:

– Eu sabia que ia chegar um livro para que eu publicasse. Chegam muitos, todos os dias, mas eu estava esperando o seu. Assim que terminei de ler, sabia que era ele. Vamos publicar.

Nem preciso dizer da emoção que senti.

Por causa dos erros de gramática, a correção levou muito tempo, quase um ano. Nesse tempo, escrevi mais dois livros: *A missão de cada um* e Nada fica sem resposta. Finalmente, o dia chegou. Recebi um outro telefonema de dona Zibia para me avisar que o livro estava pronto. Quando cheguei lá e vi o livro, só não chorei na frente dela por vergonha, e também por fazer um esforço muito grande. Senti a mesma emoção de quando peguei meus filhos nos braços pela primeira vez. Ele estava ali. Com uma capa linda, que será muito difícil fazer outra igual. Foi publicado e, até hoje, de todos os meus livros, é o mais vendido. Depois dele, vieram outros. E, por meio de cartas e mensagens pela internet, sei que todos eles têm ajudado muitas pessoas. Essa é a minha maior felicidade.

Hoje eu brinco, dizendo:

– Deus não queria que eu trabalhasse, ele queria que eu escrevesse. E, quando viu que não havia outra maneira, falou: "Vamos tirar tudo o que ela tem, assim ela vai parar de procurar trabalho e, sem ter alternativa, só lhe restará escrever".

Por isso, quando estou dando autógrafos, em alguns dos livros eu escrevo: "Quando pensamos que tudo terminou, para Deus, está apenas começando".

Isso foi o que aconteceu comigo. Isso nos dá, a todos, a certeza de que nunca estamos sós; de que, para que nossa missão seja cumprida, ajuda não faltará, e a vida, inevitavelmente, nos conduzirá a ela. Só precisamos acreditar que somos filhos de um Deus perfeito e sábio e entregar nossas vidas nas mãos Dele, e todas as portas se abrirão.

Sem mais, só posso agradecer a Deus, aos meus mentores e a todos vocês, que gostam dos livros e de mim.

Elisa Masselli

SUMÁRIO

Uma família... um lugar... uma amizade......... 13
A festa de Santo Antônio 29
Previsões se realizando 43
Uma terra distante.. 53
Compra de escravos..................................... 60
Encontro inesperado 68
Conhecendo os deuses dos negros 82
O acidente.. 93
Mais forte que tudo..................................... 109
O resultado do amor 115
Uma porta que se abre............................... 123
Viagem para Portugal 136
Planejando o mal 147
Traição 163
Encontrando o céu..................................... 189
Notícia indesejada..................................... 198
A hora da vingança 213
A decisão de Rodolfo................................. 230
Um anjo enviado pelo céu 237
Reencontrando o vidente........................... 248
A decisão de José 261
A descoberta de Celeste............................ 270

Preconceito 275
Tentação 317
Conhecendo a corte 336
A volta de Felipe 348
O reencontro 369
Epílogo 380

UMA FAMÍLIA...
UM LUGAR...
UMA AMIZADE...

    Esta história aconteceu há muito tempo, mas seu reflexo se estende até hoje. Em Portugal, havia um pequeno sítio chamado Vila das Flores. Tinha esse nome porque a família que lá morava, além de criar ovelhas, possuía uma linda plantação de flores, conhecida em todo o povoado.

    Esse pequeno povoado ficava na região de Trás-os-Montes. Nesse sítio, morava uma família constituída por cinco pessoas.

    O chefe da família, senhor Tadeu, homem de mais ou menos cinquenta anos, trabalhador e honesto, herdou a vila de seu pai. Desde criança, cuidou de ovelhas e comercializou sua lã.

    Sua mulher, dona Maria Teresa, mãe dedicada que, juntamente com o marido, só tinha um desejo na vida: o bem-estar de seus filhos.

    Tadeu, que levava o nome paterno por ser o filho mais velho, estava com vinte e quatro anos e, assim como o pai, cuidava das ovelhas.

QUANDO O PASSADO NÃO PASSA

José, o filho do meio, com vinte anos, não gostava do trabalho, mas também ajudava o pai a cuidar das ovelhas.

Os quatro viviam para fazer os desejos de Rosa Maria, a caçula, que era amada por todos. Dezesseis anos, bonita, com um longo cabelo negro e olhos castanho-claros, parecendo duas gotas de mel. Rosa Maria era quem cuidava da plantação de flores e ajudava a mãe nos afazeres da casa.

As flores, cultivadas com carinho, eram vendidas no povoado. Viviam uma vida tranquila, cada um cuidando de sua obrigação. Tadeu pai e Tadeu filho iam até o centro do povoado comercializar as ovelhas, a lã e as flores.

Todos os anos, no mês de junho, havia uma grande festa no povoado em homenagem a Santo Antônio de Pádua. Essa festa era muito esperada, não só por todos os moradores das redondezas, mas também por aqueles de lugares distantes.

Sempre, nessa data, dona Maria Teresa preparava com carinho as roupas de todos para que fossem bem-arrumados, porque lá se encontrariam com conhecidos.

Neste ano, ela preparou com esmero a roupa dos rapazes, não se esquecendo da faixa da cintura, que teria de combinar com a boina.

Para Rosa Maria, fez um lindo vestido rosa com uma saia bem rodada, fitas e muitas rendas. Seu cabelo seria preso com um lindo laço de fita.

Nessa festa, havia muitos jogos, danças e, principalmente, muita comida, que é do que o português mais gosta.

A imagem de Santo Antônio, toda enfeitada em um andor, seguiria em procissão por toda a cidade.

O senhor Tadeu fazia questão de todo ano comprar um chapéu novo. Era essa sua única vaidade.

Chegou o grande dia. Enfeitaram a carroça com flores e bandeiras feitas de papel. Ao chegar ao local da festa, Rosa Maria não conseguia esconder a emoção. Tudo muito colorido e enfeitado com bandeiras. Pessoas indo e vindo. Moças e rapazes, felizes, desfilavam garbosamente suas roupas novas.

A família encaminhou-se para o local onde era servida a comida: muita batata, bacalhau, couve-troncha e ovos cozidos, tudo regado com muito azeite português e vinho, muito vinho. Não se pode imaginar uma festa portuguesa se não houver vinho. Todos comeram à vontade. Quando se tratava de comida, o senhor Tadeu não fazia economia.

Após o almoço, ele e sua mulher ficaram conversando com um casal de amigos que havia muito tempo não viam. Tadeu filho, sendo o mais velho, não gostava de andar com os pequenos, como chamava José e Rosa Maria. Saiu andando sozinho. Rosa Maria e José, muito apegados, saíram de mãos dadas olhando tudo, parando para jogar em algumas barracas, rindo, felizes por estarem ali. Viram ao longe algumas pessoas cercando um homem que estava sentado com as pernas cruzadas, na posição de Buda.

A sua frente, havia ervas medicinais de todas as qualidades. Era o curandeiro da cidade. Diziam que ele, com suas plantas, curava qualquer tipo de doença. Elas eram cultivadas no quintal de sua casa, que ficava distante do povoado, mas mesmo assim as pessoas iam até lá. Diziam, também, que ele fazia adivinhações e previa o futuro.

Rosa Maria já ouvira falar dele, mas não o conhecia. Ele não cobrava nada para atender as pessoas, mas todos sabiam que vivia de suas plantas e curas, por isso cada um dava o que podia em pagamento.

Ele usava o necessário para viver. Dava o que sobrava às pessoas mais pobres. Por muitos, era considerado um santo. Rosa Maria e José aproximaram-se para observar e conhecer aquele homem tão comentado por todos.

Após consultar, receitar e dar algumas ervas a alguém, o velho curandeiro levantou a cabeça e ficou olhando à sua volta. Seus olhos encontraram-se com os de Rosa Maria.

Ficou olhando para ela durante algum tempo e falou:

– Menina, venha para perto de mim.

Rosa Maria olhou assustada para José, que fez um sinal com a cabeça, dizendo-lhe que fosse. Ela se aproximou timidamente. O velho pediu que se ajoelhasse à sua frente para que ele pudesse vê-la melhor. Rosa Maria ajoelhou-se e ficou bem de frente a ele, olhos nos olhos.

– Menina, qual é seu nome?
– Rosa Maria, senhor.
– Rosa... É o nome da rainha das flores. Graças a seu perfume e beleza, desperta, tanto em quem dá como em quem recebe, um sentimento de ternura e de amor. Enfeita todos os lugares em que for apresentada. É bem-aceita em uma festa, casamento ou enterro, porém apesar de toda essa beleza possui espinhos pontiagudos que servem para protegê-la, mas que podem também ferir. Você, menina, terá uma vida longa. Voltou à Terra para cumprir uma missão. Sua vida será cheia de surpresas. Haverá vezes em que se sentirá perdida, sem rumo e sem saber o que fazer. Será muito feliz e muito infeliz. Amará e será amada. Será traída e enganada. Na hora de maior desespero, seus espinhos a protegerão. Irá para uma terra distante, além-mar. Vai se sentir sozinha, desprotegida. Voltou para resgatar, ajudar e proteger. Terá toda a ajuda necessária para poder cumprir sua missão com êxito. Tudo dependerá de você. Mas lembre-se: por pior que pareça o momento, nunca, nunca esqueça que Deus é nosso pai e que nunca, jamais nos abandona. Criador de tudo e de todos, sabe tudo e permite que o ser humano evolua sempre para o bem. Nunca esqueça que a única coisa que conduz a essa evolução é o perdão. Perdoe sempre. É o único caminho para se chegar a Deus. Lembre-se também de que tudo está certo como está; que todos estão sempre na hora e no lugar certos e com as pessoas certas. Nunca duvide da bondade de Deus e nunca duvide de que Ele está a seu lado, em todos os momentos de sua vida.

Ele parou de falar, virou-se para outra moça que o estava escutando e perguntou:

– Qual é seu nome?

José pegou Rosa Maria pela mão e puxou-a rapidamente. Tremendo, ela disse:

– Esse homem é louco! Assustou-me! Como vou ficar sozinha? Tenho todos vocês... Imagine ir para uma terra distante! Missão? Que missão é essa? Voltei?! Voltei como, se nunca saí daqui?

José acalmou-a da melhor maneira que pôde. Também estava furioso, mas precisava tranquilizar a irmã.

– Não ligue. Esqueça isso. É só um louco querendo dar uma de esperto.

Voltaram para junto dos pais, que, alheios a tudo aquilo, conversavam animadamente com seus amigos.

Rosa Maria estava muito nervosa, mas não quis estragar a tranquilidade dos pais. José também se calou.

Fazia muito calor. Dona Maria Teresa pediu aos filhos que fossem até a fonte pegar água, que jorrava fresca e agradável.

Rosa Maria pegou uma jarra e juntamente com José foram buscar água.

No caminho, viram Tadeu dançando com uma moça. Os dois se olharam com olhar de cumplicidade e riram. Alguns amigos chamaram José, que começou a conversar com eles.

Rosa Maria, entediada com aquela conversa, falou:

– José, continue conversando. Vou até a fonte pegar a água.

– Está bem, irei em seguida.

Na fonte, Rosa Maria bebeu um pouco daquela água fresca e cristalina. Encheu a jarra.

Estava voltando para junto de José quando ouviu gritos de dor e muito alarido.

Foi até o local e viu um homem batendo com um chicote em um mendigo que, com as mãos, cobria o rosto e pedia socorro, mas ninguém o ajudava. O homem que batia era alto, bem-vestido, usava um terno e uma linda capa preta com o forro vermelho, além de uma cartola e luvas nas mãos. Era um homem bonito e elegante.

Ela deu um pulo e abraçou-se ao mendigo com tanta rapidez, que quase levou uma chicotada também. Levantou a cabeça e perguntou:

– Por que está fazendo isso?

— Esse maldito! Atreveu-se a tocar em minhas roupas.
— Isso não lhe dá o direito de espancá-lo!
Ele a olhou com tanto ódio que ela chegou a estremecer, mas não desviou os olhos. Ele recolheu seu chicote e saiu rapidamente.

Ela se levantou e ajudou o mendigo a se levantar. Iria dar um pouco de água a ele, mas a jarra estava no chão, vazia. Quando pulara para ajudar o mendigo, a jarra caíra e ela nem percebera. O mendigo beijou suas mãos e saiu correndo, chorando.

José e os amigos, que estavam conversando, ouviram todo aquele barulho. Foram até lá ver o que estava acontecendo. Quando chegaram, tudo já havia terminado. Só Rosa Maria estava ali, parada, estática, chorando com muito ódio.

— Ele é um animal! Como o odeio!

José perguntou:
— O que aconteceu aqui? Por que está chorando?

Ela contou. Olharam para o lado. O homem não estava mais lá. Só restavam algumas pessoas, que comentavam o acontecido. José e os amigos não podiam fazer mais nada.

Foram pegar mais água, depois voltaram para junto dos pais, que continuavam conversando sem nada saber.

No final do dia, voltaram para casa. Rosa Maria estava calada, triste e pensando: "Quanta coisa desagradável aconteceu hoje. Primeiro, o adivinho me falando todas aquelas coisas horríveis, depois aquele homem maldoso. Esperei tanto por este dia... Não foi nada agradável".

Ao chegar em casa, dona Maria Teresa, que notara a tristeza da filha, perguntou:
— Minha filha, o que aconteceu hoje? Você me parece tão triste. Estava tão ansiosa para ir à festa!

Ela contou tudo para a mãe. Dona Maria Teresa ouviu pacientemente. Quando Rosa Maria parou de falar, ela a abraçou, dizendo:
— Não se preocupe com tudo isso. Aquilo que o curandeiro falou nunca vai acontecer. Você tem uma família que a adora.

Se eu morrer, ficará seu pai. Se ele morrer, ficarei eu. Se nós dois morrermos ao mesmo tempo, ainda terá seus irmãos. Minha filha, tudo isso é bobagem. Nunca sairemos daqui. Você nunca irá para terra estranha. Vai é se casar e com certeza construirá sua casa aqui e continuaremos por muito tempo juntos. Quero conhecer meus netos, tanto seus filhos como os de seus irmãos. Agora, vá se deitar. Não se preocupe. Tem a vida toda pela frente e é muito amada por todos nós. Terá sempre nossa proteção. Seu pai nasceu e foi criado aqui. Aqui nos casamos, tivemos vocês. Amamos este lugar e não sairemos daqui jamais. Aqui seremos enterrados. Quanto ao outro homem, não guarde tanto ódio. Não vê que, apesar de ter tanto dinheiro, ele é um infeliz? Esqueça tudo isso. Vá dormir. Amanhã será outro dia. Deus vela por todos nós.

Rosa Maria foi para o quarto acompanhada pela mãe, que a colocou na cama e, beijando sua testa, falou:

– Boa noite, minha filha. Deus proteja seu sono e sua vida.
– Boa noite, mamãe. Gosto muito da senhora.

Dona Maria Teresa deu um sorriso. Saiu do quarto pensando: "Deus, proteja meus filhos. Não permita que nada de ruim aconteça com eles".

Rosa Maria fechou os olhos, mas não conseguia dormir. A imagem daqueles dois homens que estragaram seu dia não saía de seu pensamento. Rolou de um lado para o outro, até que finalmente adormeceu.

Sonhou que estava em uma clareira no meio de uma mata colorida com vários tons de verde e com muitas flores. O céu estava claro e brilhante pelo sol.

Percebeu estar sentada em cima de uma pedra bem alta. Seu vestido era de um rosa claro, quase branco. O vestido, muito longo, descia pela pedra. Vestido e cabelos enfeitados por flores minúsculas brilhantes. A sua frente, homens, mulheres e crianças dançavam e colocavam a seus pés flores e frutas de várias qualidades e cores. Ao longe, o barulho de um riacho. O barulho era alto.

Ela se virou e viu uma linda cachoeira. Achou aquele lugar mágico. Do meio das águas, viu um moço que vinha em sua direção, sorrindo e trazendo em suas mãos um lindo ramalhete de rosas. Ela também estava feliz por vê-lo. Alto, bonito e com um lindo sorriso. Ela o conhecia. Estava vestido de branco, com os olhos brilhantes de felicidade.

Quando ele estava chegando perto, surgiu aquele homem com o chicote nas mãos e começou a chicotear a todos. Ela se assustou e acordou.

Sentou-se na cama. Olhou para todos os lados. Estava em seu quarto. Viu que fora somente um sonho, mas parecera tão real! Por algum tempo, ficou pensando no sonho: "Foi tudo tão real! E aquele moço? Quem será? Tão bonito como nunca vi antes! Eu o conheço, tenho certeza, mas de onde?"

Pela manhã, acordou com uma sensação de felicidade. Estava muito bem. Contou o sonho para a mãe, que perguntou:

– Está vendo como não precisa se preocupar com nada? Esse sonho foi um aviso para lhe dar a certeza de que está tudo bem.

– E o homem do chicote?

– Apareceu porque você deve ter ido dormir pensando nele e estava com muito ódio.

Enquanto tomava café, Rosa Maria não conseguia esquecer aqueles olhos e pensava: "Quem será ele?"

Como todas as manhãs, Rosa Maria pegou a trouxa de roupa e foi até o riacho para lavá-las. Era lá um lugar de encontro para as moças e mulheres que moravam naquelas redondezas.

Lá, elas cantavam e conversavam enquanto a roupa ia sendo lavada em cima de tábuas colocadas para esse fim.

Isabel era amiga de Rosa Maria. Tinham quase a mesma idade. Foram criadas juntas. Isabel morava em um sítio vizinho ao seu. Conversavam muito e trocavam confidências.

Quando Rosa Maria chegou, Isabel já estava lá. Começaram a conversar. Isabel apresentou uma moça que estava a seu lado:

— Esta é Joana, minha prima. O marido dela foi para o Brasil já há dois anos. Ela ficou aqui trabalhando de copeira na casa do barão Dom Carlos de Albuquerque Sousa. A família toda foi passar as férias em uma quinta, lá pelos lados de Lisboa. Joana, sem eles em casa, não tem muito o que fazer, por isso veio passar uns dias conosco.

— Muito prazer! Meu nome é Rosa Maria, sou a melhor amiga de Isabel. Falando nisso, Isabel, esta noite tive um sonho estranho, mas maravilhoso!

Com detalhes, contou o sonho para as duas. Isabel ficou abismada e disse:

— Nossa! Esse não foi um sonho, parece mais um romance. Falou Joana:

— Meu marido está no Brasil já há dois anos. Logo irei encontrá-lo. Ele me escreve contando coisas de lá. Diz que tudo é diferente. Não com as famílias portuguesas, mas com os nativos. Diz que os negros escravos têm vários deuses. Tocam tambor, dançam e oferecem flores, frutas e comida a eles. Disse também que eles são muito sofridos e humilhados.

As duas moças ficaram impressionadas com o relato de Joana. Para quebrar aquele clima, Isabel falou, rindo:

— Rosa Maria, vai ver você é uma deusa dos negros!

Rosa Maria ficou furiosa com o comentário da amiga, que brincava com um assunto tão sério quanto aquele.

— Você é louca? Não sou deusa de nada!

As três riram e continuaram a lavar a roupa.

Os dias foram passando, e elas se encontravam quase sempre.

Joana continuava a contar coisas sobre o Brasil. Rosa Maria sabia que o Brasil era uma colônia de Portugal. Sabia que ficava distante.

Agora é que estava conhecendo outras coisas por meio de Joana. Sabia que Dom João havia ido para o Brasil com medo de Napoleão Bonaparte, deixando Portugal ao abandono. Por isso os portugueses não queriam saber nada sobre o Brasil.

Em uma de suas visitas, Joana falou para as amigas:
– A casa onde moro e trabalho é a coisa mais bonita que já vi. Lá tudo é rico. Os móveis, as cortinas, tudo de primeira. Os lençóis são bordados, todos trazidos da Ilha da Madeira. O quarto da menina Maria Luísa parece o quarto de um conto de fadas. Igual ao quarto de uma princesa.

Quando Joana acabou de falar, Rosa Maria suspirou e falou:
– Gostaria de conhecer essa casa, principalmente esse quarto.
– Eu também gostaria muito.

Joana teve uma ideia:
– Meus patrões estão viajando. Se quiserem, poderemos ir até lá. Vocês olham tudo e matam a curiosidade.

Rosa Maria ficou encantada com a ideia. Foi até o pai, contou o que estava acontecendo e terminou dizendo:
– Já que o senhor irá mesmo à cidade fazer compras, então poderá nos levar. Quando terminar, tudo que tem para fazer é só nos pegar e voltaremos.

Depois de muito pensar, o pai falou:
– Tudo bem, mas só com uma condição. Não irei me atrasar por causa de vocês. Às três da tarde já deverei ter acabado minhas compras. Passarei pela casa e vocês já deverão estar me esperando. Tudo bem?
– Está certo, papai, não se preocupe. Não iremos deixar o senhor esperando.

Foram para o povoado. O senhor Tadeu deixou-as na casa dos patrões de Joana, dizendo:
– Olhem lá, meninas! Não vão me deixar esperando!

Elas desceram da carroça. Entraram na casa, dando ainda um último adeus para o senhor Tadeu, que se foi, rindo.

Ao entrar na casa, Rosa Maria e Isabel não acreditaram no que estavam vendo. Era tudo muito lindo. Tapetes e cortinas combinando. A sala era imensa, com porta-velas de prata espalhados pelas paredes para que ela ficasse iluminada. Uma cristaleira de madeira maciça com muitos pratos e copos. Lá tudo era divino. Muito limpo, sem nem sequer um pouco de pó.

ELISA MASSELLI

Percorreram vários quartos e salas. Joana levou-as até o quarto da moça da casa. Quando o abriu, Rosa Maria e Isabel ficaram paradas, olhando da porta, sem ter coragem de entrar. Todo decorado em rosa, exatamente a cor de que Rosa Maria mais gostava. Entraram devagar, olhando tudo curiosamente.

A cama era imensa, com uma linda colcha rosa, feita de crochê, sobre um forro também rosa. As cortinas de crochê eram de um rosa mais escuro.

Rosa Maria foi se aproximando devagar da cama. Com as mãos, apertou o colchão, sentindo a maciez. Olhou para as outras duas e falou, rindo:

– Estou louca de vontade de fazer uma coisa.

Antes que as duas tivessem tempo de falar, ela se jogou em cima da cama. Começou a pular, rindo como se fosse uma criança.

– Posso saber o que está acontecendo aqui?

Olharam para a porta. Rosa Maria sentou-se na cama, parada, olhando. Joana, assustada, falou:

– Desculpe, senhorita. Estas são Isabel e Rosa Maria, minhas amigas. Elas nunca viram uma casa igual a esta. Eu as convidei para conhecê-la. Sei que não deveria ter feito isso, mas achei que a senhorita não se importaria. Foi só por curiosidade. Perdoe-me, por favor. Já estamos indo embora!

– Tudo bem que vejam a casa, mas ela precisava ficar pulando em cima de minha cama?

Só nesse momento Rosa Maria se deu conta de que continuava em cima da cama. Levantou-se rápido, falando:

– Desculpe, senhorita! Meu nome é Rosa Maria. Era só para olhar, mas é que aqui é tudo tão lindo que não resisti. Daqui a pouco meu pai vem nos buscar. Isso não vai se repetir. Não castigue Joana. Era só para olhar. Eu é que não resisti.

A moça ficou olhando as três de cima a baixo com as mãos para trás, divertindo-se com o desespero delas. Depois de algum tempo, falou:

– Só existe uma maneira para que eu possa perdoá-las.

– Qual? – perguntou Rosa Maria.

- 23 -

— Como é mesmo seu nome?
— Rosa Maria, senhorita.
— Se aceitarem tomar um lanche comigo. Estou com fome e não gosto de comer sozinha.
Rosa Maria falou:
— Boa ideia. Vamos tomar um lanche, ou pelo menos um pouco de água com açúcar. Estou tremendo!
Todas riram e saíram. Estavam andando, quando Maria Luísa disse:
— Se não se incomodarem, poderemos ir tomar o lanche na cozinha. Minha mãe ficaria horrorizada, mas adoro comer na cozinha!
Todas concordaram com a cabeça e foram para a cozinha.
Lá, Joana ajudou Maria, a cozinheira da casa, que não estranhou a presença de Maria Luísa ali, pois, sempre que os pais não estavam, ela fazia as refeições na cozinha. Em pouco tempo, um belo lanche já estava pronto. Maria Luísa, Rosa Maria e Isabel sentaram-se à mesa. Maria Luísa perguntou:
— Não vai sentar-se também, Joana?
— Não, senhorita.
— Como não? As convidadas são suas. Se não se sentar, elas não ficarão à vontade. Por favor, sente-se.
Joana sentou-se. Logo depois as quatro estavam conversando como se já fizesse muito tempo que se conheciam. Maria Luísa falava sem parar:
— Voltamos antes do tempo porque mamãe não estava sentindo-se bem. Papai e Rodolfo foram para o povoado. Eles vão voltar novamente para o Brasil. Cheguei louca de saudade de tudo aqui. Principalmente da comida de Maria — falou, olhando para a cozinheira, que sorriu agradecida.
Rosa Maria, que a princípio assustara-se, estava agora olhando aquela mocinha à sua frente. Muito bonita, com cabelos louros, compridos, pele clara e olhos azuis. Devia ter mais ou menos a sua idade. Maria Luísa, olhando para ela, voltou a perguntar:
— Desculpe, mas esqueci. Como é o seu nome, mesmo?

– Rosa Maria, senhorita.
– Senhorita? Pare com isso! Devemos ter a mesma idade. Quantos anos você tem?
– Dezesseis; vou fazer dezessete em novembro.
– Não falei? Também tenho dezesseis, mas só vou fazer dezessete em dezembro. Sou mais nova que você. Por isso pode parar com essa de senhorita. Meu nome é Maria Luísa.

Quebrado o gelo por Maria Luísa, que as deixou à vontade, logo estavam conversando como se fossem velhas amigas.
– Gostaram da casa?
– Achei linda! Nunca tinha visto coisa igual.
– Também gosto, principalmente de meu quarto. Papai fez do jeito que eu sonhei.

Ficaram conversando ainda por um tempo, enquanto Maria Luísa falava de sua recente viagem.

Quando o senhor Tadeu chegou, elas estavam prontas. Ao despedirem-se, Maria Luísa falou:
– Fiquei muito feliz em conhecê-las. Quase não tenho amigas. As moças que conheço são umas chatas. Já que vieram conhecer minha casa, gostaria de conhecer a de vocês. Posso?
– Claro! – responderam juntas.

Rosa Maria continuou:
– Só que nossas casas são muito simples. Não se parecem em nada com a sua.
– Na verdade, não quero conhecer suas casas. Quero encontrá-las novamente. Gostei muito de vocês.

Despediram-se. Rosa Maria convidou Maria Luísa para ir a sua casa no próximo sábado. Maria Luísa prometeu que falaria com os pais. Se eles permitissem, iria com todo o prazer.

O senhor Tadeu, que ouvira tudo, falou:
– Vamos, meninas, já está ficando tarde. A senhorita será muito bem recebida em nossa casa. É uma casa humilde, porém poderá ir quando quiser.
– Irei, sim. Pode ter certeza.

As meninas subiram na carroça e partiram, felizes. No caminho, foram contando tudo o que acontecera e como Maria Luísa as tratara.

Já em casa, Rosa Maria contou, entusiasmada, para a mãe o que acontecera. Sua mãe, como sempre, ouvia-a com atenção. Quando Rosa Maria parou de falar, ela disse:

– A vida é mesmo assim. Conhecemos nela muitas pessoas. Umas boas, outras ruins. Devemos sempre agradecer a Deus quando encontramos pessoas boas. E as ruins também, pois com elas nos aperfeiçoamos cada vez mais.

Maria Luísa também contou aos pais o acontecido, omitindo a parte da cama e da cozinha. Sabia que eles não entenderiam. Todos a ouviram com atenção.

Ela sempre viveu com muito conforto. Seu falecido avô, Dom Luís, fidalgo de família, era um conde que vivia dentro da corte portuguesa. Com isso, conseguiu muito dinheiro e terras, o que fez com que seu filho, Dom Carlos, pai de Maria Luísa, gozasse até aquele dia de muita influência na corte. Homem orgulhoso, Dom Carlos sempre usou seu poder para conseguir tudo o que queria. Estava, agora, com quarenta e cinco anos. Casara-se com dona Matilde, também da corte e com fortuna. O casamento foi arranjado por seus pais. Conheceram-se uma semana antes do casamento. Respeitavam-se, mas não se amavam.

Fora de casa, Dom Carlos fazia o que fosse preciso para conseguir o que queria. Era temido e respeitado no mundo dos negócios. Em casa, tratava os filhos e a esposa com carinho e respeito. E pensava: "Meus filhos nunca terão nada de mau para dizer a respeito de minha conduta. Eu os adoro. Não precisam saber como consigo dinheiro. O importante é que tenham sempre tudo de que precisam".

Gostava da esposa e do filho, mas por Maria Luísa tinha verdadeira adoração: "Ela será muito feliz. Irá se casar com um homem rico e fidalgo. Terá sempre na vida tudo com que sonhar".

Maria Luísa, por sua vez, dominava-o com um sorriso, um olhar. Ele a adorava e ela sabia.

Ele já tinha planejado seu futuro. Quando fizesse dezoito anos, iria para Lisboa e casar-se-ia com Dom João Pedro de

ELISA MASSELLI

Miranda e Sousa, muito rico e com boas influências na corte. Assim, a fortuna da família aumentaria. Dom Carlos poderia fazer ótimos negócios com o pai de Dom João Pedro. Maria Luísa não sabia dos planos do pai.

Ele ouvia tudo o que Maria Luísa falava a respeito das novas amigas. Ela olhou bem nos olhos do pai e disse:

– Papai, o senhor deixaria Juvenal levar-me à casa de Rosa Maria no sábado pela manhã? Eu passaria o dia lá e, à tarde, ele voltaria para me pegar. Rosa Maria disse que tem uma linda plantação de flores, e o senhor sabe como gosto de flores.

O pai olhou para ela e disse:

– Não sei... Não conhecemos essa gente. Moram afastados, e é muito longe.

Dona Matilde, embora de família fidalga e criada na corte, não era orgulhosa nem gostava do modo como seu marido se referia aos pobres. Por isso, desde cedo ensinou a seus filhos que a única diferença entre eles e os mais pobres era o dinheiro. Deveriam tratar com respeito qualquer pessoa, independentemente de sua classe social.

Vendo que para o marido, naquele momento, o que estava contando era só o dinheiro, falou:

– Se o senhor meu marido não se incomodar, irei junto. Assim, poderei protegê-la, caso aconteça alguma coisa. Nossa filha é muito sozinha, precisa de amigas.

– Amigas? Ela pode ter quantas quiser na corte.

– Eu sei, papai, mas aquelas são iguais a mim. Vivem como eu. Gostaria de conhecer pessoas diferentes e saber como vivem.

Maria Luísa havia interferido na conversa de seu pai com sua mãe. E isso era imperdoável. Seu pai, bravo, falou:

– Fique calada! Sei o que é bom para você. Não gosto que ande com essas pessoas sem cultura. Você precisa aprender, e não desaprender! O que aprenderia com essas pessoas?

Maria Luísa percebeu que havia falado em hora errada. Mudou o tom de voz e disse:

– Papai, desculpe-me, é que gosto tanto da vida no campo e de flores que, quando Rosa Maria me falou de seu jardim, fiquei louca para conhecê-lo.

Ela sabia que o pai não resistia quando falava mansamente. Ele ficou pensando mais um pouco e disse:

– Está bem. Se sua mãe for junto, permitirei.

Maria Luísa olhou para a mãe e pedia com os olhos que ela dissesse sim.

Dona Matilde sorriu para a filha e disse:

– Está bem, filha, eu vou. Também gosto do campo e de flores.

Maria Luísa beijou o pai, depois a mãe, dizendo:

– Eu os amo muito!

Seu pai ainda tentou evitar. Não adiantou: ela foi mais rápida.

Ele não gostava quando ela o beijava. Naquele tempo, havia uma respeitosa distância entre pais e filhos, principalmente entre pai e filha.

– Eu e Rodolfo partiremos na sexta-feira para o Brasil. Vocês ficarão sozinhas, não acho conveniente que saiam de casa.

Dona Matilde argumentou:

– Por estarmos sozinhas é que será bom para nós duas passarmos um dia no campo. Isso nos distrairá. Não sentiremos nem ao menos por um dia a falta do senhor e de Rodolfo. Juvenal nos levará. Poderei conhecer a família e essas meninas que tanto impressionaram Maria Luísa. Poderei, também, avaliar se são boas companhias para nossa filha. Aproveitando o momento em que estamos conversando, preciso pedir uma permissão ao senhor: como sabe, minha mãe mora a quatro horas daqui. Já está velha, gostaria de visitá-la, com sua permissão.

Não tendo mais argumentos, ele concordou.

Maria Luísa estava ansiosa para que o sábado chegasse.

A FESTA DE SANTO ANTÔNIO

Na sexta-feira, Dom Carlos e seu filho despediram-se de dona Matilde e Maria Luísa. Foram para Lisboa, onde pegariam um navio que os levaria para o Brasil.

Ficariam lá por cinco ou seis meses. Dom Carlos, fiel servidor do imperador, soube que os portugueses com dinheiro obtinham favores da corte, podendo ganhar terras do imperador e assim conseguir muito dinheiro. Sua ideia era ir até a colônia, investigar e adquirir terras. Sabia que o clima no Brasil era bom. Foi convidado pelo imperador para exercer um cargo de confiança junto a ele. Se gostasse do cargo e do país, mudaria com toda a família para lá.

Finalmente, o sábado chegou. Dona Matilde e Maria Luísa, conduzidas por Juvenal, foram à casa de Rosa Maria. Se dona Matilde gostasse das meninas e da família, permitiria que sua filha as visitasse. Por tudo que Maria Luísa contara, eram simples, autênticas e, com certeza, seriam amigas sinceras.

Quando chegaram à casa, foram muito bem recebidas por toda a família e por Isabel, que estava lá desde cedo. Dona Maria Teresa preparou um almoço especial, com galinha assada, verduras e batatas colhidas na horta. A mesa foi enfeitada com flores e frutas.

A presença daquelas pessoas tão importantes deixou os demais um pouco constrangidos, mas a alegria de Maria Luísa e a simplicidade de dona Matilde fizeram com que logo todos ficassem à vontade.

O almoço transcorreu num clima de alegria e descontração. Dona Matilde não se cansava de elogiar a comida de dona Maria Teresa. Depois do almoço, os mais velhos ficaram conversando. Os jovens foram passear.

Rosa Maria e Isabel mostraram a Maria Luísa a plantação de batatas, o jardim e a horta, onde havia verduras e legumes de todas as variedades, e o pomar, com várias parreiras que estavam quase na hora de serem colhidas. Depois foram ao riacho, onde eram lavadas as roupas e onde havia os encontros.

Maria Luísa estava encantada com tudo aquilo, com o modo como aquelas pessoas viviam: simples, porém com muita felicidade.

Ao chegarem ao riacho, sentaram-se à beira da água e conversaram sobre vários assuntos. Maria Luísa contava sobre os lugares que já havia conhecido. Ela já viajara por vários países da Europa. Embora conhecesse tantos lugares, não se lembrava de ter se sentido tão bem como agora, com elas.

A conversa transcorria alegremente. A certa altura, Isabel confidenciou algo que nem mesmo Rosa Maria, sua melhor amiga, sabia:

– Tenho algo para contar. Estou começando a namorar José.

Rosa Maria ficou feliz, pois, além de Isabel ser sua melhor amiga, ela seria também sua cunhada.

Em seguida, Rosa Maria comentou com Maria Luísa sobre o sonho e sobre o rapaz do rio que tanto a impressionou.

– Até agora não conheci rapaz algum que me impressionasse assim – disse Maria Luísa.

– Nem eu, Maria Luísa. Foi só um sonho.

Dona Maria Teresa também levou dona Matilde para conhecer as belezas do sítio. Foram ao riacho e encontraram as três moças rindo felizes. Dona Matilde, ao ver Maria Luísa tão descontraída, falou:

– Sabe, dona Maria Teresa, nunca vi minha filha tão feliz.

As três, naquele momento, estavam colocando uma mão sobre a mão da outra e falando, juntas:

– Amigas para sempre! Juramos que uma sempre protegerá a outra em qualquer circunstância.

Cada uma, por sua vez, repetiu:

– Juro!

Dona Maria Teresa e dona Matilde chegaram no exato momento em que elas estavam fazendo o juramento. Quando Maria Luísa as viu, chamou-as e, rindo, falou:

– Que tal as senhoras também fazerem um juramento de nos proteger para sempre?

As duas riram e também colocaram uma das mãos sobre a da outra, olharam-se nos olhos e disseram, juntas:

– Eu, Maria Teresa, juro proteger Maria Luísa e Isabel para sempre.

– Eu, Matilde, juro proteger Rosa Maria e Isabel para sempre.

Todas riram. Dona Matilde falou:

– Maria Luísa, o juramento está feito, mas já se faz tarde e está na hora de irmos embora.

Maria Luísa e as amigas quiseram protestar, mas dona Matilde falou:

– Está na hora, mas gostei de todos aqui. Maria Luísa poderá vir quando quiser. E vocês, meninas, serão sempre bem recebidas em minha casa.

Voltaram para a casa. Dona Matilde despediu-se de todos e agradeceu pelo dia maravilhoso que passara. Convidou o senhor Tadeu e família para também irem passar um dia com elas. Foi realmente um dia muito bom para todos.

Desse dia em diante, a amizade entre as duas famílias foi se tornando cada vez maior, forte e sincera.

Tadeu estava agora com vinte e cinco anos. Na última festa de Santo Antônio, conheceu uma moça, Roberta.

Tadeu e Roberta namoravam já havia três meses. Decidiram casar-se no ano seguinte.

Ela tinha dezenove anos. De família humilde, mas composta por pessoas de bem. Morava do outro lado do povoado, a uma distância de duas horas a cavalo. Tadeu visitava-a todos os sábados e domingos.

Ele pediu aos pais de Roberta sua mão em casamento, o que foi aceito, porque todos também gostavam dele. O pai só fez uma exigência:

– Roberta é nossa única filha. É muito apegada à mãe e esta a ela. Gostaria que ficassem morando perto. Para isso vou dar a vocês um pedaço de terra onde poderão construir sua casa e fazer uma lavoura ou criar ovelhas.

Tadeu aceitou e começou a construir a casa, junto com os três irmãos de Roberta. Desde que começara a construção da casa, Tadeu ia para lá no sábado pela manhã, só voltando no domingo à noite. Não voltando no sábado, aproveitava o tempo que perderia com a viagem.

José falou com seus pais e depois com os pais de Isabel e começaram a namorar. Sendo muito jovens, teriam que

ELISA MASSELLI

esperar para marcar a data do casamento, mas obtiveram a permissão das duas famílias para que iniciassem o namoro.

O resto continuava igual. A amizade entre Rosa Maria e Maria Luísa ficava cada vez mais forte. Uma vivia na casa da outra. As duas famílias encontravam-se sempre.

Faltava um mês para a festa de Santo Antônio. A grande festa! Esse ano seria diferente. Com Maria Luísa, Rosa Maria tinha certeza de que seria bem melhor que a anterior. Desta vez, ficaria longe do adivinho. Nada conseguiria estragar sua festa. Ela não permitiria.

Já conversara com Maria Luísa: as duas se encontrariam lá. Isabel disse que queria ficar com José, com o que as duas logicamente concordaram.

Tudo parecia estar bem, mas, quando alguns dias depois Rosa Maria chegou à casa de Maria Luísa, encontrou-a abatida. Preocupada, perguntou:

– O que aconteceu, Maria Luísa? Por que está tão preocupada e abatida?

– Acabamos de receber uma carta de meu pai. Ele diz que não vai poder voltar para Portugal. Comprou uma fazenda no Brasil, mas disse que Rodolfo chegará em novembro para providenciar a nossa mudança. Eu quero conhecer o Brasil. Dizem que lá é muito bonito, mas não quero deixá-la. Meu pai disse que ficaremos lá por pelo menos cinco anos.

Rosa Maria abraçou a amiga, falando:

– Não fique assim. Quem sabe eu não possa ir visitá-la?

– Seria perfeito, Rosa Maria! Depois que estiver lá, converso com meu pai e ele mandará uma carta para seus pais com as passagens de ida e de volta! Assim você poderá me visitar!

Depois de tudo combinado, começaram a falar sobre a festa, que seria dali a duas semanas.

Dona Maria Teresa estava preparando roupas novas para todos.

Tadeu ficaria com Roberta, e José, com Isabel. Maria Luísa e Rosa Maria ficariam juntas.

— Quem sabe também arrumemos um namorado, Rosa Maria. Há, há, há.

Rosa Maria também riu, mas ficou calada.

Dona Matilde disse para Maria Luísa:

— Na segunda-feira pela manhã, iremos para a casa de minha mãe, sua avó. Ficaremos lá por algum tempo. Quero ficar um pouco com ela, antes de partirmos para o Brasil.

— Gosto muito da vovó, mamãe, vou sentir sua falta quando estiver longe. Por que a senhora não a leva conosco?

— Sua avó? Há, há, há. Jamais sairá daqui, ou deixará sua casa e suas coisas, muito menos entrará em um navio!

—Também quero ver a vovó, mas há um problema... Combinei com Rosa Maria de ficarmos juntas na festa de Santo Antônio. Será daqui a duas semanas, no sábado.

— Está bem! Voltaremos na sexta-feira que antecede a festa. Assim, poderão ir juntas.

Maria Luísa abraçou e beijou a mãe, dizendo:

— Já que eu e Rosa Maria vamos ficar separadas, poderíamos ir neste sábado para a Vila das Flores e passarmos o dia lá.

— Não, eu não posso ir. Tenho muita coisa para arrumar antes da viagem, mas vou deixá-la feliz. Se quiser, Juvenal pode levar você no sábado pela manhã e buscar só no domingo à tarde. O que acha?

— A senhora é a melhor mãe do mundo! Vou adorar!

No sábado pela manhã, Juvenal estava esperando Maria Luísa, que rumou, feliz, para a Vila das Flores.

Durante o sábado e o domingo, divertiram-se muito. Comeram, cantaram e conversaram. Rosa Maria e Maria Luísa ficaram de longe vendo Isabel e José namorarem.

— Sabe, Rosa Maria, falei com minha mãe ontem a respeito de sua ida ao Brasil para nos visitar. Ela não viu inconveniente algum. Disse que, depois que nos instalarmos, pediremos para papai mandar uma passagem para você. Antes de partirmos, mamãe vai falar com seus pais e deixar tudo combinado.

— Isso é ótimo. Se ela falar com eles, tenho certeza de que me deixarão ir.

ELISA MASSELLI

— Não vamos nos preocupar com isso agora. Por enquanto, o que devemos é nos preocupar com a festa de sábado que vem.

Na tarde de domingo, Juvenal veio buscar Maria Luísa, que, ao se despedir, combinou o lugar onde iriam encontrar-se no dia da festa.

No domingo à noite, Tadeu não voltou. A família toda ficou preocupada. Ele nunca havia feito isso. Alguma coisa devia ter acontecido. Sempre foi um rapaz responsável. Ele sabia que na segunda-feira pela manhã teria que ir com o pai entregar ovelhas para o senhor Cristóvão, o comerciante do povoado.

Na segunda-feira pela manhã, o senhor Tadeu e José foram para a casa de Roberta saber o que havia acontecido.

Estavam a uma distância de meia hora da casa, quando viram um cavaleiro vindo em sua direção. Pararam os cavalos. Era Raul, irmão de Roberta.

— Bom dia. Estava indo justamente para sua casa. Tadeu ficou e ainda está com uma febre muito alta. Não tem condições para cavalgar.

— Que febre?

— Não sabemos. Ontem à tarde, quando se preparava para voltar, quase desmaiou. Quando fomos socorrê-lo, vimos que estava com muita febre e até agora ela não passou. Por isso eu estava indo para sua casa. Mamãe e Roberta estão cuidando dele.

O senhor Tadeu, nervoso, falou:

— Então, vamos logo! Preciso ver o meu filho!

Quando chegou, constatou que o filho realmente não estava bem. Ao lado dele, estava o doutor José Maria, médico do povoado. O senhor Tadeu perguntou, aflito:

— Que febre é essa, doutor?

— Não sei. Há na cidade mais quatro casos de pessoas com essa mesma febre. O que está me intrigando é que, por mais remédio que se dê, ela não baixa, e aumenta cada vez mais.

O senhor Tadeu pediu a José que fosse para casa contar à mãe e Rosa Maria o que estava acontecendo e que trouxesse roupas para Tadeu. José montou no cavalo e partiu rapidamente.

Chegou em casa e contou tudo. Não conseguiu segurá-las. As duas vestiram-se rápido. Dona Maria Teresa pegou algumas roupas para Tadeu, enquanto José preparava a carroça para levá-las.

Enquanto isso, a febre de Tadeu aumentava. Ele começou a delirar. Abriu os olhos, viu o pai, sorriu e falou:

— Papai, ainda bem que está aqui. Onde está mamãe, José e Rosa Maria?

— José foi para casa avisá-las, meu filho. Talvez venham com ele.

— Tomara que sim. Não estou bem.

— Mas vai ficar. Essa febre vai passar. Você vai ficar bom.

Tadeu voltou a dormir. Roberta segurava suas mãos, com lágrimas nos olhos. Com um pano molhado, enxugava o rosto de Tadeu, que delirava, chamando por ela e pela mãe.

Dona Maria Teresa e Rosa Maria chegaram preocupadas. Entraram no quarto onde Tadeu, ardendo em febre, chamava pela mãe.

Dona Maria Teresa, ao ver o filho naquele estado, começou a chorar. Rosa Maria, abraçada ao pai, também chorava. José, encostado num canto do quarto, segurava-se para não chorar.

Tadeu, delirando, falava coisas que não se podia entender. Abriu os olhos mais uma vez. Viu a mãe e os irmãos.

— Que bom que vieram! Mamãe, não chore. Vou ficar bem. Essa febre tem que baixar.

— Vai, sim, meu filho. Logo estará em casa.

— A senhora está vendo a vovó? Ela também veio me visitar. Está sorrindo. Disse para eu não me preocupar porque tudo vai ficar bem.

Todos se olharam. O coração de dona Maria Teresa apertou-se. Roberta segurou com mais força as mãos de Tadeu, como se assim pudesse evitar o que estava pressentindo.

Rosa Maria, abraçada ao pai e ao irmão, não sabia o que fazer. Tranquilamente, Tadeu dormiu para não mais acordar.

A morte de Tadeu foi um choque para todos. Seu pai não se conformava.

– Isso não é justo! Não podia ter acontecido com ele. Não com ele. Tão jovem, forte e saudável, com a vida toda pela frente... Um pai nunca imagina que um filho possa morrer antes dele. Não é natural. O certo seria os pais morrerem primeiro.

Enquanto falava, chorava sem tentar esconder as lágrimas. Dona Maria Teresa, abraçada a Rosa Maria, também chorava, sem poder acreditar que aquilo fosse verdade. O desespero foi geral. Roberta continuou segurando as mãos de Tadeu sem se mover. Somente ficou olhando, com lágrimas correndo mansamente por seu rosto.

O senhor Tadeu resolveu que o corpo do filho seria levado para a Vila das Flores, porque lá toda a família estava enterrada.

A viagem de volta foi triste e vagarosa. Por todos os lugares em que passavam, as pessoas acenavam e os homens tiravam o chapéu. Tadeu foi enterrado em meio a muita tristeza e sofrimento.

Roberta continuava muda e distante. Estava sentada em uma cadeira, alheia a tudo. Dirigia-se para fora da casa quando caiu. Todos correram para socorrê-la. Sua mãe, ao ajudá-la a levantar-se, gritou:

– Meu Deus! Ela também está com febre!

O pai de Roberta e o senhor Tadeu foram até o povoado buscar o médico. Não conseguiam encontrá-lo. Muitas pessoas na cidade também estavam com febre. Quando, finalmente, o encontraram, ele disse:

– Não posso ir até sua casa agora. Aqui, muitas pessoas estão com essa febre estranha. Não há muito o que fazer. Estou lhes dando um medicamento para febre, mas parece que não faz efeito. Vou lhes dar o mesmo remédio que estou usando aqui para tentar baixar a febre. Podem também ir fazendo compressa de água morna. Tomara que ela passe! Não estou gostando do que está acontecendo. Essa febre surgiu do nada, está se alastrando por este e outros povoados. Não há o que a faça baixar. Muitas pessoas já morreram.

O pai de Roberta e o senhor Tadeu voltaram rápido para casa, levando o remédio. Os dois, calados, temiam o pior.

Durante dois dias, Roberta foi cuidada com todo o carinho. Porém não foi possível fazer com que a febre baixasse. Aquela estranha febre fazia com que a pessoa fosse perdendo os sentidos aos poucos. Não havia dor, somente aquele torpor. Roberta, num raro momento de lucidez, falou:

– Mamãe, papai, não chorem! Sei que estou indo para junto de Tadeu. Deus, sabendo que eu não viveria sem ele, vai levar-me para junto de Tadeu.

Ela, mansamente, dormiu e, como Tadeu, partiu.

O desespero novamente foi geral. Aquela febre terrível estava levando pessoas jovens e saudáveis.

Roberta foi enterrada ao lado de Tadeu.

Os pais dela, desesperados, voltaram para casa. Não entendiam como tudo havia acontecido. Em vez de uma festa, de um casamento, fizeram dois enterros!

Rosa Maria, desolada, foi com Isabel para o povoado ver se conseguiam ajudar em alguma coisa. Estava tudo uma desolação só.

Começaram a ajudar no pequeno hospital, que não dava conta de tantos doentes. Aquela estranha febre espalhou-se por toda parte. As pessoas morriam rápido. Sem dor, sem sofrimento.

Dona Maria Teresa e o senhor Tadeu, a princípio, quiseram impedir que Rosa Maria fosse para a vila, com medo de que também pegasse a febre. Ela os convenceu de que, se tivesse que pegar, pegaria de qualquer maneira, que as pessoas precisavam de ajuda. A contragosto, concordaram.

Isabel também teve dificuldades com seus pais, mas, no fim, também concordaram. Dormiam somente algumas horas por dia.

As autoridades não davam conta de enterrar as pessoas.

Os doentes eram enterrados rapidamente para se evitar o contágio. Nas casas em que havia um doente, era colocado um pano branco na janela.

José veio em busca de Rosa Maria e disse, desesperado:

– Rosa Maria, você tem que ir para casa. Papai não está bem e quer vê-la.

– O que ele tem? Não vá me dizer que é a febre!
– Infelizmente é. E ele não está bem.
– Meu Deus! Ele também, não! Vamos logo!
Avisaram Isabel, que os acompanhou.

Quando chegaram, Rosa Maria, que já havia visto muitos doentes, percebeu que seu pai, infelizmente, também iria morrer. Entrou em desespero. Conteve-se, quando sua mãe disse:

– Não fique preocupada, filha. Ele não vai morrer. A febre está baixando.

Ela sorriu para a mãe e abraçou-a. Sabia que o pai não estava bem, mas não podia dizer à mãe naquele momento. Sentou-se na cama. Pegou as mãos do pai e segurou-as com muito carinho.

Ele abriu os olhos. Vendo que era ela quem estava lá, falou:
– Minha filha, sei que vou para junto de Tadeu e Roberta. Não estou com medo, porque sempre soube que este dia chegaria. A única preocupação que tenho é deixar você, tão jovem. Fique sempre ao lado de sua mãe e de seu irmão. Eles a protegerão sempre.

– Não fale assim. Vai ficar bom. Muitas pessoas têm sarado lá no hospital.

Sabia que não estava falando a verdade, porque todas as pessoas que ficavam com febre morriam, mas naquele momento foi a única coisa que lhe veio à cabeça para falar. Ficou ao lado do pai, cuidando dele com compressas e com os remédios que o médico havia receitado.

Sua mãe, do outro lado da cama, percebendo que o marido iria partir, começou a chorar baixinho. Estivera casada por vinte e seis anos. Uma vida toda. Sempre se amaram, ele foi um bom marido e, ainda, melhor pai.

Colocou as mãos dele entre as suas e ficou calada, chorando.

Rosa Maria olhou para ela e falou:
– Mamãe, a senhora está muito cansada. Vá se deitar, eu cuido dele. Vai ficar bem por algum tempo. Descanse um pouco.

Dona Maria Teresa estava cansada mesmo. Estava sem dormir havia quase dois dias. Falou:
– Estou um pouco cansada. Vou deitar, sim. Daqui a meia hora você me acorda?
– Pode descansar. Eu a chamo assim que for necessário.
Dona Maria Teresa foi para o quarto de Rosa Maria. Deitou-se e fechou os olhos, mas não conseguia dormir. Havia perdido o filho, agora estava perdendo o marido. Como Deus pôde fazer aquilo com ela e sua família?
Dormiu. Enquanto isso, Rosa Maria ficou ao lado do pai, percebendo que aos poucos ele estava indo embora. Sem ter o que fazer, apenas o acariciava, com lágrimas caindo por seus olhos.
José e Isabel entraram no quarto e se ajoelharam junto ao senhor Tadeu. Ficaram olhando, calados, porque também sabiam que nada havia para se fazer.
Duas horas depois, vendo que a mãe não acordava, Rosa Maria foi até seu quarto.
Ela dormia profundamente. Rosa Maria chamou-a, baixinho:
– Mamãe, está na hora de acordar. Papai quer falar com a senhora.
Dona Maria Teresa com muito custo abriu os olhos e falou:
– Já vou levantar. Estou mesmo cansada...
Rosa Maria colocou a mão na cabeça da mãe e percebeu com horror que ela também estava com febre. Falou, tentando se manter calma:
– Se não quiser, não precisa se levantar, mamãe. Papai está bem.
– Vou me levantar. Quero ficar junto de seu pai. Já aceitei que ele também irá embora. Quero estar a seu lado.
Rosa Maria, sem poder evitar as lágrimas, falou:
– Está bem. Enquanto a senhora se levanta, vou para junto de papai.
Em vez disso, Rosa Maria se dirigiu para onde estavam José e Isabel. Nervosa, falou:
– José, vamos até lá fora um pouco, preciso falar com você. Isabel, por favor, fique com papai. Depois falo com você.

Fora do quarto, abraçou o irmão, dizendo:
– Mamãe também está com febre...
Ele a afastou com os olhos esbugalhados e disse:
– Não! Você deve estar enganada. Não pode ser!
– Infelizmente, é verdade, meu irmão... Fui acordá-la. Ela disse que estava cansada, então coloquei a mão em sua testa e vi que estava com febre.
– O que vamos fazer, Rosa Maria?
– Não sei...
– O que temos que fazer agora é ficar ao lado de papai, Rosa Maria. Ele não está bem. Não sei por quanto tempo vai resistir.

Abraçaram-se, chorando. Ficaram assim por algum tempo, um nos braços do outro. Enxugaram as lágrimas e foram para o quarto. Dona Maria Teresa já estava lá, segurando as mãos do senhor Tadeu.

Não percebeu que estava com febre. Falou:
– Meu marido, que Deus o abençoe. Obrigada por toda a vida de felicidade e pelos filhos maravilhosos que me deu.

Rosa Maria e José choravam. Sentiam que o pai estava indo e temiam pela mãe.

O senhor Tadeu abriu os olhos quando ouviu a voz da esposa. Nada falou. Apertou a mão dela, sorriu e voltou a dormir.

Quando dona Maria Teresa percebeu que ele havia ido, começou a chorar. Deitou-se sobre o corpo do marido e chorou. Chorou muito.

Rosa Maria, José e Isabel choravam, abraçados.

Pela terceira vez, em muito poucos dias, uma pessoa deixava aquela família que até pouco tempo era tão feliz.

Dona Maria Teresa, após a morte do marido, entrou em profunda tristeza, o que fez com que a febre tomasse conta de seu corpo.

O senhor Tadeu foi enterrado rapidamente ao lado de Tadeu e de Roberta.

Rosa Maria sentiu a morte do pai, mas agora sua mãe precisava de sua ajuda e cuidado.

Com o coração partido, cuidou da mãe, sem descansar por um momento. Por todos os doentes que já havia visto no hospital, sabia que a mãe também não resistiria.

Dona Maria Teresa também percebeu que estava doente e que iria fazer companhia a seu marido e a seu filho. Em um momento de lucidez, falou:

– Meus filhos, estou indo embora. Deus assim quis. Quero que nunca percam a fé. Sigam seu caminho, sempre com a certeza de que, de onde estivermos, eu, seu pai e Tadeu estaremos pensando em vocês. Fiquem sempre juntos, um amparando o outro. Isabel, conheço você desde que nasceu. Aprendi a gostar de você como se fosse minha filha. Sei que ama meu filho e que o fará feliz. Proteja Rosa Maria. Ela vai precisar muito de vocês, é ainda muito menina. Que Deus abençoe vocês, meus filhos.

Depois de três dias, assim como os outros, partiu.

Rosa Maria entrou em desespero e chorava sem parar. Isabel, tentando conformá-la, disse:

– Sei que, como nós, você está sofrendo, Rosa Maria, mas, lá no hospital, muitas pessoas precisam de nossa ajuda. Vamos voltar para lá?

Rosa Maria olhou para ela e percebeu que Isabel tinha razão. Decidiu que o melhor a fazer era ir mesmo para o hospital. Foi o que fez, entregou-se por inteiro à ajuda aos doentes.

Depois de vinte dias, aquela estranha febre foi embora. Quarenta por cento da população foi dizimada. Famílias inteiras morreram.

Apesar de terem ficado em contato direto com os doentes, Rosa Maria, Isabel e José não ficaram doentes.

Naquele ano, não houve festa de Santo Antônio.

PREVISÕES SE REALIZANDO

Somente quando tudo terminou, Rosa Maria percebeu que de toda sua família só restaram ela e José.
Os dois só se encontraram quando ela voltou, exausta, do hospital. Abraçaram-se e choraram muito. Ela perguntou:
– O que vamos fazer, meu irmão, agora sozinhos no mundo?
– Não sei e não entendo por que não pegamos a febre... não sei por que não morremos... só sei que precisamos continuar nossa vida. Mamãe sempre dizia: estamos sempre no lugar em que devemos estar. Sei que não vai ser fácil, mas temos que continuar. Estamos juntos e estaremos sempre. Temos este sítio e viveremos aqui. Tenho certeza de que mamãe, papai e Tadeu estão agora no céu e olhando por nós. Com certeza não iriam querer nos ver tristes e desanimados.
Rosa Maria ouviu o irmão e, sem parar de chorar, disse:

QUANDO O PASSADO NÃO PASSA

– Sei que tudo o que está falando é verdade. Sei também que papai e mamãe estariam falando a mesma coisa, mas não consigo me conformar. Até poucos dias éramos uma família feliz. Como tudo pôde mudar dessa forma e tão rápido?
– Gostaria de poder responder, mas não posso. Não sei. Vamos ficar juntos e continuar vivendo.
José deu um beijo em seu rosto e saiu. Não sabia o que fazer para consolar a irmã. Ele também estava desolado, mas sabia que a vida continuava. Tinha que tocar a vida. Com o tempo, Rosa Maria também se conformaria.
Rosa Maria não conseguia acreditar em tudo que havia acontecido. Por alguns dias, ficou andando dentro de casa, de um lado para outro, sem achar nada para fazer.
Depois, foi para o quarto dos pais. Deitou-se e só chorou. Não sairia de lá para nada. José e Isabel fizeram de tudo para animá-la, mas foi inútil. Ela só queria morrer para encontrar os pais e Tadeu.

Maria Luísa e sua mãe, que durante a febre estavam na casa de sua avó, ali permaneceram. Depois de um mês que a febre havia ido embora, ela e sua mãe voltaram. Ela estava ansiosa para rever as amigas. Não sabia se estavam bem.
Não queria ter ficado na casa da avó, mas a mãe insistiu, ou melhor, ordenou. Foi obrigada a obedecer.
Assim que chegaram, pediu à mãe que a deixasse ir até a casa de Rosa Maria. Ela permitiu e Maria Luísa foi com Juvenal.
Quando chegou, estranhou o silêncio, que naquela casa não era comum. Entrou chamando, mas ninguém respondeu. Foi ao quarto de Rosa Maria, mas ela não estava. Continuou procurando e sentindo um aperto no coração, com medo do que estava pensando. Abriu a porta do quarto dos pais de Rosa Maria. Sorriu, aliviada. Entrou, falando:
– Graças a Deus, você está aí! Fiquei com tanto medo quando não a encontrei...

- 44 -

Quando Rosa Maria ouviu a voz de Maria Luísa, sentou-se na cama. Abriu os braços e começou a chorar. Maria Luísa fez o mesmo e se abraçaram. Maria Luísa perguntou:
— O que aconteceu aqui? Por que está chorando? Onde estão todos?

Rosa Maria chorava com tanta emoção que não conseguia responder. Maria Luísa afastou-se dela, dizendo:
— Pare de chorar! Preciso saber o que está acontecendo! Por favor, conte!

Rosa Maria passou as mãos pelos olhos e começou a falar. Contou tudo, desde o dia em que Tadeu não voltou.

Maria Luísa ia escutando. Seus olhos se encheram de lágrimas. Quando Rosa Maria terminou de falar, estavam as duas chorando, uma nos braços da outra. Maria Luísa, ainda chorando, disse:
— Eu não devia ter ido embora. Mas fomos só visitar a vovó! Devia ter voltado quando ouvi falar na febre, mas mamãe não deixou!
— Ainda bem que você teve que ir. Senão, talvez estivesse morta também.

Choraram e conversaram por algum tempo. Maria Luísa disse:
— Você sabe o quanto eu gostava de Tadeu e de seus pais, mas acho que José tem razão. Não adianta você ficar assim. Seus pais e Tadeu, com certeza, não iam querer ver você desse jeito. Você está horrível! Não adianta ficar assim. Não vai conseguir trazê-los de volta nem morrer, se é o que está pensando. Se tivesse que morrer, teria morrido na febre. Se não morreu, algum motivo houve. Por isso, vamos levantando dessa cama! Vá tomar um banho. Seus cabelos estão oleosos e sujos. Depois que estiver limpa e cheirosa, nós duas vamos rezar por eles e por todos os outros que morreram e agradecer a Deus por ainda estarmos vivas.

José chegou. Foi direto para o quarto dos pais ver como Rosa Maria estava. Ao chegar perto da porta, percebeu que as duas estavam conversando. Ficou do lado de fora escutando, sem entrar. Quando Maria Luísa terminou de falar, entrou, batendo palmas e falando:

– Maria Luísa, você falou tudo o que estou tentando falar, mas não consegui. Não encontrei as palavras certas. Obrigado! Quem sabe, agora, ela entenda o que estou querendo dizer há tanto tempo.

Maria Luísa largou Rosa Maria e foi abraçar José, que começou a chorar também.

– José! Sinto muito por tudo que aconteceu, mas vocês têm que continuar vivendo, não é?

– Claro que sim. Rosa Maria, quando me ouvia dizer isso, ficava brava, dizia que eu não estava ligando. Eu estou ligando, mas não posso mudar a vontade de Deus.

– Pode deixar. Agora ela vai ficar bem. Começando por tomar um belo banho!

Enquanto eles conversavam, Rosa Maria levantou-se e abraçou-os, chorando.

– Vocês têm razão. Nunca mais me verão chorando. Sei que eles estão no céu. Um dia, iremos também, não é?

Maria Luísa disse:

– Um dia iremos todos, mas não vai ser agora. Temos, ainda, muito para viver. Se conseguimos escapar dessa, creio que não vamos morrer nunca!

Os irmãos, sem perceber, depois de muito tempo, riram.

Após, se soltaram, com um sorriso nos lábios. José saiu, foi avisar a Isabel que Maria Luísa estava lá.

Rosa Maria foi tomar banho. Maria Luísa deitou na cama e, chorando baixinho, pensou: "Como tudo pôde mudar desse jeito? Espero que estejam no céu. Eu os amava. Estou sofrendo, mas não posso fraquejar. Preciso estar perto de Rosa Maria, animando-a".

Levantou, enxugou as lágrimas, olhou no espelho, arrumou o cabelo e ficou esperando Rosa Maria voltar do banho.

Logo depois, José e Isabel chegaram. As duas se abraçaram. Isabel estava abatida, com olheiras bem marcadas. Conversaram sobre vários assuntos. Falaram levemente sobre o acontecido. Rosa Maria chegou. José já havia feito um lanche. Foram para a cozinha.

– Rosa Maria, agora que estamos sozinhos neste mundo, resolvi que seria melhor me casar. O que você acha? – José perguntou durante o lanche.

Rosa Maria, surpresa, olhou primeiro para o irmão, depois para Isabel, e falou:

– Até que enfim uma boa notícia! Sei que vocês vão ser felizes. Ainda bem que escolheu uma mulher que eu também amo.

Levantaram a xícara de chá que estavam tomando. José falou:

– Vamos fazer um brinde e retomar nossa vida.

Rosa Maria ficou feliz. Sabia que os dois se amavam. Ela teria que retomar sua vida. Ainda bem que eles estavam lá. Poderia agora estar sozinha. Maria Luísa falou:

– Estou tendo uma ideia. Que tal, enquanto vocês preparam o casamento, Rosa Maria ir para minha casa? Depois da lua de mel, ela volta.

José quis protestar, mas Maria Luísa olhou para ele com um olhar que ele compreendeu.

– Não sei. O que acha, Rosa Maria?

Antes que Rosa Maria respondesse, Maria Luísa falou:

– Rosa Maria, por favor! Estou muito sozinha. Com você lá em casa vou ter com quem conversar. Preciso de você.

Rosa Maria entendeu o que Maria Luísa estava querendo fazer. Olhou para ela com cara de quem estava fazendo um favor.

– Está bem. Já que você precisa tanto de mim, eu vou, mas só até eles acabarem a lua de mel.

Isabel, rindo, falou:

– José, creio que será bom para ela.

José pensou um pouco e falou:

– Está bem. Sendo assim, eu permito que você vá para a casa dela.

Maria Luísa pegou Rosa Maria pela mão e, juntas, foram para o quarto. Foi pegando as roupas de Rosa Maria e colocando em um lençol, depois o amarrou. Pegou outro lençol, colocou mais um pouco e amarrou também. Falou:

QUANDO O PASSADO NÃO PASSA

– Depois viremos buscar o resto. Por enquanto, vamos levar só essas.

Rosa Maria se deixou levar. Na sala, José abraçou a irmã, dizendo:

– Não se preocupe. Procure se distrair e se recuperar. Assim que tudo estiver pronto para o casamento, irei buscá-la.

Dona Matilde estranhou quando viu as duas chegando e carregando aquelas roupas. Maria Luísa contou à mãe o que havia acontecido. Dona Matilde ficou admirada e chocada. Tentou se desculpar:

– Fomos embora só para fazer uma visita a minha mãe. Não voltei temendo a febre. Devia ter mandado buscar todos vocês. Mas nem pensei. Nunca imaginei que isso pudesse acontecer.

Rosa Maria, abraçada a dona Matilde, disse:

– Por favor, não fique assim! Já estou começando a aceitar que tudo tinha que acontecer e que ninguém poderia ter evitado.

– Está bem. Seja bem-vinda em minha casa. Fique à vontade pelo tempo que quiser. Conheço-a há pouco tempo, mas aprendi a gostar de você, como gostava dos seus. Lembra-se do juramento que fizemos eu e sua mãe? Pois bem, infelizmente chegou a hora de cumprir. Naquele dia, quando fizemos, nenhuma de nós pensava que uma coisa dessas fosse acontecer, mas, já que aconteceu, vou cumprir. Tenho certeza de que, se fosse o contrário, sua mãe também o honraria. Você não acha?

Rosa Maria deu um sorriso triste e falou:

– Com certeza! Muito obrigada.

Um mês depois foi realizado o casamento de José, em uma cerimônia simples. Isabel estava linda em seu vestido de noiva. Sorrindo, feliz, abraçou Rosa Maria e disse:

– Tenho certeza de que nós três seremos felizes, Rosa Maria. Juntos, voltaremos a ser uma família feliz.

Após o padre unir os dois com palavras bonitas em relação ao amor e à família que estava nascendo naquele momento, José e Isabel juraram amor eterno.

Embora simples, foi um casamento bonito. Rosa Maria estava feliz. Sabia que o irmão teria em Isabel uma companheira que o amava. Isso deu a ela conforto e a certeza da felicidade do irmão.

Maria Luísa pegou o buquê que Isabel jogou. Com ele na mão, falou:

– Logo eu, que nem namorado tenho?

Isabel, rindo, disse:

– Logo terá, pode acreditar. Quando menos esperar, estará amando.

Maria Luísa, com o buquê nas mãos, falou:

– Quem sabe? Vamos esperar.

Enquanto falava, jogou-o para Rosa Maria, que o pegou.

Rosa Maria, Maria Luísa e sua mãe voltaram para casa. Durante o tempo em que estava morando lá, a amizade entre as duas ficou ainda maior. O tempo foi passando, e logo Rosa Maria se acostumou com a nova vida. José, várias vezes, veio visitar a irmã. Maria Luísa, sabendo que logo iria viajar para o Brasil, pedia a José que não a levasse.

Era difícil para José ou qualquer outra pessoa dizer não a Maria Luísa. Por isso, Rosa Maria foi ficando. Na realidade, não queria voltar para casa. Lá, a saudade era maior.

Começou a ter aulas de pintura, piano e boas maneiras. Maria Luísa não permitia que ficasse triste. Chegou outra carta de Dom Carlos. Nela ele dizia que a viagem para o Brasil seria adiada, porque a fazenda que comprou precisava de uma reforma. Queria que elas só fossem quando tudo estivesse pronto. Por seus cálculos, demoraria mais uns seis meses. Rodolfo deveria chegar logo.

Quando dona Matilde acabou de ler, Maria Luísa falou:

– Tenho vontade de ir para o Brasil. Mas tenho um pouco de receio. Não conheço ninguém. Tenho medo de me sentir muito só. Mamãe, estive pensando... e se Rosa Maria for também? Juntas, tudo será mais fácil.

Dona Matilde pensou um pouco e falou:

– Por mim, está bem. Tenho certeza de que é uma ótima ideia, mas você sabe que não posso resolver sozinha. Existem aí três problemas. Primeiro, você não sabe se ela quer ir. Segundo, precisa ver o que José pensa a respeito. Terceiro, preciso pedir autorização a seu pai.

– Como sempre, a senhora tem razão. Esses problemas existem, mas podemos achar uma solução. Primeiro, Rosa Maria, você quer ir?

Rosa Maria, que estava acompanhando atentamente a conversa das duas, respondeu:

– Não sei. Já havíamos falado sobre a possibilidade de eu ir para visitar vocês. Confesso que gostaria, mas só para visitar, não para ficar. Estou praticamente sozinha. José está casado. Tem agora sua família. Ir para sempre me dá um pouco de medo. O lugar mais longe a que fui até agora foi à casa de Roberta, que fica do outro lado do povoado.

– Quem disse que é para sempre? Vou escrever para meu pai, perguntando se você pode ir por um tempo e se, quando quiser voltar, ele compra a passagem. Dependendo da resposta, você vai e volta quando quiser. Está bem assim? Foi muito bom a viagem ter sido adiada. Vou escrever hoje mesmo, assim dará tempo para ele responder. Que acha?

Dona Matilde e Rosa Maria riram. Quando Maria Luísa queria alguma coisa, não existia dificuldade. Ela encontrava solução para tudo.

– Está bem. Se seu pai concordar, eu vou. Precisamos, antes, falar com José.

As cartas eram enviadas por navio, por isso demoravam de três a quatro meses para chegar a seu destino. Por esse motivo Maria Luísa queria mandar logo.

Foram as duas falar com José e Isabel. Quando chegou à sua casa, eles não estavam. Rosa Maria sentiu um aperto no coração. Pouco tempo atrás, os pais e Tadeu estavam lá. Brincavam o tempo todo. Formavam uma família feliz e unida.

Agora estava tudo tão diferente. As ovelhas bem cuidadas. O jardim, o pomar, tudo como antes. José e Isabel cuidavam muito bem de tudo, mas havia uma tristeza no ar.

Sozinha no quintal, olhando tudo, começou a chorar com tristeza e saudade. Maria Luísa se afastou. Sabia que a amiga precisava, naquele momento, ficar sozinha.

José e Isabel chegaram um pouco depois. Tinham ido à igreja. Ao verem Rosa Maria, correram para ela. Abraçaram-se com muito carinho.

— Que bom que voltou. Estava morrendo de saudade. Falei hoje para Isabel que ia buscar você. Agora que voltou, vamos recomeçar e tornar nossa família feliz novamente?

Rosa Maria abraçou-o e disse:

— Estou contente por ver vocês unidos e felizes. Vim até aqui para ver os dois, mas também para conversar. Vocês estão casados. Estão bem um com o outro, mas minha vida está mudada. Os pais de Maria Luísa vão se mudar para o Brasil. Maria Luísa quer que eu vá junto. Viemos até aqui para saber o que vocês acham dessa ideia.

— Brasil? Você está louca? Fica do outro lado do mundo! Não! É muito longe!

— Sei disso, José, mas também terei a oportunidade de conhecer outro país, outra cultura. Não será por muito tempo. Se, por qualquer motivo, eu não me acostumar e quiser voltar, o pai de Maria Luísa providenciará minha volta.

José ficou pensativo. Lembrou-se do adivinho que tinha dito tudo aquilo. As previsões que fez estavam acontecendo, até essa viagem para uma terra estranha, além-mar. Ia comentar com a irmã, quando Isabel falou:

— José, talvez deva permitir. Será bom para ela. Mesmo porque ela sabe que sua casa é aqui e que estaremos sempre de braços abertos para recebê-la. Você não pode impedir que ela faça o que tem vontade.

José olhou para a irmã e pensou: "Parece tão feliz. Realmente, não tenho o direito de fazer o que quiser. Se não se lembrou do vidente, também não a lembrarei".

Olhou com carinho para a irmã e disse:

— Se é isso mesmo que quer, só posso permitir e abençoá-la.

Rosa Maria abraçou e agradeceu ao irmão que tanto amava. Agradeceu também a Isabel pela ajuda.

José sorriu tristemente, pensando: "Ela é tão jovem e tão querida. Quanto ao adivinho, nada poderei fazer; como mamãe dizia, sempre estamos no lugar certo, na hora certa e com as pessoas certas. Se o lugar for o Brasil, se as pessoas são Maria Luísa e sua família, que seja!"

Beijou as mãos de Rosa Maria, dizendo:

— Nunca esqueça, minha irmã, que estaremos sempre aqui esperando por você. Por favor, nunca sofra!

— Ela nunca sofrerá, José! Não permitirei! Eu a amo como se fosse minha irmã. Tudo farei para que seja feliz. Pode ter certeza! Fique tranquilo.

— É isso mesmo, José. Nós somos como irmãs. Sei que Maria Luísa estará sempre ao meu lado.

— Espero que Deus proteja ambas. Vá com todo meu amor. Espero que tudo dê certo.

Ao se despedir, Rosa Maria abraçou e beijou os dois com todo o carinho. Chegando em casa, Maria Luísa entrou, dizendo:

— Pronto, mamãe, tudo resolvido. José deu permissão. Rosa Maria pode viajar conosco. Agora só falta papai concordar.

Dona Matilde riu, dizendo:

— Como se você não soubesse a resposta. Quando foi que seu pai lhe disse um não? Ele sempre quer dizer, mas, no final, eu sei, você sabe e ele também sabe que sempre diz sim.

Maria Luísa disse:

— Mamãe, precisamos comprar roupas para a viagem. Quando Rodolfo chegar, tudo deve estar pronto.

Ela estava feliz. A viagem que até pouco tempo não sentia vontade de fazer, agora, com a ida de Rosa Maria, deixou-a ansiosa. Não via a hora que o dia chegasse.

UMA TERRA DISTANTE

    Mais de três meses se passaram desde a última carta enviada por Dom Carlos.
    Na casa de Maria Luísa, estavam tomando o chá da tarde quando a porta se abriu e um belo jovem entrou. Maria Luísa e a mãe deram um grito, ao mesmo tempo que corriam para abraçá-lo.
    – Meu filho! Não pensei que fosse chegar hoje! Por que não avisou?
    – Se tivesse avisado, não estaria sentindo a felicidade de ver em seu rosto esse ar de surpresa...
    – Oh, meu irmão! Que bom que chegou! Estava morta de saudade e ansiosa para que conheça a minha amiga. Esta é Rosa Maria. Rosa Maria, este é Rodolfo, meu irmão.
    Rosa Maria, de pé, estava olhando tímida para ele. Bonito, alto, moreno, olhos claros, com um sorriso franco. O oposto

de Maria Luísa, que era loura. Ele, olhando nos olhos de Rosa Maria, disse:

– Então, você é a famosa Rosa Maria, o assunto principal das últimas cartas de Maria Luísa?

Enquanto falava, beijava a mão que Rosa Maria estendera.

– Minha mãe e Maria Luísa gostam muito de você. Pelo que estou vendo, vou gostar também.

Rosa Maria, ao toque dos lábios dele em sua mão, sentiu um arrepio por todo o corpo. Já tinha ouvido falar dele, já o tinha imaginado de várias maneiras, mas era diferente de tudo que havia pensado.

– Muito prazer, senhor.

– Que senhor é esse? Alguém está vendo algum senhor aqui?

Maria Luísa e a mãe responderam juntas:

– Não!

A emoção era tanta que Rosa Maria não conseguia falar. Dona Matilde disse:

– Sente-se, Rodolfo. Tome chá conosco enquanto conta tudo sobre o Brasil e o tempo em que esteve lá.

Rodolfo, atendendo o pedido da mãe, sentou-se e começou a falar sem parar:

– O Brasil é uma terra maravilhosa! O local onde está a fazenda é o lugar mais bonito que já vi. Tenho certeza de que vão adorar. Fica no meio de montanhas. No sul das Minas Gerais. Essas montanhas estão sempre verdes. Na primavera, ficam cheias de flores de todas as cores. A casa-grande é muito bonita. Tem vários quartos e salas. Com a reforma que papai fez, ficou parecendo um palácio. O melhor de tudo é que ficaremos todos juntos novamente. Antes que me esqueça, tenho algo importante para falar. Não sei se vão gostar, mas preciso cumprir uma ordem de papai: Rosa Maria pode ir conosco.

Maria Luísa pulou em cima de Rodolfo, quase fazendo com que ele caísse da cadeira em que estava sentado.

Rosa Maria escutava, encantada, o que ele contava. Seus olhos, sua voz e seu sorriso. Tudo nele era bonito. Pensava:

"O que será isso que estou sentindo? Por que não consigo olhar em seus olhos?"

Terminaram o chá. Foram para a sala de estar. Maria Luísa começou a tocar uma linda melodia. Rosa Maria olhava para Rodolfo disfarçadamente. Ele a tratava como se fosse sua irmã. Ria, brincava e puxava o cabelo ora de uma, ora de outra. Era um rapaz alegre e descontraído.

Ele pediu licença e foi para seu quarto. Estava cansado da viagem.

Tudo estava pronto para a partida. A casa seria fechada, mas não vendida. Os empregados foram despedidos por Rodolfo, que deu a cada um uma régia quantia em dinheiro, quantia esta com a qual poderiam viver até arrumarem um novo emprego. Somente Juvenal e Joana ficariam na casa, para que ela não ficasse abandonada.

Os três saíam sempre. Aos poucos, Rosa Maria perdeu aquela primeira impressão. Percebeu que ele realmente a tratava como irmã. Começou a falar e brincar normalmente.

Rodolfo, embora não sentisse por ela nada além de amizade, não pôde deixar de notar que era uma pessoa agradável, educada e inteligente. Tinha sempre uma resposta na ponta da língua. Ficou prestando atenção em tudo que ela fazia ou falava. Aos poucos, foi entendendo por que a mãe e a irmã gostavam tanto dela.

Alguns dias antes da viagem, os três jovens foram visitar José e Isabel.

Rodolfo foi apresentado a ambos. Tomaram um lanche. Conversaram muito sobre várias coisas, principalmente sobre o Brasil. José e Isabel queriam saber tudo.

Após o lanche, José levou Rodolfo para conhecer a propriedade. Elas foram até o riacho. Sentaram-se e ficaram conversando por um bom tempo.

Rodolfo ficou encantado com tudo o que viu. Parados no pomar, José falou:

– O senhor está me conhecendo agora. Vai levar minha irmã. Por favor, cuide bem dela. Não deixe que nada de mau lhe aconteça. É muito jovem e a única pessoa que restou de minha família. Eu a amo muito.

– Pode ficar tranquilo. Ela já era querida por minha mãe e minha irmã. Agora o é por mim. Gosto dela como de Maria Luísa. Cuidarei dela como se fosse o senhor.

Ao despedir-se, Rosa Maria disse:

– Vou embora dentro de alguns dias, mas levarei os dois em meu coração. Escreverei sempre e espero receber muitas cartas suas.

– Claro que escreveremos sempre. Vou cuidar muito bem de seu irmão, Rosa Maria. Cuide-se e não esqueça que sua família está aqui – disse Isabel.

Daí a quatro dias foram para Lisboa, onde embarcariam no navio que os levaria para o Brasil.

Chegaram a Lisboa à noite. Foram para um hotel que Rodolfo deixara reservado. Pela manhã, embarcaram. Não viram quase nada da cidade.

Rosa Maria ficou impressionada com o tamanho do navio. Estava ansiosa. Nunca saíra do povoado. Nunca vira o mar, muito menos um navio. Olhava tudo como se fosse uma criança diante de um presente novo.

Estava prestes a cruzar o mar, indo para um país estranho e distante. Estavam no convés do navio olhando as pessoas que em terra acenavam.

José e Isabel lá estavam em terra, acenando com lágrimas nos olhos. José não conseguia se esquecer do adivinho. Ao mesmo tempo que estava feliz por ver a irmã contente, temia por ela.

Com toda a agitação na preparação da viagem, Rosa Maria não se lembrou do vidente. José comentou com Isabel, que o confortou:

– Graças a Deus que ela não se lembrou. Assim, vai partir sem preocupação.

O navio apitou, avisando que iria partir. Rosa Maria abanava a mão, mesmo não vendo mais os dois.

Ela via sua terra desaparecendo. Aos poucos, só foram restando as ondas que o movimento do navio fazia. Eram só céu e mar. Tudo muito azul. Ficou lá por muito tempo.

Estava distraída, olhando o mar, quando Maria Luísa chegou e disse:

— Vamos conhecer o resto do navio, Rosa Maria? Ficaremos aqui por muitos dias. É bom conhecermos as pessoas.

Saíram andando. Maria Luísa ia conversando com todos e fazendo amizades. Rosa Maria, a seu lado, como sempre, tímida. Rodolfo se divertia com a timidez dela. Passaram um dia tranquilo.

O mar estava calmo. Começou a entardecer. O sol ia se pondo. O céu, de um azul infinito, ia se tornando avermelhado. Uma paisagem que Rosa Maria jamais esqueceria. Ficou lá até que o sol sumisse definitivamente.

As duas foram para o camarote preparar-se para o jantar. Rodolfo foi para o seu. Elas se vestiram de uma maneira especial. Por ser sua primeira noite, Rosa Maria colocou o vestido rosa, que era seu preferido. Maria Luísa vestiu um verde-claro, que fazia sobressair seus olhos e cabelos. Dona Matilde, embora discreta, estava elegante. Rodolfo também se esmerou, chegando elegantemente vestido. Jantaram alegremente.

Após o jantar, fez-se ouvir uma música suave. Maria Luísa e Rodolfo conversavam com alguns jovens. Rosa Maria pediu licença e voltou ao convés.

A noite estava linda. Um céu muito estrelado. A lua cheia, brilhante, refletia no mar. Parecia haver duas luas. O mar estava claro, iluminado por pontos claros feitos pelas ondas refletidas pela lua.

Estava mesmo uma noite maravilhosa. Rosa Maria, encantada com tudo o que via, começou a se lembrar de seus pais e de seu irmão: "Eles devem estar felizes por me verem aqui. Por que tudo aquilo teve que acontecer? Por que tiveram que morrer? Por que me deixaram sozinha? Meu Deus! Estou sozinha? Estou indo para uma terra estranha. Além-mar? Tudo que o adivinho falou está se realizando. Quer dizer que tudo que previu estava certo? Ele disse que eu sofreria muito, seria traída, seria enganada. Oh, meu Deus! Como fui esquecer? Ele disse que eu voltei para resgatar e ajudar. O que será que quis dizer? O que estará sendo reservado para mim nessa terra para a qual estou indo? Papai, mamãe, Tadeu... ajudem-me!"

Começou a tremer e chorar, sentindo muito medo.

Estava assim tremendo, chorando angustiada, quando ouviu uma voz vinda de perto.

— O que está acontecendo, Rosa Maria? Por que está chorando? Está arrependida da viagem?

Rodolfo estava a seu lado. Ela olhou para ele e respondeu:

— Não sei. Estou com medo. Acabei de me lembrar de algo terrível que me aconteceu.

— Do que uma menina tão bonita pode ter medo?

Ela contou tudo. Ele colocou os braços em seu ombro e falou:

— Não se preocupe com isso. Nada de ruim vai acontecer a você, aqui ou em qualquer lugar. Eu estava esperando chegar ao Brasil para falar com você, mas sinto que talvez agora seja o momento. Eu amo você! Quando a conheci, a princípio tentei tratá-la como uma amiga de minha irmã. Depois, com a convivência, aprendi a amá-la. Quero me casar com você. Vai depender só de sua resposta. Se disser que aceita, serei o homem mais feliz do mundo.

Rosa Maria estava atônita, porque ele nunca deixara transparecer nada. Ele continuou:

— Se disser que sim, vamos namorar e, mais tarde, depois que falar com meu pai, nos casaremos.

— Não sei. Não esperava por isso... você nunca fez nada para eu pensar que gostasse de mim. Algumas vezes, cheguei até a pensar. Mas tentei esquecer, por acreditar ser uma coisa impossível.

— Você está dizendo que também me ama?

— Não sei se é amor, mas a primeira vez que o vi senti algo estranho. Meu corpo se arrepiou quando beijou minha mão. Nunca, antes, tinha sentido algo parecido. Será que é amor?

Rodolfo, sorrindo, segurou seu rosto e a beijou ardorosamente. Ela correspondeu com todo o amor que estava escondido por muito tempo. Rodolfo falou baixinho em seu ouvido:

— Estou feliz por nós. Vamos enfrentar problemas, não vai ser fácil. Papai é um homem íntegro, mas também dominador. Vou falar com ele no momento certo. Por isso, vamos deixar em segredo. Não conte a ninguém, nem mesmo a Maria Luísa. Quando chegar a hora, contaremos juntos.

— Não posso fazer isso. Maria Luísa é minha amiga. Não posso deixar de contar.

— Claro que vai contar... só tem que esperar um pouco...

— Está bem. Vou esperar. Quando chegarmos ao Brasil, você promete falar com seu pai? Posso contar para Maria Luísa?

— Prometo. Assim que chegarmos ao Brasil, esclareço tudo. Está bem?

— Está. Vou esperar, Rodolfo.

Como conversavam muito, Maria Luísa e sua mãe não desconfiaram de que algo estava acontecendo entre eles.

A viagem foi demorada, mas agradável, principalmente para Rosa Maria e Rodolfo, que fugiam dos demais para rápidos encontros.

O amor entre eles era cada vez maior.

Finalmente, avistaram de longe as terras do Rio de Janeiro. Foi uma alegria geral no navio.

Ao se aproximarem da terra, Rosa Maria, Maria Luísa e dona Matilde, ansiosas, esperavam o navio atracar. Olhavam tudo. Estavam com pressa. Queriam pisar em terra firme.

Elas se admiravam com a paisagem, o contorno do mar e as montanhas verdes. O navio foi chegando ao porto.

O coração de Rosa Maria estava batendo forte. Ainda no convés, pensou: "Hoje é dia 22 de março de 1857, quase cinco horas da tarde. O primeiro dia de minha nova vida aqui nesta terra. Que Deus me abençoe. Que eu seja feliz".

COMPRA DE ESCRAVOS

Ao aportarem, Rodolfo pegou as bagagens de mão e as acompanhou, dando a elas toda a segurança.

Quando desceram, Josué, um escravo conhecido de Rodolfo, estava esperando que eles chegassem. Rodolfo deu a ele uns papéis para que fosse providenciar a retirada das bagagens.

Havia uma carruagem esperando por eles. Foram para um hotel no centro do Rio. Elas olhavam tudo pelo caminho. Não notavam muita diferença, porque as construções eram parecidas com as de Portugal.

Três quartos foram reservados por Dom Carlos. Josué disse para Rodolfo:

– U sinhô Dom Carlos num pôde vim. Pediu pru sinhozinho si acomodá. Di noite ele vem jantá. Vamo amanhã bem cedinho pra fazenda.

Maria Luísa, Rosa Maria e dona Matilde estranharam o modo como o negro falava.

– Por que ele fala assim? Não entendi quase nada do que falou.

Rodolfo respondeu:

– Ao negro é proibido aprender a ler ou escrever, Maria Luísa. Por isso, a maioria fala assim. No começo, também tive dificuldade para entender, mas logo me acostumei. Vocês também se acostumarão.

Rodolfo não se admirou com o recado de seu pai. Estava acostumado com seus compromissos.

No hotel, se acomodaram. Em um quarto ficaram Rosa Maria e Maria Luísa. No outro, ficariam dona Matilde e Dom Carlos. Rodolfo ficou sozinho.

Na hora do jantar, Dom Carlos não veio. Josué chegou com um envelope e entregou para Rodolfo, que o abriu, tirou um bilhete e leu:

Sejam todos bem-vindos ao Brasil. Meu filho, surgiu um problema e não pude ir esperá-los. Acomode a todos. Amanhã cedo nos veremos para o café.
Um abraço
 papai.

Quando Rodolfo terminou de ler, olhou para elas, que escutavam o que ele lia e disse:

– O melhor que temos a fazer é ir dormir. A fazenda fica longe. A viagem será feita de carruagem, portanto será cansativa. Viajaremos mais ou menos por três dias. Por isso será bom estarmos descansados.

Elas concordaram. Foram para seus quartos. Estavam realmente cansadas. Rosa Maria e Maria Luísa conversaram por pouco tempo e dormiram em seguida.

Na manhã seguinte, levantaram-se. Maria Luísa perguntou:

– O que está achando daqui, Rosa Maria?

– Não sei. Ainda não vimos muita coisa. Ontem estava tão cansada que não prestei muita atenção. Hoje, vou prestar mais atenção em tudo.

– Eu também não vi muito. Gostaria de conhecer o Rio de Janeiro, mas vamos partir agora de manhã. Não veremos muita coisa.

Foram para o restaurante do hotel. Rodolfo e dona Matilde já estavam esperando por elas. Quando estavam todos sentados, dona Matilde falou:

– Dom Carlos, ontem à noite, disse que não poderemos viajar hoje. Não conseguiu terminar o negócio que está fazendo. Por isso, vamos passar o dia aqui. Viajaremos amanhã. Pediu a você, Rodolfo, que nos leve para passear, a fim de conhecermos a cidade. Josué virá nos buscar com a carruagem.

Os olhos de Maria Luísa brilharam. Falou:

– Que bom, mamãe! Ontem, na hora em que fomos dormir, eu e Rosa Maria conversávamos exatamente isso, sobre não termos conhecido o Rio de Janeiro.

Rodolfo se levantou, fez uma reverência para Maria Luísa e falou rindo:

– Não sei como você, irmãzinha, consegue tudo o que quer! Pronto! Será feita sua vontade. Senhora! Senhoritas! Vamos passear?

Terminaram de tomar o café. Foram até seus quartos para se prepararem para o passeio. As meninas estavam entusiasmadas.

Quando todos saíram, Josué já os esperava. Entraram na carruagem, que era grande e puxada por dois cavalos. Preta por fora e vermelha por dentro.

Rodolfo e a mãe sentaram-se de um lado. Rosa Maria e Maria Luísa do outro, o que facilitava os olhares apaixonados entre Rodolfo e Rosa Maria.

Andaram pela cidade.

Rosa Maria nunca tinha visto tanta gente junta. Muitos negros carregando balaios nas costas. Senhoras e senhoritas com vestidos, chapéus e sombrinhas coloridas, combinando entre si. Sempre acompanhadas por negras. Homens com capas e bengalas. Carruagens de todos os tamanhos, charretes e cavaleiros solitários.

Para Rosa Maria, tudo era novidade. Josué os levou a um ponto alto da cidade, de onde poderiam admirar melhor a paisagem. A vista daquele local era espetacular. O corte feito pela natureza no mar, as montanhas com um formato que sugeria coisas, como se fossem construídas à mão. Andaram durante toda a manhã.

Ficaram com fome. Foram a um restaurante. Rosa Maria nunca tinha visto um igual. Ela estava vivendo uma vida luxuosa, diferente da que tinha vivido até aquele momento.

Depois do almoço, continuaram a passear. Viram uma multidão. Rodolfo perguntou a Josué:

– O que está acontecendo lá?

– *Nesse lugá us iscravo é comprado e vindido. Hoje deve di sê u dia.*

No dia de comércio de negros, as pessoas aglomeravam-se para assistir. Ricos fazendeiros e comerciantes vinham de longe. Os negros eram oferecidos como se fossem animais ou mercadorias.

Para o povo, aquilo era uma festa. Rosa Maria não entendia como as pessoas podiam gostar. Havia uma espécie de palco. Os negros ficavam em pé sobre ele. Vestiam somente calças largas, brancas, amarradas na cintura. As mulheres, saias e blusas brancas.

Eram apresentados em lotes. Homens e mulheres separados. As pessoas e compradores ficavam na parte de baixo, como se aquilo fosse um espetáculo. Em cima do palco, havia um homem que os ia apresentando e vendendo.

Rodolfo pediu a Josué que parasse a carruagem.

Desceram e se aproximaram. A curiosidade era imensa. Quando chegaram perto, o homem estava apresentando um lote de negros. Assim que foram vendidos, veio outro lote de homens.

Chegaram a tempo de ouvir as últimas palavras do vendedor.

Rosa Maria não gostou do que estava ouvindo. O outro lote era composto por seis negros de idade variada. Entre eles havia um para o qual o vendedor apontou com as mãos, dizendo:

– Olhem este negro! Braços e corpo fortes e belos dentes. Poderá trabalhar em qualquer lavoura. Tem outra qualidade: é um ótimo cavalariço. Conhece tudo sobre cavalo. Olhem que belo espécime!

Rosa Maria olhou o negro e pensou: "Realmente é um belo espécime, mas tem os olhos tão tristes..."

Alto, forte, com o peito nu, no qual se viam grandes músculos.

Todos se voltaram para ver aquele belo espécime. Maria Luísa também.

Quando o viu, ficou parada. Não conseguia desviar os olhos. Nunca havia visto um homem como aquele. Enquanto olhava, pensava: "Realmente, é belo!"

Sentiu um enorme desejo de abraçá-lo, de estar com ele, como se já o conhecesse há muito tempo.

Enquanto o homem ia demonstrando suas qualidades, o escravo, com o olhar, percorria todas aquelas pessoas. Ao ver Maria Luísa, parou. Os dois ficaram se olhando, sem conseguirem desviar o olhar. Maria Luísa sentiu um arrepio correr por todo o seu corpo. Estava quase correndo para ele, quando ouviu uma voz:

– Fico com ele!

Todos se voltaram para ver quem iria comprar aquele negro espetacular. Rodolfo também. Ao mesmo tempo que olhava, o homem que estava comprando o viu e fez um sinal com as mãos para que esperasse. Dirigiu-se ao dono do escravo e concretizou o negócio.

Enquanto isso, Maria Luísa perguntou:

– Quem é esse homem que está comprando o negro, Rodolfo?

Rodolfo respondeu:

— É Malaquias, feitor e capataz da fazenda. Papai deve ter ordenado que comprasse alguns escravos.

Após Malaquias pagar, o escravo foi levado para outro lugar. Maria Luísa ficou olhando até ele desaparecer. Malaquias aproximou-se do grupo, dizendo:

— Senhor Rodolfo! Que bom encontrar o senhor por aqui! Está passeando ou veio comprar escravos?

— Estou passeando com minha mãe, minha irmã e esta nossa amiga. Só viemos ver como é a venda de escravos. De onde eles vêm?

— A maioria vem de fazendas. Com a proibição dos navios negreiros, os escravos que restaram se tornaram um artigo valioso. Quando há um problema financeiro, os primeiros a serem vendidos são eles. Existem homens, como seu pai, que precisam de escravos e os compram. Por isso, estou aqui: ele mandou que comprasse alguns escravos para a fazenda. Acabei de comprar um, mas preciso de mais alguns. O próximo lote será de mulheres. Seu pai mandou comprar três escravas para fazer companhia a sua irmã, a sua mãe e à moça que viria junto. Já que estão aqui, poderão escolher.

Enquanto falava, foram colocadas no palco pelo vendedor várias mulheres. Entre elas, uma negra baixa, franzina, com mais ou menos cinquenta anos. Rosa Maria olhou para ela e sentiu uma profunda simpatia.

— Qual das duas é sua irmã? — Malaquias perguntou a Rodolfo.

— Desculpe, esqueci de apresentar. Esta é minha mãe. Maria Luísa, minha irmã. E esta é Rosa Maria.

Malaquias tirou o chapéu e fez uma pequena reverência com a cabeça, dizendo:

— Muito prazer. Podem escolher suas escravas!

Olhou para Rosa Maria. Ela não gostou dele, de seu jeito e do modo como falava a respeito dos negros.

Dona Matilde escolheu uma jovem bonita. Rosa Maria, respondendo à pergunta de Rodolfo, falou apontando para a escrava de que tinha gostado:

– Gostaria de ficar com aquela.
Malaquias olhou para a escrava e perguntou, admirado:
– Aquela? Mas é muito velha!
Rosa Maria olhou para ele com raiva e disse:
– Não me importo se ela é velha! Eu não queria, mas, se tiver que ter alguma escrava, é ela que quero!
Rodolfo percebeu que ela estava nervosa. Disse:
– Malaquias, não discuta com a senhorita! Se ela quer essa escrava, compre. É um presente que estamos dando, por isso ela tem todo o direito de escolher.
Olhou para Maria Luísa e perguntou:
– Maria Luísa, qual você quer?
Maria Luísa não respondeu. Somente quando Rodolfo perguntou pela segunda vez foi que ela voltou à realidade. Não prestou atenção à conversa. Estava com os olhos voltados para o lugar aonde levaram o escravo. Olhou para Rodolfo como se estivesse voltando de longe e disse:
– Qualquer uma. Mamãe, por favor, escolha para mim.
Na realidade, o que ela queria dizer era:
– Quero aquele negro!
Sabia que não podia dizer aquilo, por isso ficou calada. Malaquias saiu e foi comprar e pagar as negras.
Maria Luísa perguntou:
– Rodolfo, para onde Malaquias vai levar as escravas?
– Não sei. Hoje, ele deve ter um lugar para deixar as escravas e os outros que vai comprar, e, depois, serão levados à fazenda. Mas, agora, chega! Vamos passear mais um pouco. Temos que ir logo mais para o hotel. Às oito horas, teremos que estar todos prontos para o jantar. Papai estará lá e não gosta de atrasos.
Assim fizeram. Passearam mais um pouco. Rosa Maria continuava encantada com tudo o que via. Pararam para ver algumas frutas coloridas que não conhecia.
Voltaram para o hotel. No quarto, Rosa Maria, enquanto se vestia para o jantar, estava preocupada, pensando: "Estou nervosa. Preciso me acalmar. Vou conhecer Dom Carlos.

Como ele será? Se for igual ao resto da família, tudo bem. Por tudo que falaram, embora sério, é um homem amoroso. Ama e é amado por seus filhos. Se eles o amam, é porque deve ser um homem bom".

Estava tão voltada para seus pensamentos que não notou que Maria Luísa estava calada.

Maria Luísa, também calada, pensava no negro. Por mais que tentasse, não conseguia esquecer aqueles olhos.

ENCONTRO INESPERADO

    Às oito horas em ponto, Rosa Maria e Maria Luísa entraram no restaurante do hotel. Rodolfo, dona Matilde e Dom Carlos estavam sentados.
    Dom Carlos estava sentado de costas para elas. Rosa Maria, receosa, parou. Maria Luísa pegou sua mão e caminhou até a mesa. Quando chegaram, os cavalheiros se levantaram para receberem as duas moças.
    Dom Carlos beijou Maria Luísa, dizendo:
    — Minha filha! Seja bem-vinda ao Brasil! Tenho certeza de que aqui será feliz.
    — Também espero, papai. Esta aqui é Rosa Maria, minha amiga. Está nervosa por conhecer o senhor. Disse a ela para não se preocupar, porque o senhor é o melhor homem do mundo, o pai que todos gostariam de ter.
    Dom Carlos se voltou para olhar Rosa Maria.

Assim que ela o viu, mesmo antes que ele olhasse para ela, começou a tremer.

Ele a olhou de cima a baixo. Ficou calado, só olhando. Depois disse:

– Então, é você aquela que conquistou toda a minha família? Seja bem-vinda ao Brasil! Espero que seja feliz aqui. Não precisa tremer. Não sou nenhum bicho.

Pegou a mão dela e a beijou. Rosa Maria continuava a tremer. Com dificuldade, disse:

– Muito prazer. Obrigada por me receber aqui e em sua família. Espero corresponder a tanta bondade.

– Se toda a minha família gosta de você, é porque deve ter alguma qualidade. Agora, sentem-se. Vamos jantar.

Rosa Maria sentou-se na cadeira que Rodolfo afastou ao lado de Maria Luísa. Começaram a comer. Dom Carlos falando muito, perguntando como tinha sido a viagem, comentava sobre a fazenda:

– Tenho certeza de que irão gostar. Lá, é um paraíso aqui na Terra. A casa-grande foi toda reformada para receber vocês.

Rosa Maria olhava para ele, mas não prestava atenção. Pensava: "Não pode ser! Não acredito no que está acontecendo. Será que ele não me reconheceu? Talvez eu o tenha reconhecido por ter dado tanta importância ao que aconteceu. Não, não me reconheceu! Se o tivesse feito, teria me colocado no navio de volta. Naquele dia... do mendigo... do chicote... jamais poderia pensar que o encontraria novamente, principalmente nesta circunstância".

Realmente, sentado à sua frente estava o homem do mendigo, o homem do chicote, aquele mesmo que vinha há tanto tempo atormentando seus sonhos. Ficou o tempo todo calada até que Dom Carlos disse:

– Você é sempre calada assim, Rosa Maria? Ou é porque está aqui em minha presença?

Maria Luísa foi quem respondeu:

– Ela não é calada assim, não, papai. Deve ser mesmo por sua causa. Não fique assim, Rosa Maria. Meu pai é um homem maravilhoso!

Rosa Maria olhou para ela, que sorria ternamente, e também sorriu, mas não conseguia falar.

O jantar terminou. Após a sobremesa, Dom Carlos, parecendo feliz, disse:

– Agora, vamos todos dormir. Amanhã bem cedo iremos para a fazenda. A viagem vai ser longa e cansativa. Por isso, devemos estar descansados.

Despediram-se e foram para seus quartos. Rosa Maria quase não conversou com Maria Luísa. Estava preocupada. Maria Luísa, por sua vez, também não tinha vontade de conversar. Deitou-se, pensando no negro: "Meu Deus! O que está acontecendo comigo? Por que não consigo esquecer aqueles olhos? Ele é negro, um escravo! Jamais poderá existir alguma coisa entre nós. Preciso esquecer..."

Rosa Maria também se deitou e ficou pensando: "O que vou fazer? Será que ele não me reconheceu? Não sei se conto para Rodolfo ou Maria Luísa. Se ele não se lembrou, não é justo estragar a imagem que os filhos têm dele. Mas, se não contar e eles vierem a saber depois, vão achar que não confiei na amizade deles. Não sei o que fazer... estava tudo indo tão bem! O que vou fazer? Distante de minha terra, longe de José e de Isabel. Vim para o Brasil com tanto entusiasmo, e agora isso?"

Pensou por mais algum tempo. Acabou adormecendo.

Estava novamente naquele lugar, com o vestido rosa, cabelos compridos até o chão, as pessoas trazendo para ela frutas e flores. Cantavam em uma língua que ela não conhecia. Olhou para o lado e lá estava ele, aquele belo rapaz saindo das águas.

Trazendo nas mãos um ramalhete de rosas coloridas, ele vinha sorrindo. Ela se sentia feliz por vê-lo. Ele foi se aproximando. Estendeu os braços para lhe dar as rosas. Ela estendeu os seus para recebê-las. Dom Carlos chegou com o chicote e começou a chicotear todos. Voltou o chicote para ela, que deu um pulo da pedra para se afastar. Acordou.

"Ainda bem que foi só um sonho! Quem serão aquelas pessoas que estavam me dando flores e frutas? E o rapaz, quem será ele? Tão bonito... eu o conheço! Queria me abraçar a ele, mas não sei quem é. Dom Carlos... por que sempre aparece em meu sonho? Por que este sonho sempre se repete?"

Levantou-se, tomou água e deitou-se novamente; queria continuar sonhando.

No dia seguinte, estavam todos preparados para a longa viagem rumo à fazenda. Tomaram o café e foram até onde a carruagem estava esperando por eles. Esta era maior, mais espaçosa e confortável, puxada por quatro cavalos. Josué ia na frente com o cocheiro. Atrás, ia uma carroça com a bagagem. Maria Luísa perguntou:

– Papai, onde estão os escravos que Malaquias comprou?

– Malaquias partiu ontem, chegará antes de nós. Assim, quando chegarmos, as mucamas estarão prontas para servir todas vocês. Mas por que quer saber?

– Por nada. É que Malaquias comprou uma escrava para mim. Queria saber se ela já vai estar na fazenda quando eu chegar.

Maria Luísa sorriu. Na verdade, queria saber do escravo, mas não podia falar.

A viagem foi longa. Estradas de terra cercadas por árvores e carregadas de flores. Era primavera. Havia algumas pousadas toscas pelo caminho, onde comerciantes e fazendeiros se hospedavam.

Por rodar em uma estrada de terra, a carruagem ia devagar. Os solavancos deixavam o corpo dolorido.

Durante a viagem, Dom Carlos conversava com todos, inclusive com Rosa Maria. Mostrava as montanhas, as árvores, rios e cachoeiras. Rosa Maria olhava tudo. Enquanto ele falava, ela pensava: "Realmente, não me reconheceu. Ainda bem! Se tivesse me reconhecido, teria dito alguma coisa".

Viajaram o dia todo. O balanço da carruagem não lhes permitia sequer cochilar.

Quando começou a escurecer, chegaram a uma estalagem com quartos vagos. Havia um quarto de banho com tinas, que eram cheias de água quente e trazidas por escravos. Do lado de fora, havia um grande fogão a lenha em que a água era aquecida.

Maria Luísa e Rosa Maria ficaram juntas. Depois do banho, que parecia um sonho, Rosa Maria perguntou:

– Você gosta muito de seu pai, não é, Maria Luísa?

– Muito! É o melhor pai do mundo! Sempre fez tudo que eu e Rodolfo pedimos.

– Nunca soube nada de errado que ele tenha feito?

– Meu pai?! Fazer algo errado? Nunca! Se descobrisse que ele não é o que diz ser, eu morreria. Por quê? Sabe alguma coisa contra ele?

Rosa Maria pensou: "Não adianta eu contar o que aconteceu com o mendigo. Ela não vai acreditar. Melhor eu ficar calada ou mudar de assunto".

– Eu não! Só o conheci agora. Ele me trata muito bem, nem sei por que estou perguntando isso. Aliás, sei. Tenho um segredo para lhe contar, mas vai ter que me prometer não comentar com ninguém. Promete?

– Nossa, que seriedade! Que segredo é esse? Sou sua amiga. Pode confiar. Claro que guardarei seu segredo. Conte logo. Estou ficando curiosa!

– É sobre Rodolfo. Vai falar com seu pai para podermos nos casar. Ele pediu segredo até seu pai dar o consentimento. Pediu para não falar nem com você. Mas não aguentei.

Maria Luísa começou a rir, perguntando:

– Você e Rodolfo? Não acredito! Como não percebi? Quando começou?

– Uma noite no convés do navio. Eu estava chorando com saudade dos meus. Ele me confessou seu amor. O que você acha?

– Estou adorando! Ninguém seria melhor cunhada para mim. Rodolfo tem razão em querer segredo. Vocês terão problemas com papai, mas o importante é que se amem. Pode ficar tranquila, não vou comentar com ele. Vou ficar é torcendo muito por vocês. Seu problema é difícil, mas bem mais fácil do que o meu.

— O seu o quê? Que problema você tem? Não acredito que tenha algum. Você deve estar brincando.

— Tomara fosse brincadeira. Você viu aquele negro que Malaquias comprou?

Rosa Maria disse que sim com a cabeça.

— Desde que o vi não consigo pensar em outra coisa que não seja ele. Vejo seus olhos o tempo todo. Grandes e brilhantes. Creio que estou apaixonada. Não pode imaginar a felicidade que senti quando Malaquias o comprou, porque assim vou poder vê-lo novamente.

— Maria Luísa, por favor, diga que não estou ouvindo isso! Diga que estou sonhando! Oh, meu Deus! Você deve estar louca!

— Também creio que estou louca! Não posso fazer nada. Não tenho culpa, é mais forte que eu. Estou pensando sem parar. Já vi todos os problemas que terei, mas vou enfrentar. Papai vai ficar bravo no começo. Depois aceitará. Vou precisar de sua ajuda. Você vai me ajudar, não vai?

Rosa Maria estava lá, parada, olhando para a amiga sem saber o que falar. O que se pode falar em uma hora dessas?

— Claro que vou ajudar. Estarei sempre a seu lado, aconteça o que acontecer. Só não sei como. Só sei que é uma loucura... se para mim e Rodolfo já é difícil, imagine isso!

— Com você a meu lado, tudo será mais fácil. Como vai me ajudar? Não se preocupe, na hora saberá.

As duas se abraçaram. Foram jantar. Entraram rindo e brincando na pequena sala que servia de restaurante, como se não houvesse problema algum. Os outros já estavam lá. Dom Carlos estendeu a mão para receber as jovens, dizendo:

— Vejo que realmente se dão muito bem. Estou feliz com sua presença, Rosa Maria. Sei que Maria Luísa não se sentirá sozinha com você por perto.

— Tem razão, papai. Eu adoro essa menina!

Dona Matilde falou:

— Todos a adoramos. É uma ótima companhia, não só para Maria Luísa, mas para mim também.

Rodolfo ficou calado, embora por dentro estivesse muito feliz. Apenas concordou com a cabeça. Durante o jantar, Dom Carlos falou, entusiasmado:

– Amanhã será a parte mais difícil da viagem. Temos que subir uma serra muito alta. A estrada é ruim, mas, por outro lado, terão a oportunidade de ver um espetáculo sem igual da natureza. Do alto da serra, tem-se uma visão de quilômetros de distância, formada por um imenso tapete verde. O verde contém todas as tonalidades. Tenho certeza de que ficarão encantadas. A propósito, estou cultivando café e pretendo comprar algumas cabeças de gado. Tenho alguns escravos que eram do proprietário anterior, mas vou precisar de mais. Daqui a um mês, depois que vocês estiverem instaladas, voltarei ao Rio de Janeiro para comprar mais.

Após o jantar, foram para o quintal, onde havia uma grande mesa com cadeiras. Sentaram-se em volta da mesa. A iluminação vinha de uma grande fogueira. No céu, muitas estrelas. Parecia que iam bater umas nas outras. No horizonte, escuridão imensa, só quebrada por vaga-lumes em uma dança deslumbrante. Tudo encantava Rosa Maria.

Já no navio, quando viu as terras do Rio de Janeiro, ficou encantada com a natureza e com a paisagem vista à distância. Olhando tudo aquilo, pensou: "Creio que serei feliz nesta terra. Desde que aqui cheguei, gostei de tudo. Parece que já conheço estas paisagens".

Na manhã do outro dia, saíram. Dom Carlos teve razão ao dizer que aquela era a parte mais difícil da viagem. Por uma estrada estreita, a carruagem foi subindo a serra. Na metade do caminho, encontraram outra pousada. Tornaram a parar.

No dia seguinte pela manhã, continuaram a viagem, que agora parecia interminável. Do alto da serra podia-se ver aquele imenso tapete verde que Dom Carlos havia mencionado.

Viajaram por quatro dias. Eram três da tarde quando chegaram a uma grande porteira. Maria Luísa deu um grito:

– Papai, o senhor colocou meu nome?

– Coloquei. Você é a coisa mais preciosa de minha vida!

ELISA MASSELLI

Em cima da porteira, havia uma placa com os dizeres "Fazenda Maria Luísa".

Naquele tempo, havia uma distância entre homens e mulheres. Os homens eram donos absolutos da família. As mulheres eram dominadas pelos pais e, por isso, obedeciam cegamente. Na falta deles, os irmãos, maridos e, por último, os filhos.

Na casa de Dom Carlos também era assim. Dona Matilde falava pouco. Não interferia nos negócios do marido. Somente cumpria ordens.

Maria Luísa, por sua vez, sempre foi diferente. Desde pequena, nunca soube esconder seus sentimentos. Adorava o pai, sempre o abraçava e beijava. A princípio, ele quis ficar bravo, mas não adiantava. Quando ele chamava sua atenção, ela fazia de conta que aceitava, mas sempre fazia novamente. Vendo que não adiantava, ele parou de brigar. Por isso, quando ela o abraçou e beijou por causa da placa, ele sorriu e pensou: "Sempre farei de tudo para que seja feliz".

Todos olhavam a casa que se via no alto. Uma casa grande, toda branca e com as janelas azuis.

Da porteira até a casa havia uma estrada feita de pedras, ladeada por flores e folhagens. Assim que a porteira foi aberta, um sino tocou. Estava preso em um arco que ficava em volta dela. Do sino saía um cordão que, com o movimento da porteira, fazia com que ele tocasse.

A carruagem voltou a andar. Da casa, um outro sino também começou a tocar. Ela perguntou:

– Papai, que sino é esse que está tocando?

– Sempre que alguém abre a porteira, este sino que está sobre ela toca. Assim que o sino toca, um outro que está na varanda da casa toca também. Um escravo da casa vem até aqui para ver quem está chegando. Se for alguém conhecido, faz um sinal para outro escravo que fica na varanda. Este começa a tocar um outro sino, que é maior que os dois. Se for um estranho, pergunta o que deseja.

Antes que terminasse de falar, um escravo chegou, montado em um cavalo. Ao ver que era Dom Carlos, fez um sinal. O som de um sino se ouviu mais alto.

Seguiram por mais cinco minutos até a casa. Agora de perto, podia-se ver melhor. A casa era imensa. Devia ter muitos quartos.

A carruagem parou em frente a uma escada. Esta rodeava toda a casa.

Todos desceram. Estavam cansados, mas felizes por finalmente chegarem e encontrarem aquela casa tão bonita. Subiram os dez degraus que levavam até a porta de entrada.

A sala era enorme, com tapetes, cortinas e um quadro com paisagem do campo. Nas paredes, havia vários castiçais de prata, onde eram colocadas velas para iluminar a casa durante a noite. Um grande corredor levava aos quartos. No fim do corredor, havia uma porta. Assim que a porta foi aberta, viram um enorme quarto de banho.

Rosa Maria estava encantada com tudo. Várias mucamas estavam perfiladas, esperando os recém-chegados. A um sinal de Dom Carlos, colocaram-se ao lado de quem iriam servir.

Para perto de Rosa Maria foi a escrava que ela havia escolhido e que Malaquias comprara a contragosto. Rosa Maria olhou para ela e pensou: "Gostei mesmo dela".

Maria Luísa falou:

– O que estou querendo mesmo é tomar banho e dormir por vinte horas!

A escrava que estava ao seu lado disse:

– *Sinhazinha, seu quertu tá pronto e u banho tumém.*

– Que bom! Com licença, já vou!

A escrava que estava ao lado de Rosa Maria também lhe mostrou o quarto. Ela a acompanhou. Dois escravos traziam as bagagens.

Rosa Maria entrou no quarto. Lá dentro ficou encantada novamente. Tudo era muito luxuoso. Os móveis de madeira escura, um grande baú, também de madeira. Uma penteadeira com um espelho e uma cama grande com um véu que a cobria totalmente. Por algum tempo, ficou parada na porta sem se mexer, só olhando. A escrava falou:

— *Tem qui tê esse véu pruque tem muito musquito, pur causa da mata.*

Rosa Maria sorriu. Jogou-se na cama e começou a pular. A roupa de cama era toda branca e a cortina de crochê azul. Outra vez, nunca tinha visto coisa igual. Olhou para a escrava e perguntou:

— Qual é o seu nome?

— Serafina, sinhazinha.

— Pois bem, Serafina, preciso que me faça um favor. Estou tendo dificuldade para entender o que fala. Por isso, queria pedir que falasse devagar. Até eu me acostumar, está bem?

Serafina olhou para ela assustada. Falou devagar:

— *A sinhazinha mi discurpe, mais a nega só sabe falá desse jeito...*

Rosa Maria percebeu que ela estava assustada e disse:

— Não estou brava. Gostei de você desde que a vi lá no Rio de Janeiro. Quero que fale devagar para que eu possa entender. Sou de família pobre, nunca tive escrava e ajudava minha mãe com o serviço de casa. Não sei como falar com você.

Ao se lembrar de sua mãe, lembrou-se também de sua casa em Portugal, de tudo que vivera lá. Nunca teve tanta riqueza como a que estava tendo agora, mas com certeza naquele tempo também era feliz. Começou a chorar.

— *A sinhazinha pode mi tratá cumo quisé. Tô aqui pra servi a sinhazinha. Posso preguntá uma coisa?*

Rosa Maria secou os olhos com a mão e acenou com a cabeça.

— *Pru qui a sinhazinha tá churando?*

— Lembrei de minha casa, de meus pais e de meu irmão.

— *A sinhazinha pode vortá e incontrá eles di novo.*

— Infelizmente, não. Eles morreram.

— *Si num incontrá nessa vida aqui, incontra na otra vida...*

— Outra vida? Que outra vida?

— *Sei qui a sinhazinha nun sabe, tumém agora io num posso falá. Fica pro otro dia.*

Rosa Maria não entendeu o que ela estava falando, só sabia que aquela escrava falava com tanto carinho e sabedoria que parecia ver sua mãe na sua frente. Fora criada na igreja católica, sabia que existiam céu e inferno. Disse:

– É verdade, Serafina, um dia, com certeza, irei encontrar todos novamente.

– Isso memo, sinhazinha. A *tina já tá cheia d'água. Já pode tumá* seu banho.

Rosa Maria sorriu. Foi guiada pela escrava ao quarto de banho, onde havia uma tina grande de madeira cheia de água quente. Despiu-se, um pouco envergonhada, e, ajudada por Serafina, entrou na tina. Aquela água quente por seu corpo todo fez com que ficasse imóvel, só sentindo as mãos da mucama enquanto a banhava.

– Que perfume é esse?

– *É di frô qui culhi e fiz mistura pra culocá na água da sinhazinha. Gustô?*

– Muito. É uma delícia.

Serafina sorriu. Gostou muito daquela sinhazinha.

Quando acabou de tomar banho, Rosa Maria colocou uma camisola branca, deitou-se e falou:

– Vou dormir um pouco. Estou cansada da viagem. Esse banho me deu uma moleza... um pouco antes do jantar, por favor, pode me acordar?

– *Pode ficá sussegada. Ieu acordo a sinhazinha. Vô fechá a janela. Dispois, ieu vorto.*

Rosa Maria já estava dormindo antes de Serafina terminar de falar. A escrava olhou para ela e pensou: "*Tadinha... tá cansada memo!*"

Quando acordou, Rosa Maria ficou olhando para tudo a seu redor e pensou: "Foi um sono reparador. Quanta coisa está acontecendo em minha vida! Tudo está mudando tão rapidamente..."

Serafina entrou no quarto e viu que já estava acordada. Rosa Maria, ainda deitada, abriu os olhos e viu diante de si aquele sorriso amável. Pensou: "Ela é tão doce! Por isso gostei dela logo que a vi".

– *Já tá quase na hora du jantá. A sinhazinha tem qui si visti.*

Serafina abriu o armário para escolher o vestido que Rosa Maria iria usar.

– *Posso iscoiê um vistido pra sinhazinha?*

– Pode. Quero um bem bonito.

– *Quarqué vistidu vai ficá bunitu na sinhazinha, pruque a sinhazinha é que é bunita.*

Rosa Maria se emocionou com as palavras da negra e, pegando em suas mãos, disse:

– Você é que é bonita, Serafina.

Em seguida, foi até o armário. Estava repleto de vestidos pendurados. Abriu as gavetas e encontrou roupas de baixo, todas brancas e bordadas. Admirada, perguntou:

– Que roupas são estas, Serafina?

– *Inquanto a sinhazinha drumia, Jerusa, a mucama da sinhazinha Maria Luísa, troxe essa ropa pra sinhazinha. Guardei devagarzinho. A sinhazinha tava drumindo cum tanto sono qui num escuitô a nega.*

– Mas é muita coisa! Maria Luísa é louca mesmo!

– *Vai vê ela gosta muito da sinhazinha.*

Rosa Maria sorriu, colocando um vestido azul-claro com rendas e fitas. Serafina penteou seus cabelos e colocou um laço de um azul mais escuro. Serafina tomou uma certa distância e disse, sorrindo:

– *A sinhazinha tá linda!*

Rosa Maria se olhou no espelho e pensou: "Estou linda mesmo e muito feliz!"

Quando chegou à sala de jantar, não havia ninguém da família. Apenas escravas indo e vindo, preparando a mesa. Foi para a varanda, olhou para o horizonte. O sol estava se pondo e o céu estava avermelhado. Emocionada com tanta beleza, pensou: "É um lindo pôr de sol, como nunca vi antes".

– Está admirando a natureza?

Ela ouviu a voz e a reconheceu. Voltou-se e lá estava Rodolfo.

– Tudo aqui é tão bonito! Estou encantada!

– Bonita é você. Eu é que estou encantado! Hoje, está mais encantadora ainda.

Rosa Maria olhou para ele e pensou: "Você é que é maravilhoso. Eu o amo tanto..."

Pensou, mas não falou. A mulher aprendia desde cedo a não demonstrar seus sentimentos. Por isso, apenas sorriu. Os dois ficaram olhando o anoitecer.

– Que perfume é este, Rodolfo?

– É a dama-da-noite. Uma flor que só exala seu perfume durante a noite.

– Ah! Vocês estão aí?

Voltaram-se e viram Maria Luísa, que acabara de chegar.

– Estamos apreciando o pôr do sol e este perfume que sai das flores.

– Posso ficar também?

– Ora, maninha, você pode tudo!

Ficaram lá por alguns minutos. Ouviram uma voz:

– *U jantá tá sirvido.*

– Obrigado, já estamos indo – Rodolfo respondeu à escrava que veio chamá-los.

Entraram na sala, conversando e rindo. Dom Carlos e dona Matilde já estavam sentados. Os três jovens sentaram-se e começaram a comer.

Dom Carlos conversou com todos, inclusive com Rosa Maria. Ela respondia a suas perguntas, enquanto pensava: "Será que ele não me reconheceu mesmo? Tomara que não!"

– Está pensando em quê, Rosa Maria?

Ela voltou de seus pensamentos. Olhou para Dom Carlos, que havia feito a pergunta, e respondeu:

– Estou feliz por estar aqui. Este lugar é maravilhoso. Aproveito para agradecer ao senhor e a todos, mais uma vez, por toda essa felicidade.

Dom Carlos olhou para ela profundamente e disse:

– Enquanto for amiga de minha filha e ela a quiser aqui, nada mudará. A vontade dela é minha vontade.

– Então, nada vai mudar – disse Maria Luísa. – Você é minha melhor amiga e vai continuar sendo, não é?

– Sou sua amiga e serei para sempre.

– Você é a irmã que não tive.

– Vamos parar com essa conversa. Daqui a pouco, estaremos todos chorando, – Rodolfo disse, sorrindo.

Todos riram. Realmente, a conversa estava tomando um rumo estranho. Terminaram o jantar e foram para a varanda, onde seria servido o café. Havia lá uma mesa com cadeiras feitas de palha, nas quais se sentaram.

A noite estava calma e o céu, estrelado. A lua brilhava. Começaram a soar tambores. Em seguida, vozes e palmas acompanhavam o som. Maria Luísa perguntou:

– De onde vem essa música?

– Da senzala – respondeu Dom Carlos. – Toda noite, após o trabalho, os negros tocam e cantam para seus deuses. Dizem estar agradecendo por seu dia. Só não sei o que agradecem...

– Estranho, o som é alegre e triste ao mesmo tempo.

Rosa Maria permaneceu calada, apenas ouvindo a música e pensando: "Já ouvi esse tambor e essas vozes... mas onde?"

– Papai, gostaria de ir até lá. Posso?

– Hoje não, filhinha. No sábado, vou mandar que venham tocar aqui no pátio para assistirmos.

– Papai, o que é aquela madeira no centro do pátio?

– É o tronco. Quando um negro não obedece às ordens de seu dono, é preso nele e chicoteado.

– Que horror!

– Os negros que aqui vivem sabem que, portando-se bem, não há perigo de irem para o tronco. Até hoje não precisei mandar nenhum.

Conversaram mais um pouco e foram dormir. Na cama, Rosa Maria pensava: "Como minha vida mudou em tão pouco tempo! Perdi meus pais, fiquei sozinha. Mas também conheci Maria Luísa. Uma grande amiga, que esteve a meu lado nos piores momentos. Se ela não estivesse me apoiando, não sei como teria sido. Conheci Rodolfo, tão gentil, carinhoso e amoroso. Nunca conheci um homem antes. Não sei bem, mas o que sinto por ele deve ser amor. Fico tão feliz quando estou a seu lado, como aconteceu esta noite. Sim, com certeza o que sinto por ele é amor. Um amor que veio para sempre".

Adormeceu pensando nele.

CONHECENDO OS DEUSES DOS NEGROS

No dia seguinte, ao se levantar, Rosa Maria foi diretamente para a varanda. Queria ver o dia nascer. O sol estava surgindo vagarosamente, uma neblina suave no alto da montanha se transformava em uma luz prateada sob o reflexo do sol. Uma beleza indescritível. Pássaros cantavam e escravos iam e vinham. Novamente, ela se encantou com tudo. Ficou lá por muito tempo.

O sol, agora, estava visível, seria um dia claro e, com certeza, quente. Não percebeu por quanto tempo esteve lá. Aos poucos, os outros foram chegando, e ela contou a beleza do amanhecer que havia presenciado. Estava feliz e essa felicidade era transmitida aos demais. Tomaram café. Rodolfo disse:

– Senhoritas, papai permitiu e vou levar as duas para passear, quero que conheçam a fazenda. Quem quer ir?

As duas olharam ao mesmo tempo para Dom Carlos, que sorria, aprovando com a cabeça. Levantaram-se e saíram correndo para a porta de entrada.

A uns trinta metros da casa, havia uma pequena cocheira onde ficava a charrete e seus cavalos. A dois quilômetros da casa, ficava o grande estábulo, com muitos cavalos que eram usados para os trabalhos da fazenda, transporte de mercadorias e as viagens mais longas de carruagem. Eram cavalos bem tratados. Josué chegou logo mais com a charrete. Havia dois lugares, onde se acomodaram Rosa Maria e Maria Luísa. Rodolfo foi na frente com Josué.

Dirigiram-se ao estábulo. Tudo estava limpo e arejado, além dos vários cavalos bem tratados.

Desceram e se aproximaram para ver os cavalos de perto. Maria Luísa sentiu o coração disparar. Lá estava ele, de costas, passando uma escova em um cavalo branco que parecia ser de raça. Devia ser, ela não tinha certeza. Mas sabia que o escravo era o negro... seu negro.

Não parava de tremer. Ouvia o bater de seu coração. Ficou com medo de que os outros ouvissem também. Ao escutar passos e risadas, o negro se voltou, viu os três que olhavam para ele e para o animal.

Rodolfo dirigiu-se a ele e disse:

— Prepare esse cavalo, vou cavalgar.

— Sim, sinhozinho. Vô *prepará. Esse cavalo é manso, bão pra cavargá*.

Enquanto falava, seus olhos encontraram os de Maria Luísa, que estava branca como cera e que sentia um arrepio correr por todo o seu corpo. Ele pensou: "*Ieu vi essa sinhazinha nu dia qui fui cumprado*".

Rodolfo, como se estivesse lendo seus pensamentos, falou:

— Você não é o escravo que foi comprado por Malaquias quando estávamos no Rio de Janeiro?

— *Sô, sim, sinhozinho. Seu Malaquia preguntô si ieu sabia tratá di cavalo. Ieu disse qui sim, pur isso tô aqui.*

— Qual é seu nome?

— Si chamo Tubia.

— Muito bem, Tobias, parece que está tratando bem dos cavalos. Esse preto tem nome?

— Si chama Truvadô, pruque galopa cumo si tivesse cantando. — Todos riram.

Maria Luísa não conseguia tirar os olhos dele. Rosa Maria percebeu e ficou apreensiva. Pensou: "Meu Deus, proteja Maria Luísa, por favor! Tire essa ideia louca de sua cabeça".

Tobias colocou a sela no cavalo, Rodolfo montou e começou a cavalgar. As moças ficaram olhando. Aos poucos, o cavalo foi cavalgando mais rápido.

Logo cavalgava acelerado. Rodolfo abanava os braços para as moças, que riam com a felicidade dele. Parecia uma criança. Cavalgou alguns minutos e voltou, dizendo:

— Ele é fabuloso! Conhece todos os movimentos. Agora é sua vez, Maria Luísa.

Ela, como Rodolfo, aprendera desde cedo a cavalgar. O irmão ajudou-a a montar. Ela saiu cavalgando com elegância. Os três seguiam-na com o olhar. Tobias não sabia o que fazer. Simplesmente, olhava e pensava: "Essa sinhazinha é tão bunita! Tão branca..."

Ela, mesmo cavalgando, não conseguia esquecer o negro. Mesmo estando feliz sobre aquele cavalo deslumbrante, sentiu que estava solta, livre, mas lhe faltava algo. Pensava: "Ele também me olhou diferente. Oh, meu Deus! Isso tudo é loucura. Não consigo evitar, é mais forte que eu".

Voltou para junto dos três, que continuavam no mesmo lugar, somente a vendo cavalgar.

— Então, maninha, o que achou?

— Ele é maravilhoso! Adorei! Você me traz aqui todos os dias para poder, novamente, cavalgar este belo cavalo?

— Com certeza. Também quero cavalgar esse cavalo. Agora é sua vez, Rosa Maria.

— Não posso, nunca cavalguei em minha vida...

— É fácil. Deixe o cavalo ser conduzido com as rédeas, só dê a direção.

— Não posso. Tenho medo...
— Rodolfo, por que você não monta e leva Rosa Maria junto com você? Assim, ela perderá o medo e aprenderá.
— Boa ideia, Maria Luísa. Você vem, Rosa Maria?
Rosa Maria sorriu. Ele a ajudou a montar e montou em seguida. Os dois saíram cavalgando.
Maria Luísa olhou para Tobias, que baixou os olhos. Ela, sorrindo, disse:
— Não precisa ficar assim. Sou só uma moça, nada mais. Não vou comer você!
— *A sinhazinha cavarga muito bunito.*
— Eu sei, cavalgo desde criança. Fiquei feliz em ver você aqui. Já o tinha visto lá no Rio de Janeiro.
— *Tumém vi a sinhazinha.*
Rosa Maria e Rodolfo cavalgavam. Ela, sentada à sua frente. Ele, com os braços em volta da cintura dela e segurando as rédeas. Ela sentia o rosto dele em seus cabelos. Ele sentia o calor do corpo dela no seu. Falou:
— Gosto muito de você. Daqui a alguns dias vou com meu pai para o Rio de Janeiro. Lá, só nós dois, falarei com ele a nosso respeito. Vou dizer que quero me casar com você. Sei que não será fácil, mas direi que minha felicidade é você. Sei também que ele só quer meu bem. Por isso, vai aceitar. Quero ficar com você para sempre.
Beijou seus cabelos. Ela fechou os olhos, sentindo aqueles lábios, se encostou mais a ele e disse:
— Deus queira que ele aceite. Também quero ficar com você para sempre.
Voltaram para junto de Maria Luísa, que estava sozinha. Enquanto desmontava, Rodolfo perguntou:
— Onde está Tobias?
— Foi para dentro do estábulo cuidar dos outros cavalos.
Rodolfo não percebeu nada. Rosa Maria, sim, e pensou: "Alguma coisa aconteceu aqui".
Tobias apareceu. Rodolfo entregou o cavalo. Foram embora. Tobias, com o coração apertado, ficou vendo eles se afastarem.

Continuando o passeio, foram até a lavoura. Era imensa, não se conseguia ver o fim. Conheceram a plantação de café, que estava florindo, a de milho e a de mandioca.

A fazenda era grande e bem cuidada, com muitos escravos. Voltaram, estavam famintos. Contaram a aventura aos pais:

– Papai, cavalgamos em um cavalo preto, lindo, chamado Trovador. Vamos voltar amanhã para cavalgar novamente.

– Que bom que estejam felizes! O passeio parece ter feito bem a todos. Estão corados e parecem famintos. Vamos almoçar?

– Estamos mesmo com muita fome, disse Rodolfo.

Foram almoçar. Falavam muito. Só Maria Luísa estava calada.

Após o almoço, Rosa Maria foi para seu quarto. Rodolfo saiu com o pai para percorrer a fazenda.

Maria Luísa foi para o piano e ficou tocando uma canção triste. Não conseguia esquecer o negro. Teria que encontrar um jeito de ficar com ele, nem que fosse só por um instante. Queria sentir aqueles braços fortes por seu corpo. Queria sentir aquela boca na sua. Parou de tocar e falou baixinho:

– Meu Deus! De onde estou tirando essas ideias?

À noite, após o jantar, na varanda, ouviram novamente os tambores tocando, os negros cantando e batendo palmas. Dom Carlos falou:

– Está tudo certo. Amanhã à noite, eles virão aqui para o pátio. Tocarão e cantarão para podermos assistir. Não queriam vir. Disseram que é uma cerimônia sagrada e que não é para ser assistida por pessoas estranhas. Eu disse que, se não viessem, não permitiria que tocassem mais. Eles concordaram.

No dia seguinte, os três jovens foram novamente passear. No estábulo, Rodolfo e Maria Luísa cavalgaram. Rodolfo deu uma volta com Rosa Maria, depois fez com que ela cavalgasse sozinha. Aos poucos, ela foi perdendo o medo e logo cavalgava muito bem.

Entregaram o cavalo a Tobias, que ficou o tempo todo dentro do estábulo, evitando ficar sozinho com Maria Luísa.

Sabia que não podia nem olhar para ela, mas não conseguia esquecer dela por um minuto que fosse.

Foram até o rio. Ficava alguns metros abaixo da estrada. Do alto, via-se a água límpida e calma. Pequenos peixes nadavam tranquilos. Havia uma pedra grande.

Desceram, sentaram-se na pedra e ficaram olhando a água que descia calmamente.

Rodolfo se deitou, pousou a cabeça no colo de Maria Luísa, arrancou um mato do chão, colocou no canto da boca e falou:

– Sabe, irmãzinha, tenho algo para lhe contar.

As duas olharam para ele curiosas. Ele continuou:

– Vou me casar...

Rosa Maria não acreditou na cara de espanto de Maria Luísa:

– Casar? Como? Com quem?

Rodolfo se levantou de seu colo, olhou bem em seus olhos e falou:

– Sim, casar. Como? Como todos fazem. Com quem? Com essa bela senhorita que está aqui na sua frente.

Maria Luísa fez uma cara de surpresa e perguntou:

– Rosa Maria? Não acredito! Como você não me contou? Pensei que fosse minha amiga! Quando aconteceu?

– Ela não lhe contou porque pedi para não contar. Como será uma esposa obediente, ficou calada. Quando? Depois que falar com papai e obtiver seu consentimento.

– E se ele não consentir? Não será bom para ela continuar morando conosco.

– Mesmo que ele não consinta, ela não continuará morando conosco, pois iremos embora. Construiremos nossa vida longe daqui.

– E viverão de quê? Papai com certeza não vai dar dinheiro algum.

– Tenho alguns contatos no Rio de Janeiro. Arrumarei um emprego. Farei qualquer coisa. Só não vou me separar dela. Nunca!

– Deus os ajude. Amo os dois e ficarei feliz com a felicidade de vocês.

— Sei disso, por isso estou lhe contando.
— Quando vai falar com papai?
— Teremos que ir ao Rio de Janeiro por esses dias. Lá, na primeira oportunidade, falarei. Quando voltarmos, já terei tomado uma decisão: vamos nos casar ou iremos embora para sempre.
— Do fundo de meu coração, espero que ele aceite, meu irmão...

Maria Luísa olhou para a amiga, piscou um olho e falou:
— Não vou lhe perdoar nunca por não ter me contado, Rosa Maria. Isso não se faz com uma amiga. — Rosa Maria sorriu, falando:
— Precisa me perdoar, Maria Luísa. Não podia desobedecer a meu futuro marido.
— Está bem, por essa vez passa, mas que nunca mais se repita!

Ela abraçou os dois e disse:
— Como é lindo o amor! Ainda mais um amor como o de vocês. Que Deus os abençoe!

Voltaram para casa. O resto do dia ficaram ansiosas, esperando a noite chegar, pois os negros viriam tocar e dançar.

Após o jantar, foram para a varanda. Os negros já estavam sentados em uma grande roda. Havia um altar com vários santos, muitas flores, comidas, frutas e quatro tambores feitos pelos próprios negros. Estavam todos vestidos de branco com colares coloridos feitos de sementes e dentes de animal.

A um sinal de Dom Carlos, os primeiros sons se fizeram ouvir. Uma voz masculina começou a cantar. Seguindo o ritmo do tambor, homens e mulheres repetiam suas palavras, dançando, batendo palmas e cantando numa língua desconhecida pelos brancos.

Rosa Maria pensava: "Essa música... É a mesma que ouço em meus sonhos. Como posso sonhar há tanto tempo com uma música que só vim conhecer agora? Por que esse sonho se repete sempre?"

A cada música, um casal entrava dançando no meio da roda. Tinham o rosto coberto por uma máscara feita de palha e traziam um apetrecho nas mãos.

O movimento da dança e do corpo mudava a cada par que entrava. Eles gritavam como se estivessem cumprimentando aquele que, na crença deles, era um deus.

Os pares dançavam ora lenta, ora rapidamente. A música também era assim. Um espetáculo diferente, mas bonito para olhos leigos.

Ao término de uma música, quando ia iniciar outra, o negro que parecia ser o chefe da cerimônia fez um gesto chamando Rosa Maria e Maria Luísa para que entrassem na roda.

As duas olharam para Dom Carlos, que confirmou com a cabeça. Desceram a escada e foram ao encontro do negro que as chamara. Os negros se afastaram e formaram uma ala, como se fosse uma porta, por onde elas entraram.

Foi colocada em ambas uma máscara e, na mão direita de cada, uma espada de madeira.

Ao som da música, elas começaram a bater palmas e a rodar imitando os negros. A música e o barulho dos tambores foram tomando conta delas, que começaram a vibrar as espadas no ar como se estivessem cortando alguma coisa.

O corpo de ambas começou a fazer contorções que elas, por mais que quisessem, não conseguiam parar. Dançaram, enquanto os negros cantavam e gritavam:

– Iaparrei, Inhansã... iaparrei, Inhansã... iaparrei, Inhansã...

Os tambores aumentavam os sons e a vozes também. Para os negros, foi uma festa ver duas filhas de Iansã, brancas, no meio deles. Sabiam ser aquilo um aviso de que seriam protegidos por elas.

Entre todos, o mais feliz era Tobias, porque via sua sinhazinha sendo quase uma deles.

As duas continuavam dançando. Viam tudo que estava acontecendo. Só não conseguiam controlar o corpo, mas também não queriam parar. Estavam muito felizes.

Quando a música terminou, exaustas, as duas se ajoelharam. Rodolfo já estava do lado de fora da roda, tentando entrar. Afastou alguns negros e entrou.

Levantou as duas, que pareciam bêbadas. Dom Carlos e dona Matilde não entendiam o que havia acontecido ali.

Elas abriram os olhos ao mesmo tempo e viram Rodolfo, que as abraçava. Não sabiam o que dizer ou fazer. Ele levou as duas até o alto na varanda e fez com que elas se sentassem nas cadeiras.

Envergonhadas, se levantaram e correram para seus quartos, sem olhar para ninguém.

Dom Carlos deu por encerrada a festa e dispensou os negros, que foram embora satisfeitos.

Serafina entrou devagarzinho no quarto de Rosa Maria. Ela estava deitada chorando. Serafina sorriu e, passando as mãos por seus cabelos, disse:

— A sinhazinha num percisa churá. Num cunteceu nada. Foi só a mãe da sinhazinha qui veio visitá a sinhazinha.

— Minha mãe? Você está louca! Ela morreu há muito tempo e nunca dançou dessa maneira.

— Sinhazinha, a nega vai cuntá uma história pra sinhazinha. Só qui acho qui, nois duas, deve di i nu quarto da sinhazinha Maria Luísa. Ela tumém deve di tá churando. Aí, a nega conta logo pras duas. E aí, as duas vão pará di churá.

Foram para o quarto de Maria Luísa. Ela, realmente, estava chorando. Rosa Maria correu para ela e a abraçou, dizendo:

— Pare de chorar, Maria Luísa! Eu também estava chorando, mas parei quando Serafina disse que vai nos contar uma história e, assim, nós duas entenderemos o que aconteceu. Viemos aqui para que ela possa contar para nós duas de uma só vez.

— Isso memo, sinhazinha. Pára di churá. Dispois qui a nega cuntá, si a sinhazinha inda quisé churá, a nega vai imbora e dexa. Agora as duas vão ficá bem quetinha, só ficá iscuitando a nega. Tá bão?

Sentaram-se na cama. Serafina começou a contar a história:

– Há muito, muito tempo atrais, lá na África, onde tudus nego nasceu, us nego vivia nas tribo. Tinha rei, tinha princesa e tinha príncipe. Us nego vivia filiz. Eles num cunhecia Nosso Sinhô Jesuis Cristo. Intão, eles tudo tinha uma purção di deus. Cada um dus deus era uma coisa da Natureza.

"U primero é Oxalá, u deus du mundo e di tudo.

"U deus das mata é Oxóssi.

"U deus da guerra é Ogum.

"U deus da justiça e das pedrera é Xangô.

"A deusa das água doce, dus rio, das cachoera é Oxum.

"A deusa dus mar é Iemanjá.

"A deusa dus vento e das tempestade é Inhansã.

"Cada um deles recebe dus nego cumida, fruta e frô.

"Us home branco chegô lá. Caçaro us nego cumo si sesse tudo bicho.

"Us nego foi culocado nus navio e trazido pra cá. Fora vindido qui nem sesse animar, num importando si rei, princesa ou príncipe. Quando us nego chegô aqui, us dono dus iscravo num dexava eles dá mais frô, fruta e comida, nem tocá tambô, nem dançá. Intão us nego pra cada deus qui tinha colocô u nome di um santo dus branco. Ansim eles pôde cuntinuá a dançá, cantá e tocá prus deus deles. Us branco agora dexa.

"Intão Oxalá virô Nosso Sinhô Jesuis Cristo.

"Oxóssi virô São Sebastião.

"Ogum virô São Jorge.

"Xangô virô São Jeromo.

"Oxum virô Nossa Senhora Aparecida.

"Iemanjá virô Nossa Senhora da Conceição.

"Inhansã virô Santa Barbra.

"Pur isso as sinhazinha viu aquele artar qui us nego fizera cum tuda aquelas frô, cumida e fruta e us santo dus branco. Us nego sabe qui tudos nóis têm duas mãe e dois pai. As mãe daqui da terra impresta a barriga pra gente nascê. Elas insina a gente falá, andá, tumá banho, si trocá e tudo qui é certo e errado nessa vida. Agora lá nu céu a gente tem um pai e uma mãe. As sinhazinha intenderam inté aqui?"

Elas escutavam com atenção. Rosa Maria falou:
– Por isso você disse que minha mãe tinha vindo me visitar? Você quis dizer a mãe do céu, não minha mãe aqui da terra?
– *Isso memo, sinhazinha. As duas sinhazinha é fia di Inhansã. Isso é muito bão, pruque ela é guerrera e lutadora. Quando as coisa tão rúim pra gente, ela vem cumo vento, cuma tempestade, cum muito raio, e leva tudo di rúim pra bem longe da gente. Fia di Inhansã num perde uma briga, não. As veiz parece qui perde, mais é só aquerditá qui ela vem ajudá. Mais tumém, si ela ficá cum reiva, ninguém sigura. Ela é rúim, muito rúim, capaiz di fazê as pior mardade.*
Maria Luísa ouvia tudo atentamente. Ficou pensando um pouco e falou:
– Quer dizer que nós duas somos filhas da mesma mãe lá do céu?
– *Isso memo, sinhazinha. Pur isso qui us nego num quiria vim tocá aqui, pruque eles sabe qui us memo deus dus nego são us memo dus branco tumém.*
Maria Luísa começou a rir.
– Sabia que nos éramos irmãs, Rosa Maria! Só não sabia como. Mas que eu sabia, eu sabia!
As duas pularam juntas para cima de Serafina. E a beijaram, uma de cada lado, com tanta força que a derrubaram sobre a cama. Serafina ficou sem jeito. Falou:
– *As sinhazinha já pensô si u Dom Carlos entra aqui agora?*
Elas riram. Serafina também saiu rindo.
– *Essas duas são uns amô. Meio locas, mais uns amô.*
– Tudo bem, Maria Luísa. Essa história de Serafina foi muito bonita, mas e sua mãe, seu pai e Rodolfo? Como vai ser? O que estarão pensando?
– Só vamos saber amanhã na hora do café. Agora vamos dormir e sonhar com tudo o que aconteceu hoje. Particularmente, adorei!

O ACIDENTE

    No dia seguinte, Maria Luísa acordou primeiro. Como haviam combinado, foi para o quarto de Rosa Maria. Aproximou-se da cama e a acordou, dizendo:
    – Vamos! Vamos acordar, preguiçosa! Não disse que acordava primeiro? Vamos chegar as duas juntas e enfrentar as feras?
    Rosa Maria abriu os olhos e se espreguiçou, rindo.
    – Como acha que vai ser com seus pais, Maria Luísa?
    – Não sei. Só vamos saber vendo. Por isso não adianta ficar adiando. Vamos logo.
    Vestiram suas roupas e foram juntas para a sala de refeições. Os três já estavam tomando café. Elas entraram timidamente. Dona Matilde disse:
    – Bom dia, meninas. Venham tomar café. Devem estar com fome.

Com a cabeça baixa, sentaram e começaram a comer. Dom Carlos foi o primeiro a falar:

– Podem voltar a ser como eram antes. Não se preocupem. Ontem, quando saíram correndo, ficamos conversando sobre o que havia acontecido. Chegamos à conclusão de que a música é realmente envolvente, que só não saímos dançando porque somos muito adultos e não tivemos coragem, mas todos queríamos dançar também.

As duas levantaram a cabeça. Eles estavam rindo. Maria Luísa perguntou:

– Verdade isso, papai?

– Claro que é! Não se preocupem mais. Terminem o café e vão passear.

Tudo voltou ao normal. Rosa Maria, Maria Luísa e Rodolfo saíam para passear todos os dias. Passavam pelo estábulo, cavalgavam, e Maria Luísa continuava olhando para Tobias, que fazia tudo para não ficar sozinho com ela.

Iam à lavoura, corriam pelos campos e depois iam para o rio. Ficavam sentados conversando e apanhando sol. Na hora do almoço, voltavam para casa.

Rosa Maria, com os ensinamentos de Rodolfo, já estava cavalgando. Maria Luísa dava e recebia olhares furtivos de Tobias. Não precisavam de palavras. Os olhares diziam tudo. Não tinham controle sobre aquela situação. Rodolfo e Rosa Maria se olhavam e, às vezes, davam alguns beijos escondidos.

Fazia seis meses que estavam na fazenda. Haviam esquecido os acontecimentos daquela noite. Os negros nunca mais vieram tocar no pátio da casa-grande.

Estava começando a esfriar. Durante esse tempo, Dom Carlos foi muitas vezes ao Rio de Janeiro. Rodolfo não foi. Aproveitou para conversar com Rosa Maria.

– Só quero falar com meu pai quando estivermos sozinhos. Se não concordar, não poderá maltratar você. Enquanto isso, ele vai se acostumando com a ideia, conhecendo-a melhor e, depois disso, será impossível que não se apaixone também.

Ela sorria e só podia desejar que aquilo fosse verdade.

O inverno estava chegando. Lá, sendo perto das montanhas, o frio era intenso, por isso havia uma lareira na sala, que esquentava a casa toda. Após o jantar, todos ficavam próximos a ela, conversando. Naquela noite, Dom Carlos falou:

– Rodolfo, preciso ir ao Rio de Janeiro. Ficarei mais ou menos um mês. Quero que venha comigo.

– E nós? – perguntou Maria Luísa. – Nunca ficamos tanto tempo sozinhas na fazenda. Em Portugal, tudo bem, mas aqui não conhecemos ninguém...

– Vocês estão bem aqui. Têm tudo de que precisam. Se precisarem de algo que não haja aqui, Malaquias manda providenciar.

Dona Matilde já estava acostumada com o trabalho do marido. Várias vezes ficara sozinha em Portugal. Lá, nunca houve problemas, mas essa terra ela não conhecia. Também sabia que nada poderia fazer. Ele sempre decidia tudo.

Três dias depois, Rodolfo e seu pai partiram. Elas ficaram na varanda olhando a carruagem desaparecer no fim da estrada.

Na noite anterior, Rodolfo disse a Rosa Maria:

– Vou aproveitar a viagem para falar com ele a nosso respeito. Tenho certeza de que vai concordar. Ele já gosta de você, Rosa Maria.

– Espero que sim, Rodolfo! É o que mais desejo!

Falou, mas pensava: "Será que ele não me reconheceu? Ou fez de conta que não para não magoar Maria Luísa?"

Na manhã seguinte, Josué esperava-os na carruagem. Elas se levantaram para as despedidas. Quando eles desapareceram na porteira, elas voltaram para seus quartos.

Era muito cedo, embora o sol já estivesse nascendo. Rosa Maria ficou pensando no resultado da viagem: "Tomara que aceite. Vou ser a mulher mais feliz do mundo se puder casar-me com Rodolfo".

Maria Luísa, por sua vez, pensava: "Não consigo deixar de pensar em Tobias. Sei que estou apaixonada, mas sei também que é um amor impossível. Meu pai jamais concordará.

Se descobrir, talvez me mande para o convento. Ou pior: me mate! E com Tobias, o que faria? Com certeza, o mataria também. Preciso tomar cuidado, mas ao mesmo tempo tenho que pensar num meio de conseguir ficar sozinha com ele. Terá que ser agora, já que Rodolfo não está".

Tobias, por sua vez, também pensava: "*Xangô, meu pai, mi juda! Sei qui num posso ficá pensando na sinhazinha, mais ela num sai da minha cabeça. Mi juda, pai!*"

O sol começou a brilhar. O dia estava claro e bonito. Havia uma brisa fria, mas acolhedora.

Estavam terminando de tomar o café quando Maria Luísa falou:

— Vamos cavalgar, Rosa Maria?

— Como? Rodolfo não está aqui.

— Não precisamos de Rodolfo. Vou falar com mamãe. Não é justo deixarmos de fazer o que gostamos por ele não estar aqui.

— Você é quem sabe. Também estou morrendo de vontade de cavalgar.

Maria Luísa soltou uma gargalhada, pegou os cabelos da amiga e foi puxando, fazendo com que ela a acompanhasse até o quarto da mãe. Rosa Maria já estava acostumada com aqueles repentes dela. Mantinha uma distância certa para não doer. Entraram no quarto correndo. Maria Luísa soltou Rosa Maria e disse para a mãe de uma só vez:

— Mamãe, queremos cavalgar.

— Vocês duas sozinhas? Não sei. Acho perigoso.

— Perigoso por quê? Porque Rodolfo não está? Não é justo ficarmos sem fazer o que gostamos. Serafina vai conosco.

— Está bem, Maria Luísa, mas quem vai conduzir a charrete? Josué foi com seu pai.

— Eu mesma. Sei conduzir a charrete.

— Está bem, podem ir. Mas não vão muito longe. Voltem para o almoço.

Serafina foi chamada e avisada de que iria sair com as moças. Embora Maria Luísa tivesse sua própria mucama e a usasse para seus serviços, tinha por Serafina um carinho especial

ELISA MASSELLI

que despertava em Jerusa um grande mal-estar. Nunca era convidada para sair ou para ficar conversando, como as duas faziam com Serafina. Nesse dia, mais uma vez, elas voltaram a sair sem que ela fosse levada. Ficou acabrunhada.

As duas se aprontaram e foram para fora da casa. Serafina já as esperava na charrete. Foram direto para o estábulo. Embora Maria Luísa não falasse, estava louca de vontade de ver Tobias. Lá chegando, se aproximou dele e perguntou:

— Onde está Trovador, Tobias?

— *Tá lá dentro*, sinhazinha.

— Vá buscá-lo. Vou cavalgar até me cansar.

— Sim, sinhazinha.

Tobias entrou, mas antes olhou para Maria Luísa de um modo que Serafina não gostou. Voltou, trazendo Trovador, já selado.

— *Aqui tá, sinhazinha. Pode cavargá.*

— Obrigada, mas acabei de ter outra ideia. Já que Rodolfo não está, não podemos cavalgar sozinhas. Você vai junto para nos proteger se algum problema surgir.

Tobias olhou para Serafina e Rosa Maria, que acenaram a cabeça. Rosa Maria disse:

— Boa ideia, Maria Luísa! Ficarei mais tranquila. Estaremos mais seguras.

— Já devia saber, Rosa Maria, que sempre sei o que faço. Tobias, vá buscar aquele cavalo que Rodolfo deu para Rosa Maria. Traga um para você. Vamos os três cavalgar.

Tobias foi para dentro e trouxe os dois cavalos. Montaram e saíram cavalgando, as duas conversando e rindo. Tobias ia mais atrás. Maria Luísa falou:

— Vamos apostar uma corrida?

— Não cavalgo tão bem quanto você, mas vamos lá!

Saíram em disparada. As duas iam na frente e Tobias atrás, a uma distância considerável.

Seguiram cavalgando, ora uma na frente, ora a outra. Repentinamente, uma cobra surgiu no meio da estrada. Trovador se assustou, empinou e Maria Luísa caiu.

Rosa Maria, logo à frente, parou. Tobias desceu do cavalo ainda em movimento e correu para Maria Luísa. A cobra, também assustada, correu para o mato. Trovador saiu em disparada. Maria Luísa ficou deitada, imóvel.

Tobias chegou primeiro junto a Maria Luísa. Por momentos, esqueceu quem era. Abaixou-se, pegando a cabeça dela, e colocou-a junto a seu peito, falando:

– *Sinhazinha! Pur favô, abre us oio. A sinhazinha num pode murrê!*

Abraçou-a com carinho, acariciando seu rosto e seus cabelos. Rosa Maria chegou trazendo seu cavalo. Trovador também retornou. Ela não acreditava na cena que via. Pensou: "Por que ele chora desse jeito? E a acaricia com tanto carinho..."

Maria Luísa abriu os olhos. Quando viu que estava nos braços dele, não acreditou. Sentiu as mãos dele em seus cabelos. Fechou os olhos para sentir mais um pouco aquelas mãos.

Rosa Maria ficou alarmada. Percebeu que ela acordara e tornara a fechar os olhos. Percebeu também que ela estava bem. Tudo era tão absurdo, mas não teve coragem de interromper aquela cena.

Depois de algum tempo, vendo o desespero deles, Maria Luísa resolveu abrir os olhos para mostrar que estava tudo bem.

Quando Tobias viu que ela abriu os olhos, ficou apavorado. Só aí percebeu o que estava fazendo. Olhou para Rosa Maria, falando suplicante:

– *Óia, sinhazinha, ela cordô. Num murreu, não. Segura ela, segura!*

Ela sentiu uma profunda pena dele. Chegou mais perto, sentou no chão e segurou Maria Luísa junto a seu corpo.

– Ai, acho que quebrei a perna...

Rosa Maria deitou-a. Levantou sua saia até o joelho, mexeu. Maria Luísa gritou.

– Você se machucou mesmo, Maria Luísa. O que vamos fazer? Não pode mais cavalgar. Tobias, vamos ver se conseguimos fazer com que ela possa ir em seu cavalo. É preciso que a leve. Eu não posso, tenho medo que caia.

— *Sim, sinhazinha, pode dexá. Ieu levo ela. Num dexo ela caí, não.*

Passou os braços pelo corpo de Maria Luísa. Depois a colocou na sela e montou em seguida. Foram embora.

Ele a colocou de lado com as duas pernas juntas. Passou os braços em volta de seu corpo, segurando as rédeas. Sentindo o corpo dele junto ao seu, ela encostou a cabeça em seu peito.

Ele ia galopando devagar, porque qualquer movimento mais brusco a fazia gritar de dor. Realmente, estava doendo, mas ela agradecia a Deus por aquilo ter acontecido e pela oportunidade de estar nos braços de Tobias.

Levantou os olhos e encontrou os dele. Ficaram por alguns instantes assim, só olhando um para o outro. Ela olhou para ele com muito carinho e falou baixinho:

— Eu te amo! Eu te amo!

— *Num pode, sinhazinha! Num pode!*

Ela se virou e beijou seu peito. Rosa Maria, logo atrás, percebeu que conversavam, mas não conseguia ouvir. Maria Luísa falou baixinho:

— Ninguém precisa saber, mas amarei você para sempre e nunca o abandonarei. Vou enfrentar o mundo, mas ninguém poderá nos separar.

— *Num pode, sinhazinha! Num pode! Sô nego. Sô iscravo.*

— Não me importa quem você é. Para mim é só o homem que amo e que vou amar para sempre. Até minha morte!

— *Num pode, sinhazinha! Num pode!*

Maria Luísa se calou. Só continuou beijando o peito dele. Quando Serafina viu Maria Luísa e Tobias no mesmo cavalo, correu gritando:

— *Sinhazinha! Qui cunteceu? Tá machucada?*

— Caí do cavalo, mas não me machuquei muito. Só a perna. Acho que quebrei.

Tobias tirou Maria Luísa bem devagar do cavalo. Colocou-a na charrete sentada no banco com as pernas esticadas.

Serafina olhou a perna de Maria Luísa por cima da meia e disse:

— Num quebrô, não. Vamo pra casa-grande. Lá ieu cuido disso.

Rosa Maria e Serafina foram no banco do cocheiro. Tobias ia no cavalo atrás, para poder tirar Maria Luísa da charrete quando chegassem em casa. Ia pensando: "Tô sunhando! A sinhazinha num falô nada daquilo. Num iscuitei direito. Não! Num iscuitei direito, não. Num pode sê! Nunca pudia pensá qui ela gostava di ieu tumém. Tantas noite fiquei sem pudê drumi, só pensando nela. Desde u dia qui vi a sinhazinha lá nu Rio di Janero. Quem sô ieu? Num tenho direito nem di oiá pra ela, muito menos di amá, mais ieu amo. Amo muito. Xangô, meu pai, mi juda!"

Chegaram à casa-grande. Ele a tirou da charrete. Dona Matilde ficou nervosa querendo saber o que havia acontecido. Enquanto Rosa Maria explicava, Tobias com Maria Luísa nos braços seguia Serafina, que ia mostrando o caminho. Maria Luísa, com a cabeça encostada no peito dele, falava baixinho:

— Não esqueça nunca que eu amo você...

Ele, firme, olhando para a frente, fazia de conta que não ouvia, mas seu coração batia forte e alto. No quarto, quando a colocou na cama, deu uma última olhada. Não estava aguentando mais, queria abraçar e beijar sua sinhazinha. Ela era tudo para ele. Ficou parado olhando até que ouviu uma voz dizendo:

— Já pode i, Tubia. Ieu cuido da sinhazinha. Ispera lá fora. Vô percisá di ocê.

Ele sorriu para Serafina, olhou mais uma vez para Maria Luísa e saiu.

Maria Luísa sentia muita dor, mas estava feliz. Sabia que ele a amava. Isso é o que importava.

Rosa Maria, depois de avisar dona Matilde, estava indo junto com ela para o quarto. Encontraram Tobias, que saía. Ele falou:

— A sinhazinha já tá na cama. Vô ficá lá fora. Serafina disse qui vai percisá di ieu.

— Está bem — disse dona Matilde. — Pode ir.

Serafina tirou as botas e meias de Maria Luísa. Mexeu em sua perna. Ela gritou. Serafina falou para as duas que acabavam de entrar no quarto:

— *Num quebrô, não. Mas já tá inchadu. A sinhazinha vai ficá bem quétinha. Vô saí mais vorto logu. Num si mechi, sinhazinha.*

Saiu e chamou Tobias. Os dois foram para o mato em busca de folhas e ervas. Voltaram logo depois com folhas e bambu que Tobias cortou em tiras. Levou para Serafina, que estava na cozinha. Ela estava com uma panela no fogo com azeite dentro, colocando as folhas.

Tobias saiu. Serafina foi para o quarto levando a panela. Entrou e pegou um lençol. Rasgou em tiras. Tirava as folhas da panela e experimentava o calor em seu braço. Quando achava que estava bom, colocava na perna de Maria Luísa. Dona Matilde e Rosa Maria ficaram olhando, sem nada dizer.

Serafina colocou várias folhas. Pegou as tiras de bambu e foi colocando uma bem perto da outra. Com as tiras do lençol, amarrou bem forte. Quando terminou, disse:

— *A sinhazinha vai tê qui ficá sem andá pur uns deiz dia. Si tentá andá, vai ficá cum a perna torta. Acho qui num vai querê.*

— Claro que não! Vou ficar quietinha.

Maria Luísa estava feliz. Nem parecia estar com dor. Dona Matilde, preocupada, falou:

— Pode deixar, eu mesma vou cuidar dela. Não vai dar nenhum passo.

— Eu também vou cuidar dela — emendou Rosa Maria.

— Obrigada as duas, mas agora quero ficar sozinha. Serafina, o que colocou no chá?

— *Foi uma erva, pra sinhazinha ficá carma e num sinti muita dor. Pur isso tá cum sono.*

Em seguida, fechou as cortinas e todos saíram.

Maria Luísa estava com sono, mas não conseguia esquecer tudo o que havia acontecido. Seu corpo encostado no dele... os braços dele em volta dela... os lábios dele em seus cabelos. Os lábios dela naquele corpo nu. Ao mesmo tempo que estava feliz, sentia muito medo, pensando: "O que terei que fazer para poder ficar com ele? Mas pensarei nisso mais tarde. Agora, só quero continuar sentindo seu cheiro e ficar lembrando de tudo o que aconteceu. Quero dormir e sonhar com ele".

Dormiu por várias horas, mas não sonhou. Foi acordada, suavemente, por Jerusa, sua mucama, que entrou no quarto trazendo uma bandeja com pão, leite, manteiga e frutas. Colocou a mão em seu ombro e a acordou suavemente. Maria Luísa abriu os olhos, quis se levantar, sentiu dor, lembrou, tornou a se deitar.

Em seguida, dona Matilde e Rosa Maria entraram. Maria Luísa, enquanto comia, falava:

– Estou com muita fome. Com tudo isso que aconteceu, acabei não almoçando.

Começou a comer. Dona Matilde sorria enquanto dizia para Rosa Maria:

– Ela está muito bem, nem parece ter passado por tudo aquilo.

– Estou bem mesmo, mamãe, não se preocupe. Logo mais estarei andando novamente.

– Assim espero. Rosa Maria, você pode ficar com ela? Preciso dar algumas ordens.

– Claro que posso, dona Matilde. Pode ir, não vou arredar meu pé daqui.

Dona Matilde saiu. Rosa Maria se deitou ao lado de Maria Luísa e ficou ali até ela terminar de comer. Assim que Maria Luísa terminou de comer, Rosa Maria se levantou e retirou a bandeja, colocou-a sobre uma cadeira, voltou a se deitar ao lado dela e perguntou:

– Pode me contar o que aconteceu, Maria Luísa?

– Você não viu, Rosa Maria? A cobra apareceu na frente de Trovador, ele se assustou e eu caí.

– Isso eu vi. Quero que me conte o resto, ou seja, o que aconteceu depois.

– Que depois, Rosa Maria?

– Você e Tobias.

– O que tem?

– Não se faça de boba e nem queira me fazer, Maria Luísa! Alguma coisa aconteceu e está acontecendo! Preciso saber o que é!

ELISA MASSELLI

— Está bem, vou contar, sei que não conseguirei deixar de contar a você.

Contou tudo, desde o primeiro dia que foi ao estábulo e reencontrou Tobias. Disse que era o que mais desejava depois que o viu no Rio de Janeiro. Enquanto falava, seus olhos brilhavam. Rosa Maria não conseguia acreditar no que estava ouvindo.

Quando Maria Luísa terminou de falar, Rosa Maria, assustada e amedrontada, disse:

— Você só pode estar louca, Maria Luísa! Isso não pode estar acontecendo! Se seu pai descobrir, você estará morta, ou, no mínimo, será mandada para um convento!

— Sei de tudo isso, mas é mais forte do que eu! Não tive nem tenho como evitar! — disse Maria Luísa, chorando.

— Precisa terminar com isso; se continuar, poderá se transformar em tragédia!

— Acha que não sei de tudo isso que está falando, Rosa Maria? Mas é mais forte que eu! Não tive e nem tenho como evitar. Farei tudo para continuar com ele!

— O quê, por exemplo? Vai contar para sua família? O que acha que seu pai fará? Vai fugir com Tobias? Seu pai colocará o capitão do mato com cachorros que os seguirão até encontrar vocês dois! Tobias, provavelmente, será morto! O que você fará se isso acontecer?

— Não sei, não sei! Pensarei em alguma coisa. Só não vou deixar o meu amor, nunca!

— A única coisa que pode fazer é nunca mais olhar ou se encontrar com ele, ou melhor, dizer a seu pai que estou com saudade de meu irmão. Pedir que ele nos deixe voltar para Portugal. Ficaremos lá até você esquecer toda essa loucura!

— Isso nunca! Não vou sair daqui, nunca! Nem que tenha de ver o meu amor só de longe! Não imagino minha vida sem ele!

— Você está louca mesmo...

— Não sei se estou louca. Só sei que farei tudo o que puder para ficar com ele! Tem que prometer que não contará a ninguém e que me ajudará se for preciso. Você é a única que sabe, Rosa Maria. Jure que vai me ajudar... jure!

– Juro, Maria Luísa, claro que juro! Você é a minha melhor amiga. É a irmã que não tive. Nunca falarei sobre isso com ninguém. Aconteça o que acontecer, nunca a abandonarei. Estarei sempre a seu lado. Farei qualquer coisa para ver você feliz.

Chorando muito, se abraçaram. Rosa Maria não sabia o que fazer. Saiu do quarto, passou correndo por Serafina e foi para fora da casa.

Serafina, quando viu Rosa Maria sair correndo e percebendo que ela não estava bem, foi atrás dela.

Rosa Maria correu para a estrada até se cansar. Parou e se sentou no chão. Não conseguia parar de chorar.

Serafina se aproximou, sentou ao seu lado e perguntou:

– *Qui foi que cunteceu, sinhazinha?*

– Não aconteceu nada, Serafina...

– *Então pru qui tá churando?*

– Estou com um pouco de dor de cabeça, só isso...

– *Essa dor di cabeça chegô quando a sinhazinha discubiu u que tá cuntecendo com a sinhazinha Maria Luísa mais u Tubia?*

– O que está falando, Serafina?

– *Du amô dos dois...*

– Meu Deus do céu! O que você sabe, Serafina?

– *Di tudu, sinhazinha. A nega já viveu muitu, já viu muita coisa. Conheço a vida. Conheço us oiá. A nega viu, lá nu Rio de Janero, quando us zoio dus dois si cruzô. A nega sabe qui quandu us zoio se cruza daquela manera, num tem jeitu não. Quando vamu lá nu estabo, ieu vejo os zoio se cruzá tudus us dia. Num tem jeitu, não, sinhazinha, us dois si gosta, u amô dus dois é pra tuda vida...*

Rosa Maria chorou mais ainda e perguntou:

– O que vamos fazer, Serafina?

– *Nada, sinhazinha. Nóis num podi fazê nada. Tudo qui cuntece aqui na Terra já vem mandadu du céu. Deus Nosso Sinhô é qui manda na vida da gente. A gente só podi rezá, mais nada.*

– Precisamos fazer alguma coisa, Serafina! Vai acontecer uma tragédia. Dom Carlos mandará matar os dois!

— Deus i Xangô é qui sabi das coisa. Tá nas mão delis. Nóis num podi fazê nada. Posso braçá a sinhazinha?

Rosa Maria se jogou nos braços da negra, como se fosse sua mãe, e chorou, chorou muito.

Enquanto isso, distante de lá, Pai Joaquim, o negro mais velho da fazenda, estava perto do estábulo, esperando Tobias voltar.

Dom Carlos havia comprado a fazenda de um português que voltou para Portugal. Entre as cláusulas do contrato de compra e venda, havia uma que rezava: *Pai Joaquim é o escravo mais velho desta fazenda. Nasceu e foi criado aqui. Nunca poderá ser vendido. Possui carta de alforria e deverá ser enterrado nestas terras.*

Pai Joaquim era respeitado por todos os negros.

Sendo muito velho, não podia mais trabalhar, por isso ficava andando de lá para cá, fumando seu cachimbo. Os negros, quando tinham algum problema, vinham falar com ele. Dessa vez, estava sendo diferente. Ele queria falar com Tobias.

Tobias voltou da casa-grande. Trazia com ele seu próprio cavalo e o de Rosa Maria.

Igual a Maria Luísa, ao mesmo tempo que estava feliz, estava também desesperado. Sabia que aquele amor nunca daria certo, mas naquele momento a única coisa que queria era estar ao lado dela, porque era a mulher que amava. Parou o cavalo, ajoelhou-se na estrada e gritou:

— Oxalá! Meu sinhô que feiz a terra i u céu, qui manda im tudo. Pru qui mi feiz iscravo? Pru qui mi feiz amá essa muié?

Com as mãos no rosto, batia a cabeça no chão e chorava muito. Depois de algum tempo, montou no cavalo e foi para o estábulo. Lá chegando, desmontou. Deu água para os cavalos e depois os levou para dentro. Por mais que tentasse, não conseguia evitar as lágrimas.

— Pru qui tá churando, meu fiu?

Tobias se voltou e viu Pai Joaquim, que o olhava com carinho.

– Tô muitu infeliz, meu pai. E tô muito triste, mas... mas tô muito feliz tumém... num tô intendendu u qui tá cuntecendo...

– U nego sabe pru qui u fiu tá tristi i feliz, tudoi ao memo tempo. Fio, vô ti dizê uma cousa. U branco vem na senzala, iscói uma nega. Num qué sabê si ela tem pai, marido, irmão ou fio. Ele tira a ropa dela na frente di nóis tudo. Pega ela pra ele. Mais u nego num pode nem *oiá pruma branca*.

– Pru qui u pai tá mi falando isso?

– Pur nada, não. É só pru fio pensá. Pensa bastante, fio. Dispois, si quisé, vem falá cum u nego.

Deu uma grande baforada no cachimbo e foi embora. Tobias ficou pensando, pensando. Havia entendido o que o velho quis dizer, mas como ele sabia? Depois de acomodar os cavalos, foi ao encontro do negro.

Pai Joaquim era muito querido pelo antigo dono, por isso não morava na senzala. Morava em uma casinha feita de taipa e coberta com capim. Ao lado da casa, havia um jardim e muitos pés de banana de que ele cuidava. Pintou sua casa com cal branca.

Quando Tobias chegou, ele estava sentado em um banquinho junto à porta, fumando seu cachimbo. Olhou para Tobias. Sorrindo, perguntou:

– U fio já pensô?

– Pensei muito. Intendi u qui u pai quis dizê. Vim cá pru sinhô mi dizê u qui vô fazê.

– U nego veio num sabe. As coisa cuntece pruque têm qui cuntecê. U fio já viu qui isso num pode dá certo. Tem qui ficá longe da sinhazinha. Pede pru seu Malaquia ti mandá pra lavoura. Lá vai sê mais difice oceis si incontrá. Tenta di quarqué jeito ficá longe dela, sinão muita coisa rúim pode cuntecê.

– Vô tentá, pai. Juro qui vô tentá.

– Tenta, fio. Di tudo jeito qui pudé. Mais si fô coisa lá di cima, num vai tê jeito, não.

– Pai, mi diz uma coisa? Quem qui cuntô pru pai?

– Ih, ih, *ih*! Ninguém cuntô. Nego veio viu oceis dois si olhando.

Tobias voltou para o estábulo. Enquanto escovava os cavalos, pensava: "*Vô tentá, mais ti amo, ti amo muito, sinhazinha*".

Ainda sentia o calor do corpo dela! Seu corpo ansiava por ela. Mais tarde, Malaquias chegou. Tobias se aproximou, falando:

— *Seu Malaquia, ieu quiria pidi um favô pru sinhô.*

— Fala, negro.

— *Quiria i trabaiá na lavora.*

— Você deve estar louco! Aqui seu trabalho é leve. Se for para a lavoura, vai trabalhar muito mais.

— *Num faiz mar. Num tenho medo du trabaio.*

— Aqui tem coisa. O que está tramando, negro? Uma fuga? Você quer fugir?

— *Não, sinhô, só quero i pra lavoura.*

— Pois não vai! Está cuidando muito bem dos cavalos. Se está pensando em fugir, pode esquecer. Vai ficar aí mesmo, cuidando dos cavalos!

Malaquias foi embora. Estava desconfiado e pensou: "Esse negro está tramando alguma coisa. Por que iria querer trocar um serviço leve por outro mais difícil? Vou prestar atenção".

Tobias ficou desesperado, pedindo aos deuses que o ajudassem.

Maria Luísa e Rosa Maria não falaram mais sobre o assunto. Rosa Maria agradecia a Deus por Maria Luísa ter machucado a perna. Por um bom tempo, não poderia cavalgar nem ver Tobias. Temia pelo futuro da amiga e pela vida do negro.

As músicas dos negros continuavam. Todas as noites, os tambores tocavam e as vozes cantavam.

A senzala ficava a uns dez minutos da casa, por isso, elas podiam ouvir. Naquela noite, Rosa Maria perguntou a Serafina:

— Por que os tambores estão tocando diferente? O tom da música mudou, parece triste. Não é mais alegre como antes.

— *Sabe, sinhazinha, Xangô tá avisando qui arguma coisa rúim tá pra cuntecê.*

– Quem é mesmo Xangô? Você nos contou, mas eu esqueci.
– É u deus da justiça. Tem tuda bondade. Tuda mardade du mundo é jurgada pur ele. Ele tem um machadu. Cum esse machadu, vai fazendo justiça. Ninguém escapa du machadu dele, não...
– Não entendo, Serafina. Se os deuses ajudam vocês, por que são escravos?
– Isso quem dicidiu foi Oxalá mais Xangô. Nóis nego num sabe. Nóis só sabe qui si eles feiz isso é pruque tão fazendo justiça. Si nóis é nego iscravo hoje, é pruque nóis merece.
– Há muita coisa nessa vida que não entendo.
– Aos poco, vivendo, a sinhazinha vai intendendo. Nóis num manda na nossa vida. As coisa chega, cuntece, sem nóis pudê fazê nada pra num dexá cuntecê. U nego aprende qui tá tudo iscrito. A única coisa qui a genti podi fazê é iscoiê u bem ou u mar. A gente às veiz é chamado pra prová qui pode vencê u mar. Qui pode perduá. A sinhazinha num percisa tê medo di nada. É fia di Inhansã. Pur isso tem muita força. É guerrera!
– Ah, ah, ah! Espero nunca ter que participar de uma guerra. Sou covarde. Quando perdi os meus, fiquei sem saber o que fazer, fui para a cama. Maria Luísa, sim, é lutadora, valente e sabe o que quer. Também seria difícil, pois quem guerreia é o homem. Você está dizendo que a gente pode escolher entre o bem e o mal. Eu só quero me casar, ter meus filhos e ser feliz. Neste momento, o que queria era voltar para Portugal e levar Maria Luísa comigo. Você diz que seu Deus está avisando que uma coisa ruim está para acontecer. Se for verdade, só pode ser com Maria Luísa. Queria poder ajudar e impedir; a única maneira é ir embora daqui.
– Xangô é qui sabe, sinhazinha. Xangô é qui sabe...
– Está bem, Serafina, agora preciso dormir. Até amanhã.
– Tá bom, sinhazinha. Inté manhã.

MAIS FORTE QUE TUDO

Os dias passaram rapidamente para Rosa Maria, mas lentamente para Maria Luísa. Durante todo o tempo em que esteve imobilizada, ficou pensando no que faria com a sua vida.

Por mais que pensasse, não conseguia achar uma solução. O que queria mesmo era poder andar novamente e tornar a ver Tobias. Estava com saudade do escravo, mas evitava falar nele, até mesmo com Rosa Maria. Sabia que ela estava preocupada e não queria que ela se preocupasse ainda mais.

Finalmente, chegou o grande dia. Serafina foi ao quarto de Maria Luísa. Tirou as ataduras e os pedaços de bambu. Maria Luísa se levantou, mas tornou a se deitar. Sentiu uma dormência nas pernas, porém não sentia dor.

– *Num percisa si preocupá, sinhazinha, é assim memo. Vô fazê uns banhu cum umas erva i esfregá cum banha di carnero. A sinhazinha vai ficá boa, logo vai tá currendu di novo.*

– Não vejo a hora! Não aguento mais ficar neste quarto!

Assim aconteceu. Depois de alguns dias, ela estava completamente boa.

Em uma manhã, após o café, disse para a mãe:

– Mamãe, queria ir até o estábulo para ver Trovador. Prometo que não vou cavalgar. Só quero ver aquele lindo cavalo...

A princípio, dona Matilde quis proibir, mas quem conseguia dizer não a Maria Luísa?

– Está bem, desde que tome cuidado e não cavalgue. Teve sorte de não ter morrido ou ficado aleijada.

– Fique tranquila, mamãe, não vou cavalgar.

Rosa Maria, apavorada, pensava: "O que Maria Luísa está pretendendo? Bem sei o que é, mas não posso acreditar!"

Um escravo trouxe a charrete. Serafina e Rosa Maria, desconfiadas, montaram. Maria Luísa, sorrindo, disse:

– Quero ir na frente com o cocheiro.

Quando estavam chegando, de longe, ela viu Tobias, que escovava Trovador. Como da primeira vez, ao ouvir o barulho da charrete, ele se voltou e viu sua amada chegando. Seus olhos brilharam, seu coração começou a bater com tanta força que parecia querer sair por sua boca. Disse baixinho:

– *Ai, meu Xangô. Minha sinhazinha tá chegandu. Tá si rindo pra mim*!

Sua vontade era de correr e pegar sua sinhazinha nos braços. Beijar e abraçar aquela mulher que tanto amava, mas sabia que não podia. Ficou esperando a charrete chegar mais perto. Assim que a charrete se aproximou, Maria Luísa, sorrindo, disse:

– Olá, Tobias, como está Trovador?

– *Tá bom, sinhazinha. Só tá isperando sua vorta e tá filiz pur vê a sinhazinha.*

Ela sorriu, sabia que ele falava de si próprio. Respondeu, mandando um recado:

– Também estou feliz por poder ver novamente o Trovador, Tobias. Enquanto estive imóvel, também senti muita saudade dele. Pensei nele o tempo todo.

Os dois sorriram. Nada mais precisaram falar. Os olhos se encontraram e disseram tudo que precisava ser dito.

Rosa Maria e Serafina, caladas, acompanhavam, preocupadas, o olhar e as palavras dos dois.

Desceram da charrete. Maria Luísa foi até Trovador, começou a passar as mãos sobre o seu corpo, olhando para Tobias, que não conseguia tirar os olhos dela. Maria Luísa se voltou para Rosa Maria e perguntou:

– Rosa Maria, você não vai cavalgar?

– Não. Você ainda não pode e eu não vou cavalgar sozinha.

– Ora, não se preocupe. Você vai e Serafina segue você com a charrete. Sei que você adora cavalgar... não é justo deixar de fazer o que gosta por minha causa. Estarei bem com Tobias. – Voltou-se para Tobias e, com um sorriso maroto, perguntou: – Você cuida de mim, não cuida, Tobias?

Enquanto perguntava para Tobias, piscou um olho para Rosa Maria, que entendeu, preocupada, mas nada podia fazer. Sabia que, quando Maria Luísa colocava algo na cabeça, ninguém conseguia fazer com que mudasse de ideia. Montou em seu cavalo, enquanto Serafina subia na charrete. Saiu cavalgando devagar, Serafina acompanhando Rosa Maria. As duas foram, com os corações na mão.

Assim que as duas partiram, Tobias foi saindo devagar, pensando: "*Xangô, meu pai. Mi juda. Num sei si vô cunsigui risisti. Si ela falá di novo qui mi ama, num vô risisti...*"

Maria Luísa perguntou:

– Para onde está indo? Não via a hora de ver você novamente. Estou morrendo de saudade. E você, não está também?

Tobias não conseguia responder. Seu coração batia com tanta força que chegava a doer. Suas pernas tremiam.

Maria Luísa, percebendo o nervosismo dele, disse:

– Vamos lá dentro. Quero ver os outros cavalos que estão nas cocheiras.

Ele olhou para ela e, suplicante, disse:

– Não, sinhazinha. Vamo *ficá aqui memo*.

– Quero ir lá dentro para ver se você está cuidando bem dos cavalos. Vai me levar?

Ele não resistia àquele olhar. Estavam sozinhos. Não havia mais ninguém por perto. Trêmulo, falou:

– Tá bão. *A sinhazinha qui manda. Vamu.*

Lá dentro, Maria Luísa ficou olhando as cocheiras. Encontrou uma limpa, em que havia um monte de feno. Entrou e se sentou no feno, olhou para Tobias e disse:

– Venha até aqui.

O escravo ficou olhando, sem saber o que fazer. Ela abriu os braços e falou com a voz baixa:

– Venha, Tobias. Nada de mau vai acontecer. Eu amo você. Vou protegê-lo.

Ele não resistiu. Caminhou em sua direção e sentou ao lado dela; em instantes estavam se abraçando e beijando com todo o amor que sentiam há muito tempo. Beijaram-se com muita paixão. Eram jovens. O desejo tomou conta dos dois. Ele, carinhosamente, fez com que ela se deitasse sobre o feno.

Ela abriu os botões da blusa. Seus seios brancos pularam para fora. Ele os tomou nas mãos. Acariciou e beijou. Em poucos momentos, não suportando mais, as roupas foram sendo tiradas e se entregaram ao amor. Amaram-se com carinho e muito ardor.

Rosa Maria estava preocupada, por isso voltou depressa. Ao não encontrar Maria Luísa, entrou no estábulo. Encontrou Serafina.

Ouviram uns murmúrios e foram até o local para ver o que estava acontecendo. Maria Luísa e Tobias não perceberam a chegada delas. Estavam deitados em pleno amor. As duas ficaram apavoradas, mas nada disseram.

Saíram do estábulo. Rosa Maria estava tão nervosa que não conseguia respirar. As lágrimas corriam por seu rosto. Serafina fechou os olhos e começou a rezar baixinho:

– *Oh, meu pai Xangô. Ta tudu pirdidu. Vai cuntecê uma disgraça...*

Saiu andando sem rumo. Rosa Maria sentou em um banco fora do estábulo. Serafina foi até a casa de Pai Joaquim, que estava sentado em um banquinho e fumando seu charuto. Ela se aproximou e disse:

– Num tem jeitu, não, pai. Tá tudu pirdidu...

– Mia fia, nóis num podi fazê nada. Tudu tava iscritu nu céu. Essis dois já tavam distinadu um pro outro. Num tem jeitu, não...

– Num podi, pai! Num podi! Us dois vão sufrê muitu. Us nego, tumém. Inté agora temo sidu tratadu bem, mais quandu u sinhô discubri essa disgraça tuda, vai si vingá im nois tudo!

– Num tem jeitu não, fia. Só Xangô sabi du nossu distinu. Eli já tinha mi avisadu que tempu ruim ia chegá.

– Qui nóis vai fazê, pai?

– Nóis num podi fazê nada, fia. Vorta pra lá e deixa nas mão de Xangô. Hoje di noiti a genti vai dançá e tocá tambô pra ele. Vamu tudu nóis pidi justiça i prutução. Oxalá vai prutegê us nego tudo. Tudu vai sê cumu tem di sê.

Enquanto Serafina falava com Pai Joaquim, Rosa Maria montou no cavalo e saiu cavalgando sem saber o que fazer. Cavalgou muito, foi até o riacho. Desmontou. Foi até a água, sentou e ficou imaginando como seria dali para frente. "Quanta coisa pode acontecer? Maria Luísa não está medindo as consequências. Dom Carlos nunca aceitará! E Rodolfo, o que fará? A única solução é irmos embora para Portugal até que essa loucura passe. Eu teria de ficar longe de Rodolfo também, mas não tem importância. Sei que sentirei saudade, mas salvarei Maria Luísa e Tobias. Sim, porque, mesmo que Dom Carlos aceite e perdoe Maria Luísa, por ser sua filha, Tobias não será perdoado. Com certeza mandará que seja torturado e, em seguida, que o matem. Meu Deus, precisa me ajudar a convencer Maria Luísa!"

A água corria lentamente, pequenos peixes faziam uma dança suave. Por um momento, Rosa Maria se distraiu olhando os peixinhos. Olhou para o céu. O sol estava alto. Devia ser quase meio-dia.

Decidiu que, ao voltar para casa, tentaria convencer Maria Luísa a ir para Portugal. Precisariam arrumar uma desculpa para Dom Carlos. O que falariam?

Quando voltou, encontrou Maria Luísa no mesmo lugar que a deixara. Notou que seu rosto estava vermelho, seus olhos brilhavam, parecia feliz. Serafina estava agachada a seu lado, com o semblante triste. Maria Luísa perguntou:

– Gostou do passeio, Rosa Maria?

– Sim. Cavalguei bastante, fui até o riacho. É muito bom cavalgar.

– Ainda mais com um cavalo negro e bonito como o seu...

Enquanto falava, ria e piscava para Rosa Maria, que não entendia como a amiga podia estar tranquila com tudo aquilo acontecendo.

As três subiram na charrete e foram embora. Maria Luísa deu um último olhar em Tobias, que não se mexia. Enquanto a charrete ia andando, falou:

– Olha como o dia está lindo. O sol, as flores e as montanhas. Estou tão feliz por estar andando novamente. A vida é maravilhosa. Adoro viver.

Rosa Maria sorriu, pensando: "Está completamente louca..."

O RESULTADO DO AMOR

Naquela noite, os tambores soaram. As vozes cantavam tristes e dolentes.

Na varanda, Maria Luísa, Rosa Maria e dona Matilde ouviam em silêncio. Cada uma mergulhada em seus pensamentos. Maria Luísa pensava: "Ele está tocando para mim. Oh, meu Deus. Eu amo tanto esse negro! Permita que possamos ficar juntos. Sei que seu poder é imenso".

Rosa Maria também pensava: "Como diz Serafina, Xangô está agindo. É um deus que não conheço, mas, por favor, ajude Maria Luísa e Tobias para que não sofram por toda essa loucura. Sinto tanta falta de Rodolfo. Nessa viagem, espero que consiga convencer Dom Carlos de nosso amor e, depois, o de Maria Luísa".

Dona Matilde olhava para Maria Luísa e pensava: "Ela está tão estranha. Não sei o que está acontecendo. Ela mudou muito. Tomara que Dom Carlos volte logo. Ele sabe como conversar com a filha. Descobrirá o que ela tem".

Ficaram lá até que os tambores pararam. Quando estavam indo para os quartos, Maria Luísa disse:

— Rosa Maria, preciso conversar com você. Não quer vir até meu quarto?

Rosa Maria aceitou com a cabeça. Entraram no quarto. Lá dentro, Maria Luísa abraçou a amiga, dizendo:

— Rosa Maria, não imagina o que aconteceu hoje!

— Acha que não, Maria Luísa?

Maria Luísa não ouviu o que ela disse e, rindo, contou:

— Hoje me tornei mulher. Da maneira mais maravilhosa que pode existir. Tobias me amou de uma maneira como nunca sonhei que poderia ser! Ele me amou com tanto amor... tanto carinho...

— Maria Luísa, não entendo como pode estar tão tranquila assim! Você não percebe a extensão desse seu ato?

— Claro que percebo. Só não sei o que fazer. Eu amo Tobias e sou amada por ele. Hoje, estou feliz. Isso é o que importa.

— E seu pai, Maria Luísa?

— Não sei. Só sei que vou ficar com Tobias.

— Ele é um escravo... seu pai nunca aceitará...

— É o homem que amo. Não me importa sua situação. Sei que tudo vai dar certo. Pare de se preocupar, Rosa Maria. Agora, vou lhe contar como tudo aconteceu!

Contou com detalhes tudo o que havia acontecido. Rosa Maria, enquanto ouvia, ficava vermelha, ria e chorava, tudo ao mesmo tempo. Quando Maria Luísa terminou sua narrativa, Rosa Maria disse:

— Tenho que reconhecer: você é louca, mas muito esperta. O amor de vocês é lindo. Louco, mas lindo. Só peço a Deus que ele não seja o motivo de uma desgraça. Temo pela vida dos dois. Principalmente, pela de Tobias. Se um dia seu pai vier a descobrir, provavelmente, isso acontecerá...

— Não descobrirá nunca, Rosa Maria! Se descobrir, darei um jeito para ele aceitar me dar Tobias; de presente. Papai me ama, no fim faz tudo o que quero.

— Espero que esteja certa, Maria Luísa. Farei tudo o que puder para ajudá-la. Sempre estarei a seu lado, aconteça o que acontecer. Sou muito covarde. Jamais conseguiria ser forte e lutadora como você. Se algum dia me sentir perdida, tenho certeza de que me entrego e morro na hora.

— Sei que vai ajudar-me sempre, por isso estou contando tudo a você. O que vier depois de hoje não tem importância. Estou feliz como nunca estive em minha vida. O que aconteceu vale por tudo o que eu venha a sofrer.

Daí em diante, os dias foram sempre iguais. Rosa Maria cavalgava sozinha, seguida por Serafina na charrete. Maria Luísa encontrava-se e amava Tobias. Rosa Maria e Serafina estavam cada vez mais apavoradas. Mas nada podiam fazer.

Em uma tarde, o sino tocou. Dona Matilde, Rosa Maria e Maria Luísa foram até a varanda para ver quem estava chegando.

De longe, viram que o escravo conversava com o estranho. Depois de alguns minutos, os dois seguiram juntos em direção à casa-grande. Era um mensageiro de Dom Carlos. Entregou um envelope para dona Matilde, que o abriu e leu. Quando terminou, disse:

— Dom Carlos mandou avisar que ficarão mais tempo do que o esperado. Talvez demorem ainda mais um mês. Manda lembranças a todas nós.

Maria Luísa fez cara de triste, mas, por dentro, estava feliz, pois teria mais tempo para ficar com Tobias, sem medo.

Rosa Maria, por sua vez, ficou triste: ficaria mais tempo sem ver Rodolfo, sem saber se ele havia conversado com o pai.

Dona Matilde, acostumada a receber esse tipo de bilhete, não estranhou. Como sempre, só pôde aceitar.

Os dias continuaram sempre iguais. Maria Luísa se encontrava com Tobias todos os dias. Estavam, a cada dia, mais apaixonados, e Rosa Maria, Serafina e Pai Joaquim, mais preocupados. Naquela manhã, Jerusa entrou desesperada no quarto de Rosa Maria, quase gritando:

— *Sinhazinha, Serafina, oceis têm que vim nu quartu da sinhazinha Maria Luísa! Ela tá duenti!*

Rosa Maria, que estava sentada enquanto Serafina escovava seus cabelos, levou um susto. Levantou-se, perguntando:

— O que está acontecendo, Jerusa? Pare de chorar e fale devagar!

— *Num sei, é mió oceis vim lá nu quartu!*

As duas correram para lá. Encontraram Maria Luísa deitada sobre a cama, muito branca, parecendo que não havia um pingo de sangue em seu corpo. Serafina, ajudada por Rosa Maria, levantou Maria Luísa, colocou sua cabeça entre suas pernas e forçou para baixo. Aos poucos, a cor foi voltando. Maria Luísa logo estava bem. Rosa Maria respirou aliviada e perguntou:

— Serafina, o que foi que aconteceu? O que ela tem?

Serafina olhou para uma, depois para a outra, e falou:

— *A sinhazinha num tá duente, não. Antes fosse. Antes fosse... duença tem cura. Isso num tem, não.*

— Você está louca, Serafina? O que está dizendo? O que está querendo dizer? Que tenho uma doença incurável? Que vou morrer? Fale logo!

— *A genti percisa pedi pra Xangô judá tudos nois. A sinhazinha num vai murrê, não... mais a sinhazinha tá isperando fio.*

— Filho? Como, filho? Você está louca!

— *Cumo faiz fio a gente sabe. A nega num tá louca, não. Antes tivesse, mais num tô, não.*

— Não. Não pode ser, Serafina! Como você pode ter tanta certeza?

— *A nega já viu muita muié tendo fio. A nega já teve fio, sabe cumo é...*

Enquanto Serafina e Rosa Maria conversavam, Maria Luísa permanecia calada, parecia que não era dela que estavam falando. Jerusa, encostada no canto do quarto, acompanhava toda a conversa sem nada entender. Vendo o desespero das duas, falou:

— *Si a sinhazinha quisé, ieu trago umas erva, faço um chá. Essa criança cai imbora i tudu si resorve.*

Maria Luísa pulou da cama parecendo uma fera e gritou:

– Nunca! Nunca! Ouviram bem? Não sei se estou esperando um filho, mas, se estiver, ele nascerá!

Jerusa, assustada com a reação de Maria Luísa, ficou calada. Serafina disse:

– *Oxalá i Xangô tão muito cuntente cum u qui a sinhazinha tá falando. Mais a sinhazinha sabe qui num vai sê face esse fio nascê. U sinhô seu pai num vai dexá. Ele vai mandá matá a criança e vai si vingá em tudos nóis.*

– Não me importa o que vai acontecer. Talvez nada disso aconteça! Só sei de uma coisa: meu filho vai nascer.

– Maria Luísa – disse Rosa Maria –, não entendo nada disso. Nem sei se está mesmo esperando um bebê. Nunca conversei sobre isso com ninguém. Só sei que vai ser quase impossível você ter esse filho. Assim que seu pai descobrir, vai fazer com que tire essa criança...

– Ele não precisa saber por enquanto. Quando souber, será tarde. Meu filho nascerá!

– Não sei muito sobre isso, Maria Luísa, mas sei que a barriga cresce. Como fará para esconder?

– Nossas roupas são largas e armadas, Rosa Maria, vai dar para esconder por muito tempo. Enquanto isso, pensarei em uma maneira de falar com ele. Não é um monstro, como estão pensando. É meu pai! Não vai querer me ver infeliz. Vai aceitar, deixar que meu filho nasça e o amará como seu neto. Tenho certeza disso!

– Nunca me cansarei de dizer: você é louca, mas corajosa, Maria Luísa. Só posso dizer que estarei sempre a seu lado, aconteça o que acontecer.

– Sei disso, Rosa Maria, mas por enquanto não vamos nos preocupar. Meu pai não está aqui. Tenho muito tempo, até que ele volte, para imaginar uma solução. Agora, vamos comer? Estou com muita fome, preciso comer por dois, não é? Ah, ah, ah!

– *A sinhazinha é fia di Inhansã. Num tem medo di nada memo...*

Rosa Maria realmente admirava Maria Luísa. Sempre a achou corajosa. Não tinha mesmo medo de nada. Enquanto se dirigiam à sala para tomar café, pensava: "Ela é tão corajosa. Eu não. Nunca fui, nem serei. Tenho a impressão de que, se precisar enfrentar uma situação qualquer de perigo, não vou ter coragem... morrerei".

Após o café, foram para o estábulo. Os olhos de Tobias, cada vez que via Maria Luísa, brilhavam. Já estava com o cavalo de Rosa Maria selado. Ela montou, saiu cavalgando seguida por Serafina. Quando ficaram sozinhos, Tobias falou:

– *A sinhazinha demorô hoje. Fiquei cum medo qui num viesse.*

– Aconteceu uma coisa importante para nós dois. Não vamos entrar ainda, preciso falar com você. Hoje, quando acordei, ao me levantar, fiquei tonta. Quase sofri um desmaio.

– *A sinhazinha tá duente?*

– Não. A Serafina disse que estou esperando um filho.

Ele ficou olhando para ela, não querendo acreditar no que estava ouvindo. Seus olhos encheram-se de água, uma lágrima começou a descer por seu rosto.

Ela, não entendendo aquela reação, perguntou:

– O que está acontecendo, Tobias? Por que está chorando?

– *Sinhazinha, cumo ieu queria sê branco agora. Si ieu sesse branco, ieu pegava a sinhazinha nu colo, bejava e braçava muito. Um fio é a coisa mais bunita qui pudia cuntecê pra nóis dois. Um fio du nosso amô. Sei qui a sinhazinha num vai pudê tê esse fio. Pur isso qui tô churando. Nosso fio ia sê u menino mais bunito dessi mundo.*

Maria Luísa, com as pontas dos dedos, enxugou as lágrimas dos olhos dele, beijou seu rosto, dizendo:

– Ele iria, não. Ele nascerá e será o menino ou menina mais lindo ou linda desse mundo! Porque vai nascer!

– *Cumo, sinhazinha? U sinhô seu pai num vai dexá. Ele vai mandá matá nosso mininu dispois di matá nóis dois. Ieu num mi importo di morrê. Tuda felicidade du mundo já tive quando a sinhazinha mi amô, mais a sinhazinha num pode morrê.*

– Se você não se importa de morrer, eu também não. Só sei que nosso menino vai nascer e crescer! Pode ter certeza disso!

Enquanto conversavam, Rosa Maria e Serafina estavam na margem do rio.

— Serafina, o que acha que vai acontecer?
— *Num sei, não, sinhazinha. Só sei qui num vai sê coisa boa, não.*
— O que vamos fazer?
— *Cumo falô Pai Joaquim, nóis num podi fazê nada. Só quem podi é Xangô. E Oxalá. Tá tudo nas mão delis. Mais si esse minino tivé qui nascê, ele nasce. Nasce, sim...*
— Queria ter essa sua fé, Serafina. Estou morrendo de medo.
— *A sinhazinha Maria Luísa é muito teimosa. Só faiz u qui qué. Nóis tumém num podi fazê nada. Só podi pidi pruteção pra Nosso Sinhô Jesuis Cristo e Xangô. Só eles podi judá agora.*
— Então, que meu Deus e todos os seus deuses nos ajudem. Principalmente, Maria Luísa e Tobias.

Enquanto tudo isso acontecia na fazenda, no Rio de Janeiro, Dom Carlos e Rodolfo jantavam naquela noite. No dia seguinte iriam começar os preparativos para voltar à fazenda.

Durante o jantar, conversaram sobre vários assuntos. Com o término do trabalho de Dom Carlos, poderiam ficar mais tempo na fazenda. Após o jantar, Rodolfo falou:

— Papai, tenho algo importante para lhe falar. Preciso de seu consentimento. De sua resposta depende minha vida.
— Por Deus, Rodolfo, o que pode ser tão importante?
— Estou apaixonado e quero me casar.
— Apaixonado? Casar? Já sabe que tenho planos para você. O coronel Antônio José de Araújo e eu já combinamos seu casamento com a menina Amélia. Assim que ela completar dezesseis anos, poderão se casar. Que novidade é essa?
— Quero que me libere desse compromisso. Estou apaixonado por outra e quero me casar com ela. É uma moça de

família simples, mas muito honesta. Se não me casar com ela, serei o homem mais infeliz deste mundo.

– Quem é essa jovem? Não o vi com ninguém aqui no Rio de Janeiro.

– Ela não é daqui. Está na fazenda.

– Na fazenda? Não me diga que é...

– Rosa Maria. É ela mesma, papai!

Dom Carlos embranqueceu. Colocou a mão sobre o coração. Rodolfo percebeu e perguntou desesperado:

– O que foi, papai? O que está sentindo?

– Nada está acontecendo, foi só o susto... jamais poderia imaginar...

– Sei disso, papai, mas ela é maravilhosa. Estou completamente apaixonado. Quero me casar o mais breve possível.

Dom Carlos se recompôs e, voltando ao seu normal, disse:

– Meu filho, você sabe que toda minha vida vivi em função de você, sua mãe e irmã. Todo meu tempo foi sempre dedicado a minha família. Meu pai também escolheu minha esposa, que é sua mãe. Graças a Deus tivemos uma vida boa e tranquila. Também eu já havia escolhido sua esposa, mas, se acha que essa moça é a mulher da sua vida, não vou querer sua infelicidade. Permito esse casamento. Se ela foi aceita por toda a família, algum valor deve ter. Por isso, eu a aceito também. Falarei com o coronel Antônio José e desmancharemos o acordo feito. Assim que chegarmos à fazenda, providenciaremos seu casamento.

Rodolfo nunca pensou que seria tão fácil e que ouviria aquilo. Na realidade, foi mais fácil do que pensou. Beijou as mãos do pai, dizendo:

– Obrigado, meu pai. Sei que o senhor só quer minha felicidade. E minha felicidade é Rosa Maria.

– Está tudo bem, meu filho. Vá dormir. Amanhã, acordaremos cedo para retornarmos à fazenda. Lá tudo será arranjado.

UMA PORTA QUE SE ABRE

Os dias passaram. Certa manhã, Serafina acordou. Não estava bem, mas como de costume foi para o quarto de Rosa Maria. Ela estava sentada em frente à penteadeira, escovando os cabelos.

– *Bão dia, sinhazinha. Já tá cordada?*

– Sim, Serafina, dormi bem, mas acordei com um sonho e não consegui dormir mais.

– *Inda bem que a sinhazinha tá bem. Ieu num tô boa, não. Tô cum dô di cabeça, tremedera e muitu quenti.*

Rosa Maria levantou-se, pôs a mão na testa de Serafina e, preocupada, disse:

– Você está com muita febre. Vou falar com dona Matilde, pedir a ela que deixe você descansar hoje. Assim, pode se medicar com suas ervas.

— A sinhazinha é um anjo. Nosso Sinhô Jesuis Cristo vai prutegê sempre a sinhazinha.

Rosa Maria foi até dona Matilde. Pediu que deixasse Serafina descansar. Ela concordou. Enquanto conversavam, Maria Luísa chegou, dizendo:

— Bom dia para as duas. Rosa Maria, já estou pronta para sairmos, mas antes vou tomar café, estou com muita fome. Depois, sairemos.

— Acredito que hoje vocês não possam sair, minha filha.

— Por quê, mamãe?

— Serafina está doente, não vai poder ir com vocês.

— Jerusa pode ir conosco. Nós só vamos cavalgar um pouco. Não é, Rosa Maria?

Rosa Maria queria dizer que não, mas os olhos de Maria Luísa fizeram com que ela concordasse com a amiga:

— Tem razão, Jerusa pode ir conosco.

— Está bem, vocês podem ir com Jerusa.

— Sendo assim, vamos tomar o café. Estou louca para cavalgar — Maria Luísa disse, piscando para Rosa Maria, que foi obrigada a sorrir.

Tomaram café e saíram. Jerusa já estava esperando na charrete.

Ao chegarem ao estábulo, Tobias já estava com o cavalo de Rosa Maria selado. Rosa Maria montou, dizendo para Jerusa:

— Venha me seguindo com a charrete.

Saiu cavalgando. Jerusa ia atrás com a charrete. No meio do caminho, a escrava percebeu que o xale de Maria Luísa ficara na charrete. Rosa Maria ia ao longe. Jerusa resolveu levar o xale para Maria Luísa, pois estava frio. Fez um sinal com a mão para Rosa Maria e voltou. Rosa Maria não entendeu o sinal e continuou cavalgando.

Quando ficaram sozinhos, Tobias e Maria Luísa foram para a cocheira, que estava bem limpa, com um lençol branco estendido sobre o feno. Tobias preparava do melhor modo possível seu ninho de amor.

— *Num via a hora da sinhazinha chegá* — disse, com os olhos brilhando de felicidade.

– Eu também. Quase não vim, porque Serafina está doente. Minha mãe não queria nos deixar vir sozinhas, mas eu a convenci, por isso Jerusa veio conosco.

Em poucos segundos, um estava nos braços do outro, beijando-se com paixão. O amor entre os dois estava cada dia mais forte. Naquele momento, nada temiam. A única coisa que sentiam era aquele imenso amor. Lá não existia escravo ou senhora, só duas pessoas que se amavam.

Jerusa chegou ao estábulo. Estranhou não encontrar ninguém. Ficou preocupada. *"Dondi será qui a sinhazinha tá?"*

Ao longe, via Rosa Maria cavalgando. Esta, ao perceber que Jerusa retornou para o estábulo, voltou rapidamente.

Jerusa, enquanto procurava por Maria Luísa e Tobias, pensava: *"Mais a sinhazinha i u Tubia, dondi será que tão?"*

Entrou em silêncio. Estava desconfiada de alguma coisa. Foi olhando cocheira por cocheira. Ouviu murmúrios, se aproximou e viu os dois se amando com toda intensidade. Saiu correndo, chorando, assustada. Lá fora, encontrou Pai Joaquim.

– *Qui cunteceu, mia fia? Viu fantasma?*
– *Vi, pai... achu qui vi...*
– *Não, fia. Ocê só viu cochera i cavalu, nada mais...*
– *Ieu vi, pai, juru qui vi!*
– *Fia, é mió procê num vê nada...*

Ela entendeu o que o velho queria dizer e disse:
– *Tá bom, pai. Ieu num vi nada.*
– *Vem cu nego, fia. Vamu na chopana tumá um chá.*

Os dois foram para a choupana onde ele morava. Rosa Maria, de longe, viu que Pai Joaquim estava com Jerusa. Entendeu que ela havia descoberto tudo. Achou melhor deixar que os dois conversassem. Voltou a cavalgar.

Jerusa tremia de susto e de raiva. Raiva, sim. Quando ela viu Tobias no Rio de Janeiro, como todas as pessoas, ficou encantada. Desde que chegou à fazenda, não sabia onde ele estava. Ela não podia sair da casa-grande. Muitas vezes, teve vontade de ir até a senzala só para poder ver o negro. Por isso, sempre que as sinhazinhas iam passear pela fazenda, ela queria ir junto, mas elas nunca a levaram, sempre quem ia era Serafina.

Naquela manhã, quando soube que iria passear, ficou contente, pois teria a chance de ver Tobias. Seu desejo foi realizado: ela o vira. Mas daquela maneira? Logo com a sinhazinha?

Enquanto tomava o chá que Pai Joaquim lhe dava, falava:

– *Cumu odeiu elis, principarmenti ela, qui podi tudo, inté tê u nego que eu queria pra ieu! Deus du céu num existi, pai. Si ixistisse, num ia dexá tê escravo nem sinhô. Tudos devia de ser iguar.*

– *Fia, nóis nego num pode falá nada. Só Nosso Sinhô Jesuis Cristo e Xangô é qui sabe das coisa. Sei qui teu curação é dele, mai num dianta pruque u dele é da sinhazinha. A mió coisa qui tem qui fazê agora é vortá pra casa-grande e fazê di conta qui num viu nada. Cuntinua tratando bem di tua sinhazinha. U qui ocê viu num é coisa boa, não. Vai trazê muita disgraça pra nóis tudo.*

– *Pai, a criança qui ela tá isperando é deli?*

– *É, fia. Aí é qui vai cumeçá tuda disgracera.*

– *Tumara qui cunteça memo. Ieu odeio esses dois.*

– *Num fala ansim, pruque nóis tudo vai sufrê, fia...*

Ela não respondeu, ficou só pensando.

Quando voltaram para a frente do estábulo, Maria Luísa estava sentada, olhando ao longe Rosa Maria, que continuava cavalgando. Tobias ficou dentro do estábulo. Jerusa ficou com mais ódio ainda, porque Maria Luísa estava demonstrando com o rosto e com os olhos toda a felicidade que estava sentindo.

Rosa Maria viu que Maria Luísa estava sentada. Sabia que já poderia voltar. Tudo havia terminado.

Foi a seu encontro. Queria voltar para casa para ver como Serafina estava. Estava preocupada com sua saúde. Gostava muito dela, embora fosse apenas sua escrava.

Voltaram para casa. Rosa Maria não entendia como Maria Luísa podia estar tão tranquila com tudo aquilo que estava acontecendo.

Jerusa estava com raiva por ter perdido seu amor logo para Maria Luísa. Não havia como lutar por Tobias. Ela, além de ser branca e livre, era uma sinhazinha muito rica. Ia pensando: "Ieu fazia quarqué coisa pra sê livre e pudê libertá ele tumém".

Ao chegar a casa, Rosa Maria foi ver Serafina, que dormia tranquilamente. Colocou a mão em sua testa e percebeu que a febre havia baixado. Sorriu aliviada. Ela tinha muito medo de febre.

Almoçaram, foram para a sala de estar. Maria Luísa foi para o piano e Rosa Maria começou a ler um livro.

O sino começou a badalar. Correram para a varanda. Olharam para a estrada e viram a carruagem de Dom Carlos aproximando-se. A alegria foi geral. O sino começou a badalar mais forte. Os escravos da casa cantavam.

Os escravos gostavam de Dom Carlos porque, desde que comprara a fazenda, nunca havia castigado um negro sequer. Eles sabiam que, se cada um fizesse seu dever, nada de mau aconteceria. Sabiam, também, que, se fizessem algo de errado, ele seria implacável.

As mulheres ficaram felizes com o retorno deles. Rosa Maria estava com o coração apertado, pois não sabia se Rodolfo havia conversado com o pai. Maria Luísa estava preocupada, pois, com o pai em casa, seria difícil ver Tobias e esconder sua barriga quando começasse a aparecer. Preocupada, pensava: "Até quando conseguirei esconder?"

Dona Matilde também ficou feliz com a volta do marido e do filho. Feliz, pensava: "Minha família realmente é feliz. Dom Carlos jamais fará algo que possa nos magoar. Não sei o que faz para conseguir tanto dinheiro, mas sei que nunca deixará que nada nos falte. Para nós, sempre foi e será o melhor".

A carruagem se aproximou da escadaria que levava até a entrada da casa. Elas estavam esperando. Os viajantes desceram. Rodolfo subiu correndo os degraus, abraçou a mãe, depois Maria Luísa e olhou, sorrindo, para Rosa Maria, que abraçou com carinho. Ela ficou sem graça, mas ele disse baixinho em seu ouvido:

— Está tudo bem. Papai já sabe e concordou com nosso casamento.

Dom Carlos se aproximou, recebeu e abraçou a esposa e a filha. Olhou sério para Rosa Maria, e, enquanto segurava sua mão, disse:

— Você foi aceita por minha família. Agora essa situação será oficializada. Com prazer, aceito você como esposa de meu filho e como minha filha.

Dona Matilde, que nada sabia, perguntou:

— O que está dizendo? Rodolfo e Rosa Maria?

— Isso mesmo, minha mulher. Rodolfo me pediu permissão para se casar com ela e eu dei.

— Eu nada sabia, mas fico feliz. Não poderia existir melhor esposa para meu filho.

Abraçou e beijou Rosa Maria, que correspondeu feliz. Maria Luísa também a abraçou. Rodolfo sorria. Dom Carlos disse:

— Vamos marcar o casamento. Será uma grande festa! Afinal, é o casamento do meu filho! O casamento de vocês será comentado por muito tempo. Quero que todos os negros tenham roupas novas. Na festa, eles dançarão e cantarão.

Dom Carlos falava com uma emoção que contagiava os outros. Rosa Maria não conseguia acreditar que poderia existir tanta felicidade. Durante tanto tempo, sentiu tanto medo. Agora sabia que Rodolfo e Maria Luísa tinham razão: realmente, Dom Carlos era maravilhoso. Pensou: "Ele é tão bom que chego a crer que Maria Luísa tem razão. Ele poderá até aceitar o amor dela por Tobias. Deus assim o permita".

Dona Matilde ficou brava com Rosa Maria por ter escondido isso durante tanto tempo.

— Não foi culpa dela, mamãe – disse Rodolfo. – Pedi que não contasse, porque não sabíamos qual seria a reação de papai. Ela precisava viver aqui conosco. Agora, sendo minha esposa, realmente fará parte da família. Ficaremos todos juntos e felizes.

Naquela noite, após o jantar na varanda, ouviam-se os negros tocando e cantando. Dom Carlos disse:

— Dona Matilde, lembra-se do senhor Cristóvão, aquele comerciante de nosso povoado lá em Portugal?

— Claro que me lembro. O que tem ele?
— Está no Rio de Janeiro. Trouxe duas cartas. Uma para a senhora e outra para Rosa Maria. Rodolfo, vá até o escritório pegar as cartas.

Rodolfo foi até o escritório e voltou trazendo as cartas. Entregou uma para a mãe e outra para Rosa Maria. As duas, emocionadas, pegaram os envelopes. Rosa Maria abriu sua carta e viu que era de José.

Querida irmã,
Estamos com muita saudade de você. Estou escrevendo para contar-lhe algo grave que aconteceu. No segundo mês de gravidez, Isabel teve um problema sério e perdeu o bebê. O mais grave é que nunca mais poderá ter outro filho. Fiquei muito triste, mas ao mesmo tempo feliz por ela estar viva. Ela está muito abatida e triste. Não sei como você está aí. Se puder, volte para cá. Estamos precisando muito de você, principalmente eu. Isabel está ausente, quase não fala. Se puder, querida irmã, volte.
Um abraço de seu irmão, saudoso,
José.

Rosa Maria, com lágrimas, entregou a carta a Maria Luísa.
— Terei que ir para Portugal, Maria Luísa. Meu irmão precisa de mim. Só temos um ao outro.

Dona Matilde, também chorando, falou:
— Parece que as notícias não foram boas para nós duas. Esta carta é de minha irmã. Minha mãe, já tão velhinha, também não está bem e quer me ver antes de morrer.
— Rosa Maria, você não pode ir agora. E nosso casamento?

Dom Carlos pensou um pouco e falou:
— Ora, Rodolfo, o casamento pode esperar um pouco. Tenho uma ideia, já que as duas estão infelizes e não nos darão paz. O melhor que se tem a fazer é deixá-las ir para Portugal. Visitam lá seus parentes, depois voltam. Aí realizamos o casamento com todos em paz.

Ao ouvir aquilo, Maria Luísa se assustou. Disse com um brilho nos olhos:

— Boa ideia, papai. Vamos nós três, ficamos lá um tempo, depois voltaremos.

— Não estava pensando em você, Maria Luísa. Só em sua mãe e Rosa Maria. Rodolfo não pode ir, preciso dele aqui para ajudar-me. Você nos fará companhia.

— Ah, papai, não faça isso. Quero ver minha avó. O senhor sabe como nos gostamos. E Isabel também é minha amiga.

— Está bem. As três aproveitarão a companhia do senhor Cristóvão e irão para Portugal. Que acham?

Rodolfo ia dizer que não. Preferia se casar antes. Mas Rosa Maria, para surpresa dele, disse:

— Ficaria muito agradecida, senhor. Se Maria Luísa for também, estarei bem.

— Mas e nosso casamento, Rosa Maria?

Ela olhou para ele com lágrimas nos olhos, depois para Maria Luísa, que acenava e falava com os olhos, pedindo que ela concordasse. Respondeu:

— Como seu pai disse, Rodolfo, quando voltarmos, nos casaremos.

Ele não entendeu por que ela estava falando aquilo. Argumentou:

— Poderemos nos casar daqui a dois ou três meses. Depois, iremos juntos.

Ela voltou a olhar para Maria Luísa e disse:

— Será muito tarde. Isabel e meu irmão precisam de mim agora.

Vendo que seu filho insistia muito, Dom Carlos interveio:

— Ela tem razão, Rodolfo. Será bom para os dois ficarem separados por um tempo antes do casamento. Assim, poderão avaliar esse amor, que parece tão intenso. Elas irão. Quando voltarem, se ainda quiserem, poderão se casar. Prometo que farei uma grande festa.

Embora não entendendo, Rodolfo falou:

— Está bem, Rosa Maria. Se acha que assim será melhor, só posso aceitar. Tenho certeza de meu amor. Sei que quando você voltar, se voltar, estarei aqui esperando.

– Pode ter certeza de que voltarei e continuarei amando-o da mesma maneira.

Dom Carlos, que prestava atenção a tudo, falou rindo:

– Depois de toda essa declaração de amor, só nos resta preparar a viagem. O senhor Cristóvão disse que o navio parte daqui a vinte dias. Mandarei Malaquias ir até o Rio comprar as passagens. Rodolfo irá acompanhá-las até lá.

Assim fez. Mandou chamar Malaquias e deu as ordens. Maria Luísa foi para seu quarto, feliz e pensando: "Obrigado, meu Deus. Vou conseguir salvar meu filho".

Rosa Maria, também em seu quarto, pensava: "Estou adiando só um pouco minha felicidade. Mas não posso abandonar Maria Luísa, não neste momento. Essa era a chance que esperávamos para que seu filho pudesse nascer e uma tragédia fosse evitada. Obrigada, meu Deus".

No dia seguinte, após o café, Rodolfo disse:

– Estou ansioso para cavalgar. Alguém quer ir comigo?

As duas sorriram, mas foi Maria Luísa quem respondeu:

– Só estávamos esperando seu convite. Já estamos até vestidas adequadamente.

Quando chegaram ao estábulo, ao ver Tobias, Rodolfo perguntou:

– Como vai, Tobias? Fiquei muito tempo longe, mas parece que você continuou cuidando muito bem de tudo por aqui.

– *Sim, sinhozinho, tá tudo in orde.*

– Muito bem. Parece que os cavalos das sinhazinhas já estão prontos. E o meu?

– *Num sabia qui u sinhozinho vinha hoje. Apronto num istante.*

– Não precisa, Rodolfo – disse Maria Luísa. – Vá com Trovador. Você e Rosa Maria devem ter muito para conversar. Não estou me sentindo muito bem. Ficarei aqui com Serafina esperando por vocês.

– O que está sentindo? Está doente?

– Não. Só estou querendo deixar vocês dois sozinhos. – Rodolfo riu, dizendo:

— Por isso que a amo, irmãzinha! É a pessoa mais inteligente que conheço.

— Você nem imagina o quanto — Maria Luísa disse, olhando e piscando um olho para Rosa Maria, que sorriu.

Ajudada por Rodolfo, montou no cavalo e saíram galopando.

Quando já estavam longe, Serafina disse para Maria Luísa:

— *Inquanto us dois fica cunversando, sinhazinha, ieu vô falá cum u Pai Juaquim. Possu, sinhazinha?*

— Pode, sim, Serafina. Tenho muita coisa para falar com Tobias. Não se preocupe, hoje só vamos conversar.

Serafina riu e saiu andando em busca de Pai Joaquim, que estava sentado no banquinho na entrada de sua casa, fumando seu cachimbo.

Maria Luísa olhou para Tobias e disse:

— Não falei que nosso menino iria nascer, Tobias? Só que vou ter que ir para Portugal.

— *Cumo vai nascê, sinhazinha? Qui cunteceu? A sinhazinha vai pra num vortá mais?*

— Calma, contarei tudo. Não lhe disse que nosso filho ia nascer? Deus protege a quem se ama como nos amamos. Por isso mandou uma solução. Minha mãe e Rosa Maria estão com problemas de família lá em Portugal. Precisam ir para lá e eu irei junto. Nosso filho nascerá e eu voltarei.

— *I u minino vai vortá tumém?*

— Você não sabe se é menino, mas não importa. O importante é que nascerá. A cunhada de Rosa Maria perdeu um bebê e nunca mais poderá ter outro. Pedirei a eles que cuidem de nossa criança até que eu possa voltar para buscá-la. O importante é que ele possa nascer. E essa é a única maneira.

— *A sinhazinha vai demorá muitu tempo pra vortá?*

— O tempo necessário para o bebê nascer. Você precisa ter a certeza de que o tempo todo em que eu estiver longe estarei pensando em você. Nunca esqueça que eu o amo e que o amarei para sempre, Tobias.

— *Tá bão, sinhazinha. Ieu num vô isquecê, não.*

— Hoje não vou ficar com você. Rodolfo está aqui e poderá voltar a qualquer momento.

Serafina aproximou-se da casa de Pai Joaquim.
– Bons dia, Pai Juaquim, perciso falá cum u sinhô.
– Bons dia, mia fia. Ocê pode falá, mais acho qui u nego já sabe. Ocê vai mi dizê qui Xangô tá judando aqueles dois, num é?
– Isso memo, pai. Mais cumo u sinhô sabe?
– U nego sabe pruque Xangô avisô ieu. Sabe, fia, quando um fio di Deus tem qui nascê, nosso pai Oxalá dá tuda a upurtunidade pra isso cuntecê, inda mais quando ixiste um amô cumo u desses dois.
– Ieu tô muito cuntente. A minha sinhazinha é muito boa. Ela gosta memo du Tubia. Ela falô qui u fio dela ia nascê, qui num matava ele, não. E, cum as graça di Oxalá e Xangô, num vai matá memo. Eta neguinho lutadô.
– Pur isso foi qui Oxalá judô ela e seu fio.
– Nóis tem qui gradecê pra ele, num é?
– E vamo. Hoje di noite, nóis vai tocá e cantá pra tudos nosso deus.

Enquanto isso, Rosa Maria e Rodolfo estavam sentados na pedra junto às águas do rio. Ele falou:
– Não entendi por que você não quis esperar nosso casamento. Poderíamos ir juntos para Portugal.
Ela olhou para ele, queria contar tudo sobre Maria Luísa, mas não sabia qual seria sua reação; apenas disse:
– Você sabe que sou a única família de José. Ele precisa de mim agora. Não se preocupe, vou amar você para sempre. Assim que tudo estiver bem por lá, eu volto. Só deve acreditar que nunca deixarei de amá-lo. Só adiaremos por um tempo.
Ele a abraçou e beijou ternamente. Ela se entregou àquele beijo e correspondeu com a mesma intensidade.
Ele começou a passar a mão por seu corpo com a intenção de possuí-la ali mesmo. A princípio, ela se deixou envolver, mas se afastou rápido, dizendo:

– Não vamos estragar o que pode ser tão bonito, Rodolfo. Quando eu voltar, nos casaremos. Aí, sim, poderemos nos entregar ao amor sem sofrimentos ou culpas. Eu o amo, quero que esse amor dure para sempre.

– Tem razão, Rosa Maria – disse ele. – Precisa me perdoar. É que tenho tanto medo de perder você.

– Nunca me perderá. Só serei sua, de mais ninguém.

– Acredito em você. Esperarei, com a certeza de que voltará. É melhor irmos embora. Maria Luísa deve estar entediada nos esperando.

Rosa Maria sorriu, dizendo:

– Deve estar entediada mesmo.

Quando chegaram ao estábulo, Maria Luísa e Serafina conversavam, sentadas em um banco. Tobias estava no estábulo, cuidando dos cavalos.

– Já voltaram?

– Sim, achamos que você estaria entediada.

– Entediada, eu? Não! Gosto de ficar aqui conversando com Serafina e apreciando essas montanhas tão lindas.

Rodolfo olhou para as montanhas que cercavam a fazenda e disse:

– São lindas mesmo, Maria Luísa. Creio que não há outro lugar no mundo em que haja montanhas mais bonitas do que essas.

Voltaram para casa. O almoço seria servido logo. Sentaram nas cadeiras que havia na varanda. Dom Carlos não estava. Foi até a lavoura ver como andavam as coisas.

Maria Luísa estava feliz. Um dia antes, embora não tivesse demonstrado, sentia-se perdida, sem saber o que fazer. Queria seu filho. Ele era o fruto de um amor sincero, mas sabia também que dificilmente poderia ter aquela criança, ou, mesmo que a tivesse, muita coisa ruim aconteceria, principalmente para Tobias. E hoje um caminho surgiu, uma porta se abriu. Agora sabia que seu filho nasceria e nada aconteceria a Tobias ou a ela.

Rosa Maria olhava as montanhas, verdes e floridas. Pensava em Portugal, em seu irmão. Queria rever o irmão e Isabel. Voltaria para sua terra e seu povo. Estava feliz no Brasil. Embora tivesse encontrado pessoas adoráveis, como Serafina, encontrou o homem do chicote que tanto a apavorava em seus sonhos, mas que se mostrou ser bom e amável. Principalmente, encontrou Rodolfo, que completava sua felicidade. Teria que adiar seu casamento, mas não se importava. Havia pedido tanto a Deus que ajudasse Maria Luísa e Ele mostrou um caminho para ela seguir. Depois que o filho de Maria Luísa nascesse, ela voltaria para o Brasil e para Rodolfo, se casaria, realizaria seu sonho.

VIAGEM PARA PORTUGAL

O dia da viagem chegou. Maria Luísa falou com Tobias só mais uma vez antes de partir. Não queria que nada acontecesse para impedir a viagem, principalmente o nascimento de seu filho. Pediu a Serafina que falasse com ele, dizendo que ela o amava e que voltaria logo.

Despediram-se de Dom Carlos e, acompanhadas por Rodolfo e Malaquias, foram para o Rio de Janeiro, onde pegariam o navio e voltariam para Portugal.

Rodolfo estava triste, pois teria que adiar seu casamento e sua felicidade. Logo agora que seu pai aceitara com tanta facilidade, que tudo estava bem, por que teria que adiar?

Chegaram ao Rio um dia antes da viagem e foram para o hotel em que o senhor Cristóvão, avisado por Malaquias, estava esperando.

À noite, no restaurante do hotel, encontraram-se. O senhor Cristóvão já estava conversando com Rodolfo quando elas chegaram.

– Boa noite, senhora, senhoritas. Estava falando para o senhor Rodolfo que estou feliz por poder acompanhá-las e que ele não fique preocupado, pois um empregado meu estará nos esperando em Lisboa com uma carruagem que nos levará para o povoado e até suas casas.

– Obrigada, senhor – respondeu dona Matilde. – Sei que meu marido tem toda a confiança em sua pessoa, o que me dá tranquilidade e a certeza de que tudo correrá bem.

Jantaram. Depois, foram para seus quartos. Pela manhã, estavam prontos para irem até o porto. Despediram-se de Rodolfo, embarcaram. O navio apitou. Elas acenavam para ele, que, em terra, sentia o coração apertado.

Rosa Maria, com lágrimas nos olhos, acenava para o amor de sua vida, que estava deixando não sabia por quanto tempo. Esteve tão perto de conseguir sua felicidade, mas teve que adiar por força do destino.

O navio partiu. Mais uma vez o mar azul. O céu e sol brilhantes, as ondas formadas pelo movimento do navio. Mais uma vez a terra se distanciando.

Do convés do navio, Rosa Maria se lembrou do dia em que pensou no adivinho e sentiu tanto medo. Sorriu, pensando: "Ele acertou quase tudo. Fiquei sozinha, fui para uma terra distante, encontrei um amor, mas não fui traída nem sofri. Ao contrário, fui e estou muito feliz".

A viagem transcorria calma e tranquila. O senhor Cristóvão não se poupou para que elas tivessem tudo de que precisavam, não deixando que nada as incomodasse.

Dona Matilde, preocupada com Maria Luísa, pensava: "Alguma coisa não está bem. Maria Luísa foi sempre tão feliz e sempre brincou muito. Quando viemos para o Brasil, durante a viagem toda, brincou e conversou com as pessoas, desde a camareira até o comandante. Agora, está sempre calada, como se tivesse o mundo em suas costas. Não brinca mais, quase não fala. O que estará acontecendo?"

QUANDO O PASSADO NÃO PASSA

Em uma manhã, enquanto tomava sol no convés, dona Matilde perguntou:
– Minha filha, o que está acontecendo com você?
– Nada, mamãe. Por que está fazendo essa pergunta?
– Não sei. Está estranha e calada, quase não fala. Nem brinca mais com as pessoas, parece que só seu corpo está aqui. Sua alma está em outro lugar.
Maria Luísa começou a chorar. A mãe não entendeu o porquê daquele choro. Rosa Maria se levantou e abraçou a amiga, dizendo:
– Você tem que confiar em sua mãe, Maria Luísa. Não poderá esconder por muito tempo. Chegou a hora.
Maria Luísa não conseguia parar de chorar. Não sabia como falar. Dona Matilde, muito preocupada, disse:
– Pare de chorar, Maria Luísa! Preciso saber o que está acontecendo. Sou sua mãe. Eu a amo. Seja o que for, preciso e quero saber!
Rosa Maria, abraçada à amiga, perguntou:
– Quer que eu conte, Maria Luísa?
Maria Luísa enxugou as lágrimas, olhou para as duas e respondeu:
– Não, eu tenho que falar, Rosa Maria. Mamãe, a senhora sempre nos ensinou que a única diferença que havia entre nós e os pobres era o dinheiro, não foi?
– Foi. Mas que importância tem isso agora?
– Precisará provar agora que isso é verdade, que para a senhora só importa a pessoa, independente de condição financeira ou social.
– Está bem, mas, por favor, fale logo. O que está acontecendo?
– Mamãe, escute com atenção. Procure ficar calma. Estou esperando um filho já há quase três meses.
– Meu Deus! Um filho? Como? De quem? – dona Matilde perguntou, desesperada.
– De um homem que amo com todas as forças de meu coração. Um escravo da fazenda.

Dona Matilde arregalou os olhos e disse quase gritando:

— Meu Deus! Você está brincando! Não pode estar falando a verdade, Maria Luísa!

— Não estou brincando, mamãe. É a verdade. Quando surgiu a oportunidade de virmos para Portugal, acreditei que fora Deus quem abrira uma porta. Meu filho nascerá e será muito amado e feliz.

— Você sabe o que está me dizendo? Seu pai a matará e ao escravo também.

— Já temi muito isso. Agora não mais. Meu filho nascerá em Portugal. Papai não precisará saber. Preciso de sua ajuda, mamãe...

— Não sei, minha filha. Sabe que devo obediência a seu pai. Não posso esconder uma coisa dessas. E se ele vier a descobrir?

— Mais importante que ser uma esposa, a senhora é mãe. Precisa ajudar. Ele não precisa saber...

— Não sei. Estou nervosa, sem saber o que fazer. Depois que nascer, o que fará com ele? Levará de volta ao Brasil?

— Não. Isabel acabou de perder um filho e não poderá ter outro. Pedirei a ela e a José que fiquem com o meu até que possa voltar para buscá-lo.

— E se não aceitarem?

— Pensarei em outra coisa. O importante é que essa criança nasça. Preciso de sua ajuda, mamãe. Ficará a meu lado? Rosa Maria já está sacrificando seu casamento e sua felicidade.

— Então você sabia, Rosa Maria?

— Sim, faz algum tempo.

— Por que não me contou?

— Não podia, era um segredo de Maria Luísa. Eu prometi.

— Rodolfo sabe disso?

— Não. Não contei a ele. Só quem pode contar é Maria Luísa. Eu apenas sabia.

— Isso tudo é uma loucura! Mas como aconteceu?

Maria Luísa contou tudo à mãe, desde o momento em que vira Tobias no Rio de Janeiro. Dona Matilde ouviu tudo com atenção e com lágrimas.

Quando Maria Luísa terminou, ela a abraçou, dizendo:

— Minha filha, se seu pai descobrir uma coisa dessas, não quero nem imaginar o que poderá acontecer! A única coisa que posso fazer, no momento, é ficar ao seu lado e rezar para que seu pai nunca descubra isso...

— Obrigada, mamãe, sabia que poderia contar com sua ajuda.

A viagem transcorreu cansativa e demorada. Apesar disso, agora, Maria Luísa já brincava e conversava como antes.

Quando chegaram a Lisboa, um empregado do senhor Cristóvão esperava-os com uma bela carruagem que os levaria até o povoado.

Ao chegarem a casa, parecia que tudo estava em ordem. Entraram. Joana ouviu um barulho, pensou que fosse Juvenal.

— Juvenal, trouxe o mantimento que pedi? — Espero que tenha encomendado muita coisa, pois o jantar terá que ser de gala.

— Senhorita Maria Luísa! Dona Matilde! Rosa Maria! Quanta felicidade em vê-las! Por que não avisaram que iam chegar? Teria feito um jantar de gala mesmo.

Abraçaram-se. Maria Luísa correu para seu quarto, deitou-se em sua cama. Fechou os olhos e lembrou-se de como era feliz quando morava naquela casa, sem problema algum. "Como tudo mudou! Hoje, estou de volta com um filho... Quando aqui morava, não poderia pensar que tudo mudaria dessa forma."

Juvenal chegou em seguida. Havia ido até o armazém comprar mantimentos. Ao ver suas senhoras, ficou contente e disse:

— Estou feliz que tenham voltado. A casa estava vazia e triste sem o sorriso da senhorita Maria Luísa.

Maria Luísa deu uma gargalhada como fazia antes, falando:

— Pois voltei e quero alegria. Estou muito feliz porque Deus, ou o destino, está me ajudando.

Ele não entendeu, mas Rosa Maria e dona Matilde, sim. Olharam-se e sorriram.

Joana preparou um jantar simples, mas saboroso. Após o jantar, combinaram que, pela manhã, Juvenal iria levá-las até a casa de José e Isabel.

Dormiram tranquilas. Rosa Maria estava feliz por poder rever seu irmão e Isabel.

No dia seguinte, acordaram cedo. Tomaram café. Juvenal já as esperava com a charrete pronta. Partiram.

Ao passar pelo centro do povoado, Rosa Maria viu ao longe o adivinho sentado, com as pernas cruzadas, atendendo algumas pessoas. Sorriu, pensando: "Fui e voltei. Não aconteceu nada de ruim. Ao contrário, estou feliz, encontrei o amor de minha vida".

Ao chegar a casa, percebeu que tudo estava igual. O sítio continuava bem tratado. Entrou em casa. José estava na cozinha, preparando o café. Isabel não estava. Rosa Maria entrou devagar, abraçou o irmão pelas costas, falando:

– Adivinhe quem chegou.

Ele se virou e abraçou-a.

– Rosa Maria! Minha irmã querida, quanta saudade! Por que não me avisou que iria chegar? Eu teria ido buscá-la em Lisboa.

– Não deu para avisar. Resolvemos rápido, assim que recebemos sua carta. Mas onde está Isabel?

José abraçou Maria Luísa, dizendo:

– Sejam bem-vindas! Não podem imaginar como estou feliz. Isabel, desde que perdeu a criança, está triste e abatida, principalmente por não poder mais ter outro filho. Está no quarto. Eu iria levar o café para ela.

Dirigiram-se ao quarto. Isabel estava deitada com o cobertor até a cabeça. Rosa Maria descobriu-a, falando:

– Vamos levantar, Isabel! Chegamos e temos muita coisa para conversar.

Isabel abriu um sorriso, pulou da cama e abraçou as duas.

– Não acredito! Vocês estão aqui? Devo estar sonhando!

— Não está sonhando. Estamos aqui e precisamos muito de sua ajuda. Por isso vai levantar-se e arrumar-se. Vamos esperar lá fora.

Isabel ria como uma criança que havia ganhado um brinquedo.

— Está bem, estarei pronta em um minuto.

Saíram do quarto e foram para a sala esperar por Isabel. José disse:

— Ela está assim desde que perdeu a criança. Faz o serviço da casa, ajuda-me no sítio, mas está sempre triste. Não sei mais o que fazer.

— Não se preocupe, meu irmão. Temos uma solução para vocês que vai ajudar-nos também.

— Tudo bem, mas estou tão feliz por estarem aqui. Minha irmã, senti tanto sua falta.

— Voltei, mas não vai ser por muito tempo. Preciso voltar para o Brasil. Vou casar-me.

— Casar? Com quem? Com algum brasileiro?

— Não. Ele não é brasileiro. É um lindo português, e você o conhece...

— Português? Conheço? Não me diga que é Rodolfo!

— É ele mesmo. Apaixonamo-nos e vamos nos casar assim que voltarmos ao Brasil.

— Fico muito feliz. Escolheu bem, é um ótimo rapaz.

Isabel entrou na cozinha. Estava abatida. Não era nem de longe aquela menina feliz que Rosa Maria havia deixado quando partira. As duas levantaram-se para recebê-la. Ela as abraçou, dizendo:

— Estou tão infeliz. Perdi meu filho, e o pior é que nunca mais poderei ter outro. Não presto para mais nada.

— Poderá sempre adotar uma criança. Existem muitas abandonadas que precisam de carinho e amor.

— Nunca! Se não puder ter meu filho, não vou criar o de ninguém.

— Nem o meu? — Maria Luísa perguntou, com o olhar, suplicante.

— O que está dizendo? Você?

– Isso mesmo, Isabel. Você não notou? Coloque a mão em minha barriga.

Isabel colocou a mão na barriga de Maria Luísa e, surpresa, disse:

– Está mesmo. Como poderia notar? Acabou de chegar, e com esse vestido armado é difícil de notar.

– Por isso estamos aqui. Estou com seis meses. Preciso de sua ajuda. Meu pai não sabe nem pode saber. Quero pedir a vocês que, se possível, fiquem com minha criança até que possa voltar para levá-la comigo.

– Não sei. Seu pai não sabe? Por que não contou a ele? Por que não se casou?

– Não me casei porque o pai da criança é um negro escravo. Não podia contar a meu pai. Ele não aceitaria e mandaria matá-lo.

– Um negro escravo? Você enlouqueceu, Maria Luísa?

– Sim. Mas foi de amor. Eu o amo. Vou voltar e ficar com ele. Preciso de algum tempo para encontrar uma forma de contar tudo para meu pai. É esse tempo que estou pedindo a vocês. José, quando sua carta chegou, foi como se Deus a tivesse mandado para mim.

Marido e mulher se olharam. José falou:

– Por mim, tudo bem. Sei que cuidarei muito bem dele, como se fosse meu filho. Isabel, você é quem decide.

Isabel olhou para as duas, que a olhavam com olhar suplicante.

– Está bem. Só tem um problema em tudo isso.
– Qual?
– Você diz que vem buscá-lo depois. E se eu me acostumar e apaixonar-me pela criança? Se eu não quiser devolvê-la?

– Não havia pensado nisso. Vai demorar muito para eu voltar. Quando chegar a hora, resolveremos. Não vou fazer você sofrer nunca. O importante é que a criança possa nascer e ser criada com amor e carinho. Nem que isso signifique que ela nunca saiba que sou sua mãe. Prometo que só ficará sabendo se você contar. Prometo também que nunca vou reclamar meus direitos de mãe. Por favor, receba esta criança.

Ela precisa ter uma família que a ame. Eu não poderei ficar com ele, mas sei que farão tudo que for possível para que seja feliz.

– Sendo assim, está bem. Ficaremos com ele.
– Quem disse que é ele? – perguntou José.
– Ora, é só um modo de falar. Seja o que for, nós o amaremos e criaremos com todo o carinho.

Maria Luísa, chorando, abraçou a amiga. Agora, poderia ficar tranquila; seu filho estaria bem. Voltaram para casa e contaram a dona Matilde a conversa que tiveram com Isabel e José.

Quando terminaram, ela falou:
– Você tem certeza de que nunca vai querer reclamar seu filho?
– Não tenho opção. Meu filho precisa nascer. Não é justo depois eu querer tirá-lo deles.
– Está bem, então vamos fazer o seguinte: você, a partir de hoje, não sai mais de casa. Vamos evitar que as pessoas a vejam. Assim, se um dia seu pai voltar, ninguém vai poder falar nada, pois não saberão.
– Está bem, mamãe, a senhora tem razão. Devemos evitar que as pessoas me vejam.
– Vou falar com o doutor José Maria, explicar tudo e pedir silêncio.

Ficou tudo resolvido e combinado.

Isabel como que renascera. Junto com Rosa Maria e Maria Luísa comprou tecidos e lã e prepararam as roupinhas do bebê.

Estavam conversando na sala, quando Maria Luísa sentiu uma dor nas costas. Foram chamar dona Matilde. Ela chegou, olhou e disse:

– Vou mandar Juvenal buscar o doutor José Maria. Chegou a hora.

O médico veio logo depois. Examinou Maria Luísa e disse:
– Vai demorar algumas horas. Vou até o hospital e voltarei mais tarde. Você, menina, fique calma. Logo terá seu filho em seus braços.

ELISA MASSELLI

Maria Luísa sorriu, pensando: "Graças a Deus, vai nascer. Obrigada, meu Deus, por ter-me dado a chance de ter esta criança..."

As horas foram passando, as dores aumentando. Rosa Maria e Isabel ficaram o tempo todo ao lado de Maria Luísa. Dona Matilde entrava e saía a todo instante, muito nervosa, pedindo a Deus que tudo desse certo.

O doutor voltou mais tarde. Examinou Maria Luísa, falando:

– Está quase na hora. Por favor, dona Matilde, providencie água quente e alguns lençóis.

Ela foi buscar. Voltou, entregou ao médico. Maria Luísa estava com muita dor. A seu lado estavam Isabel e Rosa Maria. Após algum tempo, ouviu-se um choro forte de criança. Todos respiraram aliviados.

O médico apanhou a criança e examinou-a. Percebendo que estava bem, entregou-a a dona Matilde, que a lavou e vestiu. Em seguida, entregou-a para Maria Luísa, que ficou olhando-a com muito carinho.

Um belo menino, muito vermelho. Sendo recém-nascido, não dava para perceber sua cor. Também, para ela, aquilo não importava. O importante é que ele nascera.

Olhou para Isabel, que estava ansiosa para pegá-lo. Maria Luísa entregou-o, dizendo, com lágrimas:

– Estou, agora, entregando-lhe meu filho. Sei que vai tratá-lo com todo o amor. Faço isso porque não posso ficar com ele. Eu o amo, mas prometo-lhe que nunca, mas nunca mesmo, direi a ele que sou sua mãe. Neste momento, peço a mamãe e Rosa Maria que prometam também.

As duas olharam-se e também, com lágrimas, disseram:

– Prometemos.

– Isabel, queria pedir-lhe mais uma coisa. O pai dele é um homem muito bom, que me ama e ama também seu filho. Só não está hoje a nosso lado por não poder, por isso queria que o nome dele fosse Tobias.

Isabel pegou o menino e disse:

– Pode ficar tranquila, seu filho terá todo o amor do mundo. E o nome dele será Tobias. É o mínimo que posso fazer para agradecer-lhe tanta alegria.

Rosa Maria pegou a mão de Maria Luísa e a de Isabel, colocou a sua por cima e disse:

– Esse menino é um felizardo. Tem três mães. Vamos fazer agora um segundo juramento? Juramos que todas cuidaremos desse menino como se todas fôssemos suas mães.

– Juramos!

Dona Matilde e o médico observavam tudo com muita emoção. Ele falou:

– Seria bom que ficasse aqui por algum tempo para poder ser alimentado com o leite da mãe.

Isabel concordou.

José, desde que se aproximara o tempo de a criança nascer, todos os dias pela manhã levava Isabel à casa de Maria Luísa e ia buscá-la à tarde.

Como todas as tardes, veio buscá-la. Ao chegar, encontrou-a feliz. Ela o levou até o quarto e mostrou o menino. Ele olhou, mas não teve coragem de pegá-lo. Olhou para Maria Luísa e falou:

– Tem certeza de que quer dá-lo, Maria Luísa?

– Não há outra maneira, José. É o preço que tive de pagar para que ele pudesse nascer. Estou tranquila. Sei que o estou entregando a pessoas que cuidarão muito bem dele.

– Pode ter certeza. Será como se fosse meu filho. Nós o amaremos com todo o nosso coração.

PLANEJANDO O MAL

Passaram-se as semanas. O menino Tobias estava cada vez mais forte e bonito. Era mulatinho, mas de olhos claros.

Quando fez três meses, Maria Luísa achou por bem que Isabel o levasse para sua casa. Ela precisava desacostumar-se de ficar com ele. Sabia que a qualquer momento teria que ir embora.

Isabel levou-o. Maria Luísa, acompanhada de Rosa Maria e Juvenal, ia todos os dias até a casa de Isabel e continuava amamentando o menino.

Dona Matilde não ia. Não queria ficar perto do menino com medo de se apegar a ele. Também sabia que teria que deixá-lo. Estava em seu quarto lendo. Alguém bateu à porta. Ela pediu que entrassem. A porta abriu-se e Rodolfo entrou.

— Mamãe querida! Quanta saudade!

Ela olhou para ele, assustada e surpresa.

– Meu filho! Você aqui?
– Eu mesmo! Não aguentei mais a saudade, vim buscá-las. Onde estão Rosa Maria e Maria Luísa?
Dona Matilde sentiu um aperto no coração.
– Foram pela manhã para a casa de José. Juvenal irá buscá-las logo mais.
– Irei até lá.
– Não, meu filho, fique aqui comigo, vamos conversar.
– Não aguento de saudade, mamãe, preciso ver Maria Luísa, mas principalmente Rosa Maria. Conversaremos depois.
Ela sorriu. Ele saiu correndo, chamou Juvenal, e os dois partiram.
Quando chegou à casa de José, encontrou-as tomando lanche.
– Parece que cheguei em boa hora.
As três olharam para ele e empalideceram. Rosa Maria foi a primeira que se levantou. Jogou-se nos braços dele, que a abraçou com muita força. Levantou-a e começou a rodar com ela nos braços.
Ela ria e chorava ao mesmo tempo. Maria Luísa começou a tremer. Depois que colocou Rosa Maria no chão, Rodolfo voltou-se para a irmã, levantou-a e a rodou também.
– Não suportei a saudade. Vim buscá-las.
– Que bom, meu irmão! Também estávamos com saudade.
– Está na hora de irem embora, afinal, vocês precisam se casar, não é, Rodolfo?
– Isso mesmo, Isabel. Estou ansioso para que esse dia chegue. Você me parece muito bem. Quer dizer que a vinda delas para cá foi boa mesmo?
– Muito, Rodolfo! E agradeço a você pela compreensão.
– Eu até que não compreendi muito, mas quem consegue fazer essas duas mudarem de ideia?
– Ainda bem. Mas venha ver, tenho uma novidade.
Levou-o até o quarto e mostrou o menino.
– Este é meu filho, Rodolfo.

Rodolfo olhou para o menino e percebeu que era um pouco escuro, mas não falou nada. Rosa Maria e Maria Luísa olhavam para ele. Isabel falou:

– Nós o adotamos, mas é nosso filho de coração.

Ele sorriu, aliviado.

– Qual é o nome dele?

Isabel olhou para Rosa Maria e Maria Luísa, que a olhavam apavoradas. Rindo, falou:

– Tadeu. O nome é Tadeu, por causa do pai e do irmão de José.

– É um bonito nome. Bem-vindo ao mundo, Tadeu.

Todos riram e saíram do quarto.

Daquele dia em diante, Maria Luísa passou a ir muito pouco à casa de Isabel, com medo de falar o verdadeiro nome do menino na frente de Rodolfo.

Antes mesmo de sair do Brasil, Rodolfo marcara as passagens de volta. O navio sairia em vinte e cinco dias de sua chegada.

Um dia antes de embarcarem, Rosa Maria e Maria Luísa foram até a casa de Isabel para despedir-se.

Maria Luísa falou:

– Isabel, posso ficar um pouco com Tobias para despedir-me?

– Claro que pode! Sei que nunca reclamará seus direitos de mãe, mas também não vou impedi-la de dar-lhe carinho e amor.

Maria Luísa foi para o quarto de Isabel, onde Tobias dormia tranquilamente. Ficou olhando sem o pegar, para que não acordasse. Com lágrimas nos olhos, falou:

– Meu filho querido, estou sendo obrigada a ir embora e deixá-lo, mas amo-o muito e seu pai também. Nunca saberá que sou sua mãe, mas irei amá-lo para sempre. Que Deus o abençoe e guarde. Meus pensamentos estarão a cada minuto de minha vida com você.

Voltou para a sala e abraçou as amigas, que a estavam esperando. As três choraram. Isabel falou:

– Sei o que está sentindo. Imagino como ficaria se tivesse que me separar dele neste momento, mas nós todos o amamos, será um menino feliz.

— Essa é a única coisa que me consola. O mais importante é que ele nasceu e está lindo. Só isso já me torna feliz. Isabel, por favor, cuide muito bem de seu filho.

— Pode ficar tranquila, cuidarei muito bem de nosso filho.

Despediram-se. Isabel disse que iriam juntos até Lisboa para vê-las partir. Maria Luísa disse, chorando:

— Não, por favor, não faça isso. Não sei se suportarei deixar o menino no cais. Vamos nos despedir agora.

— Se acha que é melhor assim, assim será.

Voltaram para casa. Embora falando muito e rindo, os olhos de Maria Luísa nunca mais brilharam como antes.

Já no navio, vendo a terra distanciar-se, ela no convés pensava: "Por que tem que ser assim? Meu filho tão lindo e amado... tive que deixá-lo. Voltarei, nem que seja para ficar como amiga de sua mãe. Pelo menos estarei a seu lado".

Rodolfo estava tão feliz que não percebeu a mudança na irmã. Dona Matilde aproximou-se.

— Minha filha, sei o quanto está sofrendo. Imaginei o que faria se tivesse que abandonar você ou Rodolfo. É muito difícil, mas seus problemas ainda não terminaram. Quando chegarmos à fazenda, você vai ter que ficar distante do escravo. Se seu pai um dia souber, talvez até a perdoe, mas a ele nunca. Pense bem, minha filha. Um dia você poderá voltar a ver seu filho. Agora, tem que proteger o escravo.

— A senhora, como sempre, tem razão. Com certeza, reverei meu filho. Quanto a Tobias, eu o amo. Quando chegarmos, verei o que fazer.

Chegaram ao Rio de Janeiro. Josué estava esperando-os. Desta vez, Rosa Maria não se admirou com nada, já havia visto tudo. Sua vontade era de chegar logo à fazenda e preparar seu casamento. Amava Rodolfo e ele a ela. Seriam felizes para sempre.

A viagem foi cansativa, como sempre. Só que desta vez todos tinham um motivo especial para querer chegar.

Rodolfo e Rosa Maria, pensando no casamento. Dona Matilde, querendo rever seu marido. Maria Luísa, também querendo rever Tobias e contar tudo a ele sobre o filho.

Ao chegarem à porteira, ouviram com alegria o sino tocar. Ao aproximarem-se da casa, todos os escravos estavam felizes. Serafina correu para receber suas sinhazinhas. Durante o tempo todo em que estiveram fora, ela ficou rezando e pedindo ajuda a Xangô.

Dom Carlos também esperava-os ansioso. Ficou muito tempo longe da esposa e de sua filha.

— Sejam bem-vindos. Todos me abandonaram...

Maria Luísa correu e, chorando, abraçou o pai.

— Que é isso, minha filha? Tudo isso é saudade?

— É sim, papai. Eu o amo muito. Não quero nunca fazê-lo sofrer.

— Fazer-me sofrer, você? Ora, filha. Por mais que faça, nunca me fará sofrer, será sempre minha querida. Eu também sempre só lhe darei felicidade.

Cumprimentou os outros, que, exaustos, entraram. Serafina colocou-se ao lado de Rosa Maria, que sorriu para ela. Dom Carlos falou:

— Sei que estão todos cansados. Por isso já está preparado um lanche para que comam e possam descansar um pouco antes do jantar.

Tomaram o lanche e foram para seus quartos. Serafina acompanhou Rosa Maria.

— *Sinhazinha, num tô* guentando. Perciso *sabê u qui cunteceu. A criança nasceu?*

— Calma, vou contar tudo. Está tudo bem, nasceu um lindo menino, o nome dele é Tobias. Ficou com meu irmão.

— *Nosso Sinhô Jesuis e Xangô seja lovado. A sinhazinha Maria Luísa tá sussegada?*

— Ela não está bem. Teve que deixar o filho, mas conseguiu o que queria. Ele nasceu e é lindo.

— *Perciso falá pru Pai Juaquim e u Tubia. Eles tumém qué sabê.*

— Amanhã, com certeza, Maria Luísa vai falar com Tobias. Hoje não vai dar para sair. Agora, vou dormir um pouco, estou cansada.

Serafina ajudou-a a trocar-se e deitar. Fechou as cortinas e saiu bem devagar. Estava feliz, pensando: *"U danado du neguinho cunsiguiu nascê"*.

Durante o jantar, Dom Carlos falou:
— Agora que voltaram, vamos providenciar o casamento. Amanhã, pela manhã, vou chamar Malaquias para termos uma conversa e providenciarmos tudo. Quero que os dois estejam presentes.

No dia seguinte, após o café, ele disse:
— Tenho uma surpresa para vocês. Venham comigo.

Todos o acompanharam. Nos fundos da casa-grande, havia uma outra casa, recém-construída. Dom Carlos entrou. Os outros o seguiram e entraram em uma sala enorme, com móveis finos e caros. Em seguida, entraram em um belo quarto de casal. Tudo muito bonito, como se fosse um sonho.

Rosa Maria, mais uma vez, ficou encantada com tudo o que via. Tudo ricamente decorado. Havia mais três quartos. Diante de tudo aquilo, ela perguntou:
— De quem é esta casa?
— Sua e de Rodolfo. Não vão se casar? Poderiam ficar morando em nossa casa, mas achei que seria melhor terem uma só para vocês. Por isso, enquanto estiveram viajando, mandei construir e decorar. Espero que tenha gostado, mas, se quiser fazer qualquer alteração, fique à vontade, Rosa Maria. Rodolfo sabia e prometeu que não estragaria a surpresa. Você não contou, não é, Rodolfo?
— Claro que não, papai! Mas, quando saí daqui, ela não estava terminada. Ficou linda e perfeita. O que achou, Rosa Maria?

Ela olhava tudo, mais uma vez não acreditando no que estava vendo e ouvindo.
— Estou sem palavras... – disse emocionada. – O senhor é um homem maravilhoso!

— Nada disso, só quero a felicidade de meus filhos.

Ela, olhando tudo, pensou: "Como pude, um dia, desconfiar e até odiar esse homem? Naquele dia do mendigo, deve ter acontecido algo que o deixou daquele jeito".

— Obrigado, papai. Não sabemos como agradecer por tudo o que fez.

— Não precisam agradecer. Só quero muitos netos.

Malaquias chegou e ficou do lado de fora, esperando o patrão sair.

Quando saíram, Dom Carlos falou:

— Sei que estão loucos para passearem pela fazenda. Enquanto fazem isso, vou para o escritório conversar com Malaquias. Ele vai escolher duas ou três vacas para serem assadas no dia do casamento. Será uma festa que ninguém conseguirá esquecer. Quero os negros com roupas novas, para cantarem e dançarem. Afinal, é o casamento de meu único filho!

Rosa Maria sorria a cada palavra dele. Estava muito feliz. Em seguida, foram ao costumeiro passeio.

Ao vê-los se aproximando, Tobias começou a tremer. *"Minha sinhazinha vortô. Brigado, meu Xangô. Agora vô sabê si meu minino nasceu. Ela tá tão linda"*.

Maria Luísa, ao vê-lo, sentiu seu coração disparar. Estava com muita saudade e amava-o muito.

Desceram da charrete. Rodolfo aproximou-se, dizendo:

— Como está, Tobias? E os cavalos?

— *Tá tudo certo, sinhozinho.*

— Que bom. Pode preparar nossos cavalos. Faz muito tempo que não cavalgamos e estamos todos ansiosos.

— *Num instante vai tá tudo selado e pronto pra cavargá.*

Olhou para Maria Luísa, que sorria para ele. Entrou no estábulo. Voltou logo depois trazendo os cavalos prontos. Maria Luísa falou:

— Não estou sentindo-me bem. Vão cavalgar, ficarei aqui na sombra. Não tenham pressa.

— Se não está bem, seria melhor voltarmos. — Disse Rodolfo.

– Não é nada grave, só quero ficar aqui. Podem ir tranquilos.
– Rodolfo olhou para Rosa Maria, que disse:
– Ela está bem, ficará aqui com Serafina. Vamos, nós dois temos muito para conversar.
– Está bem, mas não saia daqui.
Maria Luísa sorriu para ele.
– Não sairei. Aproveitem, a manhã está linda.
Montaram e saíram cavalgando, felizes.
Quando se distanciaram, Maria Luísa falou para Tobias:
– Estava morrendo de saudade. Vamos entrar?
Entraram, abraçaram-se e beijaram-se. Depois Tobias, nervoso, disse:
– *Sinhazinha, pur favô, mi fala: qui cunteceu cum nosso minino?*
– Nasceu e é lindo, Tobias! É um menino, seu nome é Tobias!
– *Nasceu? Brigado, Xangô. Ele num é u minino mais lindo du mundo? A sinhazinha colocô meu nome nele?*
– É, sim. O menino mais lindo do mundo. Tem seu nome porque para mim os dois são as pessoas mais importantes do mundo. Um dia iremos até lá para você o conhecer.
– *Isso num vai cuntecê, mai num faiz mar. U bão foi qui ele pôde nascê.*
– Vamos lá, sim. Você vai conhecê-lo. Mas agora venha aqui.
Novamente amaram-se com muito amor. Com toda a saudade que um sentia pelo outro, com a felicidade que sentiam pelo filho que, embora parecesse impossível, nascera.
Quando terminaram, foram para fora. Ele escovava um cavalo, enquanto ela falava sobre o casamento de Rodolfo e Rosa Maria.
– Depois que o casamento acontecer, vou pedir que papai me dê você de presente. Direi que quero um jardim só de rosas. Ele aceitará. Tenho certeza. Com você estando perto de mim, poderemos nos ver mais vezes.
– *Tumara qui sim, sinhazinha.*

ELISA MASSELLI

Enquanto isso, Dom Carlos, raivoso, conversava com Malaquias.

– Esse casamento não pode se realizar!
– Não estou entendendo, patrão.
– Não tem que entender nada, só tem que cumprir ordens.
– Está bem. O que quer que eu faça?
– Preciso que converse com uma negra aqui da casa. Não pode ser Serafina, ela adora essa moça. Tem que ser outra. Diga que terá muito dinheiro e uma carta de alforria se fizer tudo que eu mandar. Mas tem uma condição: nunca poderá contar nada a ninguém, mas a ninguém mesmo. Ficará só entre nós três. Você também será muito bem pago. Está certo?
– Sim, senhor, pode contar comigo. O que mais terei que fazer?
– Por enquanto, encontre a negra. Também um negro forte, bem-apessoado e jovem. Quando encontrar os dois, quero falar com eles.
– Está bem, vou procurar.
– Não diga nada da alforria, só diga que tenho um trabalho especial, um segredo...

Malaquias saiu do escritório e encontrou Jerusa. Ela passou por ele, baixou a cabeça. Ao vê-la, pensou: "Ela seria perfeita. Vive dentro da casa, pode andar por toda parte..."

Saiu. Pegou seu cavalo e foi embora. No caminho, ia pensando: "Com que negro posso falar? Qualquer um quer viver na casa-grande, onde o conforto e a comida são melhores".

Ao chegar ao estábulo, viu Maria Luísa sentada em um banquinho que havia embaixo de uma árvore. Tobias, um pouco afastado, escovava um cavalo. Quando chegou perto, Malaquias notou que o escravo era bem-apessoado, tinha força e porte. Pensou: "É bem do jeito que Dom Carlos quer".

Desceu do cavalo, foi para perto dele e falou:

– Há algum tempo me pediu para ir trabalhar na lavoura. Estive pensando. Vou mandá-lo para outro lugar.

Tobias olhou para ele, pensando: *"Num quero mais i imbora daqui. Só aqui posso tê a minha sinhazinha tudos dia. Si fô pra lavora, só vô pudê vê ela lá na istrada, quando ela tivé cavargando. Mais u qui posso fazê? Sô só um iscravo. Tenho qui cumpri orde, mai nada".*

– É isso mesmo. O patrão me pediu, hoje, que arrumasse um negro assim como você para trabalhar na casa-grande.

Tobias não acreditou no que estava ouvindo. Trabalhar na casa-grande? Ficar perto da sinhazinha o tempo todo? Xangô estava ajudando-o. Baixou a cabeça, não respondeu.

– Quero que vá tomar um banho, troque de roupa e à tarde vamos juntos falar com o patrão.

– Sim, sinhô.

Maria Luísa viu os dois conversando, mas não conseguia ouvir. Viu que Tobias saiu e foi para dentro da cocheira. Olhou para a estrada. Rodolfo e Rosa Maria estavam voltando.

Chegaram e desceram dos cavalos. Estavam felizes com tudo o que ia acontecer. Seus sonhos estavam perto de realizar-se. Voltaram para casa. Durante o almoço, Dom Carlos falou:

– Rodolfo, estive a manhã toda no escritório fazendo uma lista das pessoas que vou convidar para seu casamento. Todos irão lembrar-se desse casamento por muito tempo.

– Obrigado, papai. Só podia esperar isso do senhor. É o melhor pai do mundo.

– Nada disso, filho. Só quero que todos de minha família sejam felizes.

Terminaram de comer. Rosa Maria e Rodolfo foram para a sala. Maria Luísa, dizendo estar cansada, foi para seu quarto. Dom Carlos, para o escritório.

Pouco depois, Malaquias chegou com Tobias.

– Vim falar com Dom Carlos.

Rodolfo levou-o até o escritório. Seu pai, ao ver Malaquias, falou:

– Pode deixar, Rodolfo, vou combinar com ele a festa de seu casamento.

Rodolfo saiu e voltou para a sala. Continuou lendo seu livro. Rosa Maria fingia que lia, mas estava apavorada. Rodolfo, percebendo sua palidez, perguntou:

– O que está sentindo, Rosa Maria? Parece que viu um fantasma.

– Não é nada. Só estou com um pouco de calor. Com licença, vou entrar um pouco.

Saiu depressa da sala, foi para o quarto de Maria Luísa.

– Maria Luísa, acorde! Acorde! Ele está aqui.

Maria Luísa sentou-se na cama, assustada com a expressão no rosto de Rosa Maria.

– O que aconteceu? Quem está aqui?

– Tobias está no escritório com seu pai.

– Tobias? No escritório com meu pai? Você está louca? O que meu pai quer com ele?

– Não sei. Acabou de entrar com Malaquias.

– Ai, meu Deus! Será que Malaquias sabia de tudo e contou para meu pai?

– Não sei. Fiquei tão assustada quando o vi, creio que Rodolfo está desconfiado de algo. Preciso voltar. Fique aqui. Qualquer coisa que acontecer, volto para contar.

Saiu e voltou para junto de Rodolfo, que não entendia o que estava acontecendo.

– Por que está tão nervosa?

– Não estou nervosa, Rodolfo. Só não me senti bem e tive que ir lá dentro.

Rodolfo ficou prestando atenção e pensando: "Ela não está conseguindo esconder o nervosismo. Por que será? Ficou assim desde que Tobias chegou".

Realmente, ela não conseguia esconder seu nervosismo. Temia por Maria Luísa e muito mais por Tobias. Não conseguia tirar os olhos da porta do escritório.

Rodolfo continuou fingindo que estava lendo, mas prestava atenção ao comportamento de Rosa Maria.

Enquanto isso, no escritório, Dom Carlos falava com Tobias. O escravo estava nervoso diante daquele homem que só conhecia de ver pegar os cavalos e sair cavalgando, mas que nunca lhe dirigira um olhar sequer.

Dom Carlos olhou para Tobias de cima a baixo. Perguntou a Malaquias:

– Qual é o nome dele?
– Tobias, senhor. Trabalha no estábulo. Cuida muito bem dos cavalos.
– É isso mesmo que preciso. Josué, o cocheiro de minha carruagem, está doente. Vou precisar viajar muito, ele não vai aguentar. Por isso preciso de um novo cocheiro. Creio que esse aí irá se dar bem.
– Ele é o melhor, posso garantir.
Tobias ouvia os dois conversando, calado, de cabeça baixa. *"Xangô, meu pai. Brigado! Tá mi dando u mó presente qui ieu pudia ganhá na minha vida."*
– Malaquias, você soube escolher. Ele é ótimo. Leve-o até Josué. Peça a ele que mostre tudo a esse escravo, onde vai dormir e ficar. Dê roupa de cocheiro a ele. Amanhã cedo, iremos até a vila.
– Sim, senhor. Vamos, negro.
Finalmente para Rosa Maria, a porta abriu-se e os dois saíram. Tobias continuava de cabeça baixa. Rosa Maria olhava firme para ele, tentando adivinhar o que estava acontecendo, mas não conseguiu descobrir nada. Rodolfo olhava para ela, desconfiado.
Assim que Tobias foi embora, Rosa Maria pediu licença e foi correndo para o quarto de Maria Luísa, que estava ajoelhada, rezando.
– Saíram agora do escritório. Não sei o que aconteceu, mas não ouvi gritos e Tobias não me pareceu assustado.
– Estou sem coragem de sair daqui.
– Não pode ficar aqui. Tem que sair e agir normalmente.
– Está bem, vou arrumar-me e irei para a sala, ficar com Rodolfo e você. Vá na frente.
Rosa Maria voltou para a sala. Pegou um livro e começou a ler. Em seguida, Maria Luísa chegou. Sentou ao piano e começou a tocar, como sempre fazia.
Seu pai, ao ouvir o piano, foi para a sala, chamando-a. Ela tremeu, mas levantou-se e foi até o escritório. Rosa Maria

seguiu-a com os olhos. Estava tremendo. Rodolfo prestava atenção nas atitudes dela.

– Entre, minha filha. Precisamos conversar.

– Pois não, papai, aqui estou.

– O que está achando do casamento de seu irmão, Maria Luísa?

– Estou feliz. Rosa Maria é minha melhor amiga. Diria até que a amo como se fosse minha irmã. Tenho certeza de que fará Rodolfo feliz.

– Estou feliz também. Gosto dela como se fosse minha filha. Sabe que tinha planos para Rodolfo, mas o que importa é a felicidade dele. Será uma festa linda.

– Queria lhe fazer uma pergunta. O que aquele negro estava fazendo aqui?

– Por que quer saber?

– Por nada, estou curiosa.

– Josué está doente. Vou viajar muito e ele não vai aguentar. Resolvi ter um cocheiro mais forte. Esse que Malaquias trouxe pareceu-me ideal.

– É isso? Já o vi no estábulo, parece-me bem forte. Como sempre, soube escolher.

– Agora vá, tenho muito o que fazer.

Maria Luísa levantou-se e beijou seu pai, aliviada. Saiu rindo. Olhou para Rosa Maria, que continuava apavorada e não tirava os olhos da porta. Maria Luísa sorriu, tentando demonstrar que estava tudo bem.

Rodolfo não a viu fazendo o sinal. Estava desconfiado, olhando para Rosa Maria. Viu Rosa Maria sorrindo, aliviada.

Ela pensou: "Graças a Deus".

Dom Carlos saiu do escritório falando:

– Vamos tomar chá?

Dirigiu-se à sala. Foi seguido por eles. Dona Matilde estava supervisionando a arrumação da mesa. Seu marido estava em casa, tudo tinha que ser perfeito. "Quero que esse casamento seja o mais comentado. Espero que sejam felizes, e serão com certeza."

Rosa Maria parecia estar vivendo um sonho. Dom Carlos era mesmo maravilhoso. Adorava os filhos e agora tinha certeza de que a adorava também. Pensava: "Estou tão feliz neste momento. Pena que meus pais e irmãos não possam estar aqui comigo. Tenho certeza de que, onde estiverem, estão felizes também. Aquele adivinho era um louco. Só encontrei felicidade aqui nesta terra. Ele acertou em quase tudo. Fiquei sozinha, vim para uma terra estranha. Ele só não disse que eu iria encontrar um grande amor e ser muito feliz".

Dom Carlos percebeu que ela estava distante e disse:

— Rosa Maria, você está pensando muito. Pode nos dizer o que é?

— Estou pensando em meus pais e em meu irmão. Eles estariam felizes em ver minha felicidade.

— Lá onde estão com certeza sentem-se felizes. Mas agora tenho que voltar ao escritório. Há muitas coisas para serem feitas. Quero que no dia do casamento tudo dê certo.

Levantaram-se. Maria Luísa falou:

— Rosa Maria, quero mostrar-lhe um vestido novo que vou lhe dar. Está guardado há muito tempo. Você vai adorar. Venha comigo até meu quarto.

Rosa Maria levantou-se sorrindo e seguiu-a. Estava ansiosa para ficar sozinha com ela e saber o que estava acontecendo.

Quando chegaram ao quarto, Maria Luísa falou, eufórica:

— Você não vai acreditar, Rosa Maria! Papai chamou Tobias para ser cocheiro. Vai servir aqui em casa. Poderei vê-lo todos os dias!

Rosa Maria sorriu.

— Você tem muita sorte, Maria Luísa. Quem sabe, com ele por perto, seu pai acostume-se e acabe aceitando.

Maria Luísa começou a chorar.

— Não consigo esquecer meu filho. Não acho graça em mais nada. Depois de seu casamento, vou pedir a papai que me deixe voltar para Portugal e levar comigo Jerusa e Tobias.

— Acha que ele vai deixar?

– Não sei, mas não custa tentar. Não consigo ficar longe de meu filho. Nem de Tobias. Alguma coisa tenho que tentar.

– Você tem razão. Quando tiver meu filho, com certeza não vou suportar ficar longe dele. Mas e Isabel? Devolverá o menino? Nós prometemos.

– Não vou tirá-lo dela. Só vou ficar por perto, vendo, acompanhando seu crescimento. Depois do casamento, quem sabe você convence Rodolfo a voltarmos?

– Farei tudo que for possível para sua felicidade, Maria Luísa.

Quando saiu do escritório, depois de falar com Josué, Tobias foi até o estábulo buscar as poucas coisas que tinha. Aproveitou para despedir-se de Trovador e dos outros cavalos. Sabia que outro escravo iria tratar deles.

Enquanto acariciava Trovador, falava:

– *Pur causo di ocê fiquei perto da sinhazinha. Agora vô ficá perto da casa, vai sê mais face ieu vê ela.*

Estava mergulhado em pensamentos quando ouviu passos. Voltou-se. Era Pai Joaquim, que o viu chegando.

– *Qui ti cunteceu, fio?*

– *U sinhô qué qui ieu vô morá lá na casa-grande, pra ieu tratá dus cavalo lá da cochera e sê cochero.*

– *Vai ficá mais perto dela? Cuidado, meu fio. Num isquece nunca qui ocê é nego e ela é branca. Branco pensa qui nego num é gente. Nóis num tem iscoia. Si ocê incontrá uma cobra na istrada, vai di incontro dela ou disvia u caminho?*

– *Ieu posso disviá, mais tumém posso matá.*

– *É, fio, a escoia é di ocê. Ninguém pode mudá, nem Xangô. Lembra sempre qui tudo qui Deus manda tá certo. Mais ainda ocê tem tempo di disviá.*

– *Num posso fazê nada. Tenho qui cumpri orde.*

– *Ocê tem qui sê cochero, mai nada.*

– Oia, pai, si tudo cunteceu, si ieu incuntrei a sinhazinha, si gustei dela, si ela gustô di ieu, é pruque Xangô quis. Si ela num mi quisesse, nada tinha cuntecido, num é? Hoje nóis tem inté um fio.

– Às veiz ele culoca em nossa vida tentação, pra gente iscapá. Mais si tem qui sê, Xangô juda.

– Sua bença, pai. Pede pra Xangô prutegê ieu.

– Deus Nosso Sinhô Jesuis Cristo ti bençoa. Vai cum Sua pruteção.

– Ieu vô, pai, sei qui inda vô sê filiz.

Beijou as mãos do preto velho e foi encontrar seu destino.

TRAIÇÃO

No dia seguinte pela manhã, Tobias estava imponente em sua farda de cocheiro. Estava muito feliz por tudo o que estava acontecendo. "*Inda num vi a minha sinhazinha. Quandu ela mi vê nessa ropa, vai ficá cuntenti i urguiosa. Vai gustá mais di ieu.*"

A porta da casa se abriu e saíram por ela Dom Carlos, dona Matilde e Maria Luísa. Esta, ao ver Tobias vestido com aquela roupa, realmente achou que ele estava muito bonito. Passou pela frente de seu pai para que ele não visse seu rosto. Sorriu para Tobias e deu uma piscada. Ele fez a maior força para não rir. Ficou sério, porém seus olhos brilharam de felicidade.

Abriu a porta da carruagem. Dom Carlos entrou. Tobias fechou, montou, deu uma última olhada em Maria Luísa e foi embora. Estavam indo para a vila.

Quando estavam saindo, Rosa Maria chegou gritando para que esperassem.

Tobias parou a carruagem. Dom Carlos colocou a cabeça para fora. Rosa Maria se apressou, chegou perto da carruagem e disse:

– Por favor, Dom Carlos, o senhor poderia fazer o favor de colocar esta carta no correio? É para meu irmão. Estou contando tudo sobre o casamento.

– Claro, menina! Não se preocupe. Irei ao correio antes do almoço. Também preciso mandar algumas correspondências.

Em seguida, ordenou a Tobias que partisse. Acenou para as outras que estavam na varanda. Elas acenaram e ficaram vendo a carruagem até desaparecer.

Nesse dia, Maria Luísa não quis passear. Voltou para seu quarto. Deitada na cama, começou a chorar. Estava triste e nervosa. "Não deveria ter abandonado meu filho. Deveria tê-lo trazido comigo. Nunca mais poderei reclamá-lo. Sei que nunca poderei ficar com Tobias, mas poderia ter encontrado uma maneira de ficar com meu filho."

Chorava sem parar. Tremia muito. Não havia conseguido dormir durante a noite. Via o menino chorando e sofrendo muito. Acordava e percebia que estava em casa, bem longe do filho. Sentia-se culpada e infeliz.

Na carruagem, Dom Carlos seguia com a carta na mão. Segurou-a por alguns minutos, depois abriu-a e leu:

Querido irmão e Isabel,
Estou escrevendo para contar da imensa felicidade que estou sentindo. Vou me casar em breve. Rodolfo é um homem maravilhoso. Amo e sou amada por todos, principalmente por Dom Carlos. Às vezes sinto-me culpada por tê-lo julgado tão mal no dia do mendigo. Tenho certeza de que serei muito feliz. Espero na próxima carta já poder dizer que vocês serão tios. Espero também que estejam felizes. Amo-os muito.
Talvez consiga voltar para Portugal com Rodolfo, ou quem sabe vocês possam vir até aqui.
Um beijo para os dois.
Rosa Maria

Assim que terminou de ler, Dom Carlos falou em voz alta:
– Piegas! Sonsa! Cretina! Amo e sou amada... Não perde por esperar. Verá quem é o homem do mendigo. Assim que chegar em casa, queimarei esta carta. Depois de amanhã, tudo estará resolvido.

Chegando à vila, mandou Tobias colocar algumas cartas no correio. Visitou alguns amigos. A vila ficava a uma hora da fazenda, por isso voltou um pouco antes do almoço.

Maria Luísa levantou-se e arrumou-se. Estava triste, mas tinha que manter as aparências. Foi para a varanda. Sentou-se em uma cadeira de balanço e ficou esperando ansiosa por seu pai, mas muito mais por Tobias. Poderia vê-lo mais uma vez. Daria um jeito de encontrá-lo, não sabia como, mas conseguiria. Sempre conseguia o que queria. "Só não consegui ficar com meu filho. Como será que ele está? Terão nascido os dentinhos?"

Já havia alguns dias estava assim, triste e desanimada.

Enquanto isso, Rodolfo e Rosa Maria foram até o rio, desmontaram, sentaram-se à margem. Rodolfo falou:
– Este lugar é mágico. Aqui é o melhor lugar da fazenda. Essa água descendo tranquila nos dá uma sensação de paz infinita.
– Também acho. Quando estou triste, com saudade, o melhor lugar é aqui.

Enquanto falava, com uma varinha batia na água, fazendo com que os peixinhos fugissem. Ela ria e pensava: "Estou tão feliz! Amo esse homem, sei que me ama também. Logo estaremos casados. Vou ter muitos filhos. Talvez volte para Portugal acompanhada de Rodolfo. Muito obrigada, meu Deus, por ter colocado em meu caminho Maria Luísa e sua família. Dom Carlos é um homem maravilhoso, ama seus filhos e a mim também".

Rodolfo passou um braço sobre os ombros dela. Com a outra mão, puxou seu rosto para junto dele. Olhou profundamente em seus olhos e falou:

– Eu a amo, Rosa Maria. Prometo fazer o impossível para que seja feliz. – Continuou olhando para ela. Foi aproximando-se e beijou-a ardentemente. A princípio, ela quis afastar-se, pois não era de bom-tom uma moça ficar sozinha com o noivo, muito menos tendo aquelas intimidades antes do casamento. Mas não resistiu e entregou-se àquele beijo com todo o amor e a força de sua juventude. Parecia que estava nas nuvens.

Ele foi ficando cada vez mais atrevido. Colocou as mãos em seus seios. Um calor imenso tomou conta dos dois. Deitaram-se na grama e continuaram beijando-se ardentemente.

Era um momento mágico. Os corpos queriam-se, nada poderia impedir que um fosse do outro naquele momento. Nada a não ser a própria Rosa Maria.

– Pare, Rodolfo, por favor. Se continuar assim, não vou resistir. Sonhei minha vida toda, principalmente depois que o conheci. Quero ir virgem para nossa primeira noite. Está quase chegando o dia. Vamos esperar?

– Tem razão. Vamos esperar. Falta tão pouco tempo. Não vamos estragar. Por isso, amo-a tanto. Vamos embora.

Levantaram-se, arrumaram as roupas, ele beijou sua testa e foram embora.

Estavam felizes por terem conseguido esperar.

Quando chegaram em casa, Dom Carlos havia acabado de retornar. Tobias já havia levado a carruagem para os fundos da casa, onde ficava a cocheira. Entraram rindo. Estava na hora do almoço. Todos se sentaram. Dom Carlos disse:

– Rosa Maria, coloquei sua carta no correio. Pode ficar tranquila, logo seu irmão irá recebê-la.

— Obrigada, senhor. Estou feliz e muito agradecida por tudo.

Após o almoço, Rodolfo foi até a lavoura para ver como estava indo. O período de colheita aproximava-se e ele queria ver se não seriam necessários mais escravos.

Maria Luísa saiu andando em volta da casa. Ia olhando as flores, mas o que queria mesmo era ver Tobias.

Rosa Maria foi para seu quarto. Naquele dia, passou por muitas emoções, estava exausta. Deitou e adormeceu em seguida.

Dom Carlos foi para o escritório. Logo depois, Jerusa entrou, trazendo um chá.

— *Cum licença, sinhô. U seu Malaquia disse qui u sinhô qué falá cum ieu.*

Ele olhou para ela. Já a tinha visto andando pela casa. Se Malaquias mandou-a, deveria ser ela.

— Quero falar com você, sim. Gosta de viver aqui?

— *Gostu muito, sinhô.*

— Gostaria de ter uma carta de alforria e dinheiro para ir embora e montar seu próprio negócio?

— *Craro que quiria, mais num tô intendendu...*

— Preciso que me faça um trabalho. Se fizer direito, darei a carta e o dinheiro para ir embora e montar um negócio só seu. O que acha?

— *Meu sinhô, façu quarqué coisa pra consegui issu!*

— Pois bem. Preste muita atenção. Vai pegar este vidrinho e colocar o líquido que está dentro dele no chá que servirá à noite para Rosa Maria. Pela manhã, você a encontrará deitada com um negro. Saia pela casa gritando, para que todos acordem, ouçam e venham ao quarto dela. Isso ficará entre nós. Não deve, nunca, comentar com ninguém. Se fizer tudo direito, terá a carta e o dinheiro. Se abrir a boca e falar com alguém, coloco-a no tronco até morrer. Entendeu?

— *Intendi, sinhô. Mais u qui vai cuntecê cum u nego e cum a sinhazinha?*

— Isso não lhe interessa. Só precisa fazer o que estou falando. É melhor fazer direito.

— *Ta bão, ieu façu. Mais tem mais uma coisa. Cum u dinheiru qui u sinhô vai mi dá, possu cumprá uma negra pra mim?*

– Pode, vendo-lhe o negro que quiser. Agora, pode sair. Procure Malaquias. Diga para que venha até aqui.

– Ta bão, sinhô.

Saiu depressa do escritório. Não estava acreditando que tudo aquilo estava acontecendo. Com o dinheiro, poderia comprar Tobias, foi tudo o que sempre quis, desde que o conheceu. Apertava o vidrinho em sua mão, enquanto pensava: "Inté qui infim vô deixá de sê iscrava! Cum u dinheiro, vô comprá u Tubia e muito vistido, iguar us da sinhazinha! Qui qui será qui vai cuntecê cum a sinhazinha Rosa Maria? E cum u nego? Quem será ele? Num possu pensá nissu. Tenhu qui i imbora daqui, cu meu Tubia. Num dá pra pensá muitu. Tenhu qui fazê".

Saiu correndo pelo corredor e esbarrou em Serafina, que vinha do lado contrário.

– Qui é issu, minina, tá fugindo di quê?

– Di nada, não, Serafina...

– Ocê tá sustada. Qui cunteceu?

– Nada, não, Serafina. Num tô sustada. Só vô vê si a sinhazinha Maria Luísa tá percisando de arguma coisa.

– Ela num tá na casa. Saiu, só quim tá é a sinhazinha Rosa Maria, mais tá drumindo.

– Tá bão. Intão vô na cuzinha tomá água.

– Cuidadu, minina. Tá cum cara qui tá fazendu arguma coisa errada. Antis di fazê, lembra qui Xangô vê tudo i qui eli é u deus da justiça.

– Num tô fazendu nada erradu, mais, si tivessi qui fazê, ieu ia fazê. Ocê fala qui Xangô vê, mais, si visse, num deixava a genti sê iscravo, sufrendu sem nada e us brancu cum tudo! Num quer-ditu im Xangô. Agora mi deixa i!

Serafina soltou sua mão, dizendo:

– Vai, minina. Faiz u qui quisé. Xangô ixisti, sim. Toma cuidadu.

Jerusa saiu correndo. Serafina ficou preocupada:

– Essa minina tá fazendo arguma coisa errada... u qui será, meu Nossu Sinhô?

Malaquias entrou no escritório. Dom Carlos perguntou:
– Conversou com o negro?
– Não. Vi que com ele não vai dar certo. Ele é muito fiel, religioso e tem medo do tal de Xangô.
– Não tem importância. Essa noite, você vai fazer o seguinte...

Enquanto isso, Rosa Maria dormia e estava novamente sentada naquela mesma pedra, cercada por frutas e flores. Do meio das pedras, saiu aquele moço que ela já tinha visto outras vezes. Conhecia-o. Ficou feliz ao vê-lo. Perguntou:
– Quem é você? Eu o conheço e sei que o amo, mas não pode ser. Amo Rodolfo, vou me casar e sei que seremos felizes.
– Luana, querida, não se preocupe, também a amo e amarei para sempre. O tempo ruim está chegando. Eles tiveram a chance de se redimir do mal que fizeram. Nós não podemos interferir. Só podemos, com muita tristeza, observar. Não esqueça nunca, que, aconteça o que acontecer, estarei sempre ao seu lado. Amo-a muito. Seja forte e que Deus a abençoe.
– Amo-o também.
Acordou com o som de sua própria voz dizendo essas palavras. Ficou abismada: "Quem será ele? Sinto que o amo. E aquele lugar? Onde será? Que sonho é esse que sempre se repete? Não lembro o que ele falou, só de uma coisa: 'Luana, amo-a muito'. Por que me chamou de Luana? Eu também disse que o amava. Oh, meu Deus, o que é tudo isso?"
Levantou-se e foi até a cozinha. Estava com muita sede e fome. Encontrou Jerusa, que, ao vê-la, levou um susto.
– *A sinhazinha cá na cuzinha?*
– Estou com sede e com fome, Jerusa.
– *Tá quase na hora do jantá, mais tem um bolo. Deixa qui ieu sirvo a sinhazinha.*
Colocou um pedaço de bolo em um pratinho e deu-o a Rosa Maria.

Enquanto Rosa Maria comia, Jerusa a olhava e pensava: "*Meu Nossu Sinhô, ela é tão boa. Sempre mi tratô tão bem. Será qui vô tê coragem de fazê mardade pra ela? Mas, si num fizé, otra fais i ieu ainda morro...*"

Alheia ao que Jerusa pensava, Rosa Maria comia tranquilamente, pensando em seu casamento próximo e no moço do sonho.

Terminou de comer e foi para a sala que estava vazia. "Onde estarão todos?"

Maria Luísa estava andando pelo jardim e chegou até a carruagem que Tobias limpava. Começou a olhar em volta, para ver se não havia ninguém por perto. Falou baixinho:

— Você está muito bonito e elegante nessa roupa de cocheiro. Isso é muito bom. Com meu pai convivendo com você, será mais fácil aceitar o nosso amor, além de podermos nos encontrar com mais facilidade. Com o tempo, pedirei que ele me dê você para meu cocheiro.

— *A sinhazinha é a vida di ieu...* — ele disse rindo.

— Sou sua vida, como você é a minha. Mas não consigo esquecer o nosso menino. Não deveria tê-lo deixado...

— *Mais a sinhazinha num pudia trazê ele... si a sinhazinha num tivessi feitu isso, ele num tinha nascidu...*

— Sei disso, mas estou sofrendo muito. Às vezes penso que vou ficar louca... vejo o nosso menino na minha frente a toda hora... às vezes tenho vontade de morrer...

— *Num fali assim, sinhazinha... ieu amu a sinhazinha...*

Ela sorriu, acenou e foi embora. Ele ficou sem saber o que fazer para animá-la.

Em casa, Maria Luísa encontrou Rosa Maria na varanda e recostada em uma cadeira de balanço.

— No que está pensando, Rosa Maria? Já sei, não precisa responder. Está pensando em Rodolfo e no casamento. Papai contou-me que vai mandar vir uma costureira do Rio de Janeiro para fazer o seu vestido. Estou muito feliz por vocês.

– Não sabia da costureira. Cada dia que passa fico mais feliz. Só não consigo mais porque tenho medo de que alguma coisa ruim possa acontecer com você. Seu pai me surpreende a cada dia. Ele é mesmo maravilhoso!

– Teve alguma dúvida sobre isso? Não se preocupe comigo, Rosa Maria. Tudo de ruim que poderia acontecer já aconteceu. Perdi meu filho e não consigo esquecê-lo nem por um minuto.

– Precisa esquecer, Maria Luísa... era a única coisa que poderia ter feito. Sabe que ele está muito bem com Isabel e José...

– Sei disso, é o que ainda me conforta...

A porta do escritório se abriu e por ela saiu Malaquias. Estava tenso, passou por elas calado, nem sequer as cumprimentou.

– O que será que ele tem, Maria Luísa? Parece que não nos viu aqui.

– Papai deve ter lhe dado um corretivo.

Em seguida, Dom Carlos abriu a porta e foi até a varanda. Perguntou:

– O que minhas duas filhas estão fazendo aqui?

– Estamos conversando a respeito do casamento de Rosa Maria. Disse a ela que o senhor vai mandar vir do Rio de Janeiro uma costureira para fazer o seu vestido de noiva. Não é verdade?

– Sim, Rosa Maria vai ser a noiva mais bonita desta terra. Tão bonita quanto ela, só Maria Luísa quando se casar. Terá também um lindo casamento.

– Não sei, não, papai. Creio que não me casarei.

– Como não? O filho do coronel João Antônio virá para o casamento; quero que o conheça e que o trate muito bem. Será seu marido. Já está tudo arranjado.

– Está bem, papai, vou tratá-lo muito bem.

Rodolfo chegou.

– Posso saber sobre o que estão conversando tão animadamente? – perguntou curioso.

– Sobre seu casamento, meu filho, e o futuro de Maria Luísa.

– Falar sobre meu casamento é sempre um assunto muito bom, papai. Percorri a lavoura e está tudo bem, mas creio que iremos precisar de mais escravos. Graças a Deus há muito café para ser colhido.

– Isso é muito bom. Estou com fome. Vou ver se o jantar vai demorar.

Nesse momento, dona Matilde entrou.

– O jantar está pronto, vamos para lá?

Foram para a sala de jantar e comeram, como sempre, em paz, conversando sobre o casamento. Dom Carlos nunca permitiu que durante as refeições se falasse sobre qualquer problema. Para evitar discussões, dizia sempre:

– A hora das refeições é sagrada. Devemos sempre comer em paz.

Após o jantar, conversaram mais um pouco na varanda. Despediram-se e cada um foi para seu quarto. Quando Rosa Maria estava preparando-se para deitar, Jerusa entrou em seu quarto.

– U sinhô chamô Serafina. Ele percisô falá cum ela. Ela pidiu pra ieu trazê u chá da sinhazinha e judá a sinhazinha si deitá. Cumo a sinhazinha tá nervosa, acho qui pur causo du casamento, troxe esse chá di erva-cidrera. A sinhazinha vai drumi qui nem si sesse um anjo.

– Obrigada, Jerusa, preciso dormir mesmo.

Jerusa serviu o chá e saiu pensando: *"Tá feito! Agora é só isperá"*.

Logo após tomar o chá, Rosa Maria sentiu muito sono. Adormeceu em seguida.

Altas horas da noite. A casa estava em silêncio. Malaquias acordou Tobias, dizendo:

– Venha, o patrão está chamando. Precisa de seu serviço agora à noite.

ELISA MASSELLI

Tobias levantou-se rapidamente, vestiu-se e seguiu Malaquias. Estava no escritório, quando sentiu uma pancada em sua cabeça. Não viu mais nada.

Malaquias golpeou-o por trás. Ele caiu. Dom Carlos surgiu das sombras. Eles o carregaram para o quarto de Rosa Maria, que dormia profundamente. Tiraram as roupas dos dois. Deitaram um ao lado do outro. Despejaram na boca de Tobias o mesmo chá que Jerusa dera a Rosa Maria. Viraram Rosa Maria de lado e colocaram o braço de Tobias sobre as costas dela. Quem visse aquela cena, acharia que estavam dormindo abraçados.

Deram uma última olhada na cena. Estava tudo certo, foram embora.

Malaquias saiu da casa. Dom Carlos voltou para seu quarto. A noite estava linda, a lua cheia brilhava. Malaquias segurava na mão o dinheiro que Dom Carlos havia lhe dado e pensava: "Com este dinheiro, poderei mandar meu filho estudar fora. Ele vai ser doutor. Sei que fiz algo errado, mas é ele quem tem o poder. Não sou ninguém para discutir. Meu filho precisa estudar para não ficar como eu. Minhas filhas precisam de roupas bonitas. Já que surgiu essa chance, não podia deixar escapar. Deus sabe que não sou um homem mau. Sou feitor de escravos, mas não maltrato nenhum deles, como é feito em outras fazendas. Se não aceitasse a proposta, com certeza seria despedido. O que eu faria de minha vida sem ter onde morar? Como ficariam meus filhos? Não tenho culpa do que está acontecendo. O culpado é só ele, mais ninguém!"

No dia seguinte, assim que clareou, antes que Serafina acordasse, Jerusa já estava de pé. Não dormira a noite toda esperando amanhecer. "*Sei qui uma disgraça vai cuntecê, mai num pudia fazê nada. Só ansim vô deixá di sê iscrava, vô pudê tê u Tubia só pra mim. U sinhô num dexô iscoia. Si tem argum curpado, é eli.*"

Eram sete horas quando Jerusa abriu a porta do quarto de Rosa Maria. Os dois estavam abraçados e nus. Ela não viu o rosto do negro e começou a gritar.

Todos estavam acordados em seus quartos, preparando-se para o café. Serafina também estava pronta para ir ao quarto de Rosa Maria. Ao ouvirem os gritos, todos correram para ver o que estava acontecendo. Jerusa gritava falando:

– *Oia aqui! Oia aqui!*

Foram para o quarto de Rosa Maria. Ficaram horrorizados com o que viram.

Rosa Maria e Tobias também acordaram com os gritos. Olharam-se, sem entender o que estava acontecendo.

Rodolfo e Maria Luísa, parados, não conseguiam falar nada. Foi Dom Carlos quem falou:

– Que pouca-vergonha é essa? O que esse negro está fazendo em sua cama e nu?

Os dois, sentados, com o lençol muito branco encostado ao corpo, assustados com tudo aquilo, não sabiam explicar.

– E você, sua ordinária? Entrou em minha casa, foi recebida como amiga e filha! Não passa de uma rameira que se deita com um negro!

Enquanto falava, puxava o lençol, obrigando os dois a levantar-se.

– Você vai morrer, negro! Vou mandá-lo para o tronco. Vai ficar lá até morrer. Rodolfo, decida o que vai fazer. Não quero mais essa rampeira em minha casa!

Maria Luísa, quando voltou do susto, gritou:

– Ingrata! Você não presta! Recebi-a como uma irmã. Traiu minha confiança. Como teve coragem de se deitar com esse negro imundo? Odeio os dois!

Louca de ciúme e de ódio, saiu do quarto de Rosa Maria e foi para o seu. Lá, falava, chorando:

– Esse negro era meu. Como ela teve coragem de me trair dessa maneira? E ele? Como pôde fazer isso? Eu o amava tanto. Estava disposta a enfrentar meu pai por ele. Abandonei meu filho. Os dois merecem morrer!

Rodolfo, também tomado de ódio, falou:

– A virgem santa! Odeio-a! Não quis entregar-se a mim. Disse que queria se guardar para a noite de núpcias! Mentirosa!

Estava com medo de que eu descobrisse antes do casamento que era uma rameira? Papai, faça o que quiser! Sua casa foi desrespeitada. Tudo o que fizer será pouco!

Saiu de casa apressado, montou o cavalo e foi embora em disparada, pensando: "Nada disso está acontecendo! Eu a amava com loucura!"

Foi até o rio, sentou e ficou pensando: "Ontem, trocamos aqui, neste mesmo lugar, juras de amor. Ela, com aqueles olhos de virgem, evitando meu amor! Por isso ficou nervosa quando viu o negro entrando no escritório! Ficou com medo de que meu pai houvesse descoberto! Ela é sórdida e má! Sou um idiota, um cretino! Joguei toda a minha vida nas mãos dela! Arrisquei-me, enfrentei meu pai, fiz com que ele quebrasse o compromisso com o coronel Antônio José. Meu pai aceitou Rosa Maria como se fosse sua filha! Mandou construir a nossa casa! Desejava fazer um casamento grandioso! Com que cara olharei para ele, agora? Para todos? Não sei o que fazer..."

Ficou lá, sentado, olhando a água que corria calmamente.

Na casa, o caos era completo. Dona Matilde pegou o camisolão de Rosa Maria que estava no chão, deu a ela e ficou em sua frente, enquanto falava:

— Parem com isso! Não pode ser verdade! Conheço essa menina, deve haver uma explicação! Deixem que ela fale!

— Não há nada de errado! A senhora cale-se! Quanto aos fatos, não há argumento! Saia daqui! — Dom Carlos disse gritando.

— Não acredito que seja verdade! Sairei porque o senhor está ordenando, mas não acredito!

Saiu do quarto chorando e com muito ódio por sentir-se tão impotente.

Assim que ela saiu, Dom Carlos disse, gritando:

— Coloque sua calça, negro! Chega de exibir sua nudez! Vamos lá fora chamar Malaquias!

Dom Carlos saiu do quarto empurrando Tobias. Rosa Maria ficou sozinha no quarto. Maria Luísa retornou. Ao vê-la, Rosa Maria disse, chorando, desesperada:

— Ajude-me, Maria Luísa... Não sei o que aconteceu. Ontem dormi sozinha e acordei com tudo isso acontecendo... amo Rodolfo, vamos nos casar... Sei que ama Tobias, jamais faria alguma coisa para magoá-la...

— Não deveria magoar-me mesmo! Fiz tudo por você! Fui uma idiota! Confiei a minha vida a você! Sempre contei a você todos os meus problemas! Contei todos os detalhes do meu amor! O que foi? Quis experimentar para ver se era bom, mesmo? Ele a beijou? Acariciou? Ninguém mais do que você sabe o quanto estou sofrendo por causa do meu filho! Odeio-a com todas as forças do meu coração! — Maria Luísa disse isso com os olhos faiscando de ódio.

— Não! Nada aconteceu, Maria Luísa! Da maneira que dormi, levantei! Ele não me tocou... aconteceu alguma coisa, mas não sei o que foi...

— Não sabe? Mas eu sei. Nunca mereceu minha amizade. Ficou encantada com minha casa e minhas roupas. Iludiu meu irmão. Achou que se casando com ele teria tudo também. Herdaria a fortuna de meu pai. Meu pai... Que a recebeu como uma filha. Odeio-a. Odeio-a! E também aquele negro que ousou trocar-me por você! Quero que os dois morram!

— Não fale assim. Somos inocentes. Não fizemos nada!

Maria Luísa cuspiu em seu rosto. Saiu do quarto, tomada de ódio e ciúme.

Tobias estava em pé. Dom Carlos mandou chamar todos os negros da fazenda para que vissem o que acontecia com quem ousasse ofendê-lo ou a alguém de sua família. Eles foram chegando.

Maria Luísa aproximou-se do tronco. Tobias, suplicante, disse:

– *Sinhazinha, mi jude, num fiz nada...*

– Ajudá-lo? Você não passa de um negro sujo, que se atreveu a tocar em uma branca. Quero que morra!

Tobias começou a chorar. Não mais por medo ou vergonha, mas por todo o ódio que via nos olhos dela. Logo ela, a quem tanto amava.

Dom Carlos aproximou-se, falando:

– Vamos, minha filha. Saia daqui. Só de vê-la perto desse negro imundo, sinto asco. Venha. Vamos para dentro da casa.

Levou-a para dentro, voltou em seguida.

Malaquias já estava esperando-o. Muito nervoso, disse gritando:

– Malaquias, quando todos os negros chegarem, quero que prenda esse negro no tronco e lhe dê cinquenta chibatadas, para que todos vejam! Se algum deles tentar algo para socorrê-lo, coloque no tronco também!

Maria Luísa, que havia voltado, disse com os olhos faiscando de ódio:

– Papai, faço questão de assistir!

Rosa Maria continuava no quarto chorando. Serafina abraçava-a, dizendo:

– *Sinhazinha, cumo isso foi cuntecê? Sei qui a sinhazinha num feiz nada, nem u Tubia. Ele ama a sinhazinha Maria Luísa. Arguém feiz mardade pra sinhazinha e pru Tubia.*

– Sei que foi maldade. Só pode ter sido isso, mas quem a faria? Por quê? Nunca fiz mal a ninguém. Jamais faria. Principalmente a essa família que me recebeu com tanto carinho. Rodolfo, onde está? Não pode ter acreditado nisso. Sabe que o amo.

– *O sinhozinho muntô nu cavalo. Caiu nu mundo faiz tempo e inda num vortô.*

– Oh, meu Deus! Alguém me ajude! E a Tobias também...
– *Num posso fazê nada. Bem qui quiria, mai num posso...*
– Eu sei, Serafina, que não pode fazer nada. Ao menos você acredita em mim. Isso já me basta.

A porta abriu violentamente. Era Dom Carlos, acompanhado por Malaquias.

– Leve-a para fora. Tem que ver o que vai acontecer com seu amante.

– Senhor, ele não é meu amante. Nada fizemos. Alguém fez uma grande maldade.

– Maldade? Quem? Eu? Rodolfo? Maria Luísa? Fizemos, sim, quando a aceitamos em nossa casa. Nós a recebemos com todo o carinho. Cale-se! Não me deixe com mais raiva. Senão eu mesmo acabo com sua vida!

– Minha vida já está acabada, desde que ninguém mais nesta casa acredita ou gosta de mim. Deixe-me voltar para Portugal, para perto de meu irmão.

– É cretina, mesmo! Acha que vou gastar um centavo mais com você? Ainda não pensei no que farei. Vou cuidar primeiro do negro, depois verei. Vamos, para fora!

A porta abriu-se. Dona Matilde entrou:

– Dom Carlos, por favor, não faça isso. Ela é meiga, gentil e gosta de nosso filho. Deve estar havendo algum engano...

– Já lhe disse que não há engano algum! Ela não presta! Enganou a todos nós! Já mandei a senhora ir para seu quarto. Por favor, não me deixe mais aborrecido do que já estou.

Dona Matilde abraçou Rosa Maria, dizendo:

– Minha filha, não acredito que tenha feito isso. Creio que tenha sido vítima de uma cilada. Deus a abençoe.

– Obrigada, dona Matilde. Sou inocente...

Dom Carlos puxou dona Matilde, gritando:

– Saia daqui! Como se atreve a abraçar essa imunda? Não viu que esteve dormindo com um negro? Que ela está cheirando a negro?

Dona Matilde saiu do quarto chorando e pensando: "Como mulher não posso enfrentá-lo. O que será que está acontecendo? Nunca o vi assim, tão violento".

Rosa Maria foi empurrada para fora. Da varanda, viu Tobias preso no tronco. Viu também Maria Luísa rindo dele. Percebeu que ela estava transtornada. Rindo e chorando ao mesmo tempo. "Meu Deus, quanto ódio! Como ela pôde acreditar em tudo isso?"

Os negros foram obrigados por Malaquias a ficar sentados em volta do tronco. Dom Carlos falou gritando:

– Quero que vejam o que acontece com um negro que se atreve a desrespeitar minha casa. Vai ser açoitado porque foi encontrado na cama desta sem-vergonha!

Enquanto falava, puxava Rosa Maria pelos cabelos. Disse com muito ódio:

– Malaquias, pode começar a chicotear.

– Não, papai. Deixe-me começar. Quero ter esse prazer.

Maria Luísa pegou o chicote, para espanto de todos, até de seu pai. Tobias fechou os olhos, pensando: *"Meu pai Xangô, num dexa ela fazê isso. Essa num é a minha sinhazinha. Essa é otra. Ieu amo tanto ela. Num dexa, meu pai".*

Ela pegou o chicote e, com toda a força que possuía, aumentada pelo ódio que sentia, começou a chicotear. Cada vez que o chicote estalava, ela aumentava a força e ria, completamente descontrolada.

Rosa Maria chorava por sua dor, mas muito mais ainda por ver aquela cena.

– Meu Deus, é grotesco! Maria Luísa está fora de si...

Maria Luísa não percebeu por quanto tempo bateu, nem quantas chicotadas deu. Batia com muita raiva, muito ódio. As primeiras marcas já começavam a aparecer nas costas de Tobias; ela continuou chicoteando. Continuou chicoteando até cair exausta. Dom Carlos levantou-a, dizendo:

– Malaquias, agora continue!

Malaquias olhou para ele assustado, pensando: "Ele não me disse que isso iria acontecer".

Dom Carlos, percebendo que ele não queria bater, gritou:

– Se não o chicotear, o chicoteado será você!

Malaquias pegou o chicote e começou a bater. Tobias não soltava um som. Estava tão triste pela atitude de Maria Luísa que a dor do chicote não era nada.

Malaquias batia, batia. O sangue começou a escorrer pelas costas de Tobias. Aos poucos, sua cabeça foi caindo. Os negros assistiam a tudo em silêncio.

Pai Joaquim se colocou à frente de Malaquias e falou:

– *Já chega, meu sinhô. U nego já panhô bastanti.*

Dom Carlos ficou morto de ódio.

– Que é isso, negro? Quem pensa que é para impedir uma ordem minha? Quer apanhar no lugar dele?

– *Sô um nego veio, sinhô. Já vi muita injustiça. Mais iguar a essa, nunca vi, não. Si quisé, ieu tomo u lugá dele, sim. Já tô veio. Já vivi muito. Esse minino tá cumeçando vivê agora. Ele num feiz nada. Só amô dimais.*

Maria Luísa, pensando que Pai Joaquim fosse contar sobre ela e Tobias, antecipou-se:

– Deixe-o, meu pai. É só um velho. Quer que pare de chicotear, negro? Pois bem, dê-me uma faca.

Malaquias, achando que ela iria cortar as cordas, tirou a faca da cinta e entregou-a. Dom Carlos falou:

– Minha filha, você não vai soltar esse negro!

Ela olhou para ele e para Rosa Maria, que chorava.

– Não vou soltá-lo, não, meu pai! Atreveu-se a usar uma amiga minha, desrespeitou nossa casa. Vai ter o que merece!

Pegou a faca, cortou as cordas e ele caiu. Levantou a sua cabeça e com um golpe certeiro cortou seu pescoço. Todos gritaram. Nem Dom Carlos acreditou no que estava vendo. Os negros começaram a chorar. Rosa Maria desmaiou. A cena foi brutal. O sangue jorrava. Tobias, agonizante, não parava de olhar para ela, que tresloucada ria. Ele, já sem forças, disse:

– *Ieu ti amo, sinhazinha. Ieu ti amo...*

Maria Luísa saiu correndo. Pai Joaquim começou a cantar e foi sendo acompanhado pelos negros, que, imóveis, viram o último suspiro de Tobias.

Meu Pai Xangô
Recebe seu fiu nos arto da pedrera
Traiz pra toda gente
A justiça verdadera
A mintira nesse dia parece qui venceu
Meu pai é quem sabe cumo tudo cunteceu
Os pássaro du amô em sua asa vai levá
Esse fio da dô qui só sobe amá

Enquanto Pai Joaquim cantava em oração, Dom Carlos saiu atrás de Maria Luísa. Ele também não entendia a razão de tanto ódio. Indo para casa, viu Rosa Maria sendo amparada por Serafina, que não se afastou dela um minuto sequer. Voltou para junto de Tobias e, raivoso, disse:

— Peguem esse negro! Levem-no com vocês! Façam o que quiserem!

Olhando para Rosa Maria, disse:

— Você, que gosta tanto de negro, vá para a senzala! Fique lá até eu decidir o que farei com você!

Os negros, sempre fazendo um som ritmado como se fosse uma oração, envolveram o corpo de Tobias em um pano branco e, em procissão, levaram-no para a senzala. Rosa Maria, chorando e abatida, acompanhou-os. A cena era triste. Todos cantavam a Xangô, pedindo justiça. Pai Joaquim seguia ao lado de Rosa Maria para mostrar aos negros que ela também era inocente. Ela, chorando, pensava: "Meu Deus do céu! Como Maria Luísa pôde fazer uma coisa como essa? Como pôde acreditar nessa mentira? Pobre Tobias... morrer dessa maneira... inocente, sem nada ter feito. E Rodolfo? Por que não nos ajudou? Ele não pode ter acreditado em tudo isso... sabe que o amo..."

Continuou caminhando ao lado dos negros, sempre amparada por Serafina, que dizia:

— *Sinhazinha, num fica ansim. Tudu passa na vida. Tudu si isclareci tumém. Nois, desdi piquenu, aprende qui tudu tá certu na vida i que tudu tem um mutivu. Xangô é u deus da justiça i, nessi* momentu, seu machadu puderosu tá em cima da cabeça di tudos nóis. Querdita na Virge Maria, mãe di Nossu Sinhô Jesuis Cristu. Jesuis tumém foi injustiçadu, mais tinha um mutivo, percisava sarvá tudos nóis. Si a sinhazinha tá passandu pur tudu issu, argum mutivu deve di tê, tumém.

"O que será que fiz de tão errado para merecer isso? O que será de minha vida? Como poderei continuar vivendo depois de tudo isso? Não tenho dinheiro para voltar para Portugal. José receberá minha carta e ficará feliz com meu casamento, pensando que tudo está bem. Estou perdida. Mas o que mais me deixa desesperada é a atitude de Maria Luísa e Rodolfo. Dom Carlos até tinha razão. Ele foi muito bom para mim. Por isso teve motivo. Ele não me conhecia, mas Maria Luísa e Rodolfo, não. Eles me conhecem, sabem que eu jamais poderia ter feito aquilo."

Ela, pensando, foi caminhando. Parecia que flutuava, que estava sonhando. Em seu rosto, a expressão de dor e sofrimento. Serafina falava, mas ela não escutava, tão absorta em seus pensamentos.

Finalmente, chegaram à senzala. Os negros colocaram o corpo de Tobias no chão. Em frente à porta, havia um grande pátio, onde os negros faziam suas danças e oferendas aos deuses. Crianças saíram, foram até o campo e trouxeram muitas flores. Colocaram em volta do corpo de Tobias. O som dos tambores fez-se ouvir. As vozes entoavam um canto triste. Pai Joaquim aproximou-se do corpo de Tobias, falando:

Vai, meu fio, voa agora
Cum a pena branca du amô
Vai pra junto di Jesuis
Pruque a alma num tem cô
Teus dia cá na terra
Hoje si cabô
Mais ocê, meu fio amado
Pra Cristo vortô
A mardade inté parece

Qui hoje ela venceu
Só o qui fica em nossa arma
É tudo qui si aprendeu
A justiça di Xangô
Um dia vai chegá
Seu machado certero
Na cabeça du mardoso
Tumém vai chegá
Pur isso, meu fio
Voa agora pra essa luiz
Pruque nu fim dela
Vai incuntrá Nosso Jesuis

Rosa Maria ouvia aquela prece feita em versos que saía da boca e do coração daquele preto velho que com certeza muita coisa já havia visto na vida.

À tarde daquele mesmo dia, os negros fizeram mais uma oração e, ao som dos tambores e das vozes, enterraram Tobias no alto de um morro. Colocaram uma cruz que era vista de qualquer parte da fazenda.

Rosa Maria ficou sentada na porta da senzala, pensando: "O que vou fazer? Não tenho para onde ir. Talvez daqui para a frente seja tratada como escrava".

Rodolfo chegou em casa. Estava tudo quieto. Assim que desmontou, Josué correu para ele, dizendo:

– *Sinhozinho, cunteceu uma disgraça.*

– O que foi? Fale logo!

Josué contou com detalhes tudo o que acontecera. À medida que falava, Rodolfo ia ficando branco e abismado. Correu para dentro da casa, não havia ninguém na sala. Bateu à porta do quarto de sua mãe. Ela estava sentada na cama, chorando:

– Meu filho, onde esteve? Procurei tanto por você. Aconteceu uma desgraça. Nossa família está destruída.

— Já soube. Onde está Maria Luísa?

— Deve estar em seu quarto. Quando terminou de fazer aquela coisa horrível, saiu correndo. Não sei para onde foi. Sinto muito, meu filho, mas não tive coragem de ir atrás dela. Também corri para cá. Foi tão triste. Tudo isso está parecendo um pesadelo...

— E papai, onde está?

— Também não sei.

Rodolfo saiu, foi para o quarto de Maria Luísa. Ela estava sentada em um canto do quarto, encolhida. Nas mãos, ainda segurava a faca ensanguentada.

Rodolfo aproximou-se e, lentamente, tirou a faca de suas mãos.

— Maria Luísa, dê-me essa faca. Estou aqui, irmã querida, e não vou abandoná-la.

Abraçou a irmã, que começou a chorar copiosamente.

— Rodolfo, não sei como consegui fazer aquilo. Estou vendo Tobias em minha frente, os olhos dele no momento em que estava morrendo...

— Você ficou com ódio de tanta ingratidão. Foi mais forte do que eu, que covardemente fugi para não tomar uma atitude. Fique calma. Tudo dará certo. Pedirei a papai que nos deixe viajar para Portugal ou outro lugar qualquer. E Rosa Maria, sabe onde está?

— Não sei, nem quero saber! Não me importa!

— Também não quero saber dela. Foi a causadora de toda a nossa desgraça. Eu a odeio por ter-me traído de forma tão horrível.

Naquela noite, não houve jantar. Todos ficaram em seus quartos, cada um com seus pensamentos. Dom Carlos ficou no escritório até o anoitecer. Saiu, foi para a senzala, pensando: "Meu trabalho ainda não está terminado".

Rosa Maria continuava sentada, calada, à porta da senzala. As lágrimas haviam secado. Sentia um profundo vazio. "Tudo aconteceu tão de repente. Ontem estava feliz, fazendo planos para meu casamento. Hoje, toda essa desgraça! Um

ELISA MASSELLI

inocente morreu, outra inocente transformou-se em assassina. Eu perdi tudo: minha segurança, minha felicidade e meu amor."

Sentia-se como no tempo em que a febre atacou sua família. Perdida da mesma forma, quando, se não fosse Maria Luísa, talvez não tivesse conseguido reagir. "O que vou fazer agora? Não tenho nem mais Maria Luísa. Como ela foi acreditar em uma infâmia dessas?"

Ao lembrar-se de Maria Luísa e tudo que havia acontecido com sua família, começou a chorar novamente.

Absorta em seus pensamentos, não percebeu quando Dom Carlos chegou. Ele se dirigiu até ela, falando:

– E então, ordinária? Está contente agora com tudo o que fez acontecer?

– Nada fiz. Juro!

Ele a levantou com força. Levou-a para o lado oposto em que estava sentada. Lá havia um quartinho que era usado para prender os negros rebeldes. Não tinha janelas, era um lugar abafado e malcheiroso. Empurrou-a para dentro. Não fechou a porta, porque, se fechasse, não conseguiria respirar. No alto da parede havia um apetrecho feito de ferro em que era colocada uma vela. Dom Carlos acendeu a vela e uma luz fraca iluminou aquele lugar imundo. Desde que comprara a fazenda, esse lugar jamais havia sido usado. No lado oposto ao da vela, havia uma argola presa com cordas penduradas. Depois de acender a vela, ele levantou os braços de Rosa Maria e prendeu-a com a corda na argola. Ficou pendurada somente com as pontas dos dedos dos pés no chão.

Rosa Maria chorava baixinho, pensando: "Que será que ele vai fazer agora?"

Ainda tentou falar:

– Pelo amor de Deus! Nada fiz. Alguém fez isso, só não sei quem e por quê...

– Sua cretina! Não sabe? Pois eu sei! Achou que eu tinha me esquecido de você? De seu atrevimento em afrontar-me e humilhar-me daquela maneira na frente das pessoas?

Rosa Maria arregalou os olhos.

– O senhor? Não posso acreditar. Por que não falou que me havia reconhecido?

– Achou que eu permitiria que contasse a minha família aquela cena? Achou também que eu permitiria que se casasse com meu filho? Que estragasse a vida dele?

– Não acredito que por causa de seu ódio um inocente morreu. Sua filha transformou-se em uma assassina. Seu filho deve estar sofrendo muito. E o que vai fazer comigo? Matar-me também?

– Minha filha não é assassina, porque não matou um ser humano, matou um negro simplesmente! Meu filho irá reagir e casar-se com a filha de meu amigo, que é muito rico! Nossa fortuna aumentará. Logo tudo isto será esquecido. Quanto a você, tenho um plano. Creio que gostará!

Quando terminou de falar, começou a rasgar a camisola com a qual ela estava vestida. Ela começou a gritar e a retorcer-se.

– Não faça isso! Por favor! Socorro! Socorro!

Os negros lá fora ouviam tudo, mas não podiam fazer nada. Malaquias, com uma espingarda nas mãos, olhava para eles em atitude de ameaça, falando:

– Qualquer negro que tentar alguma coisa será fuzilado aqui mesmo! O patrão pode fazer o que quiser!

Rosa Maria gritou desesperada, tentando livrar-se das cordas, mas foi inútil. Em poucos minutos estava nua. Ele estava como louco, enquanto batia nela e acariciava-a.

– Sempre achei você bonitinha e desejável... Agora, vou matar minha curiosidade...

Começou a abrir as calças. Ela percebeu qual era sua intenção.

– Não, por favor! Não faça isso! Sou virgem e amo seu filho.

Ele deu uma bofetada em seu rosto, falando:

– Virgem? Ah, ah, ah! Em poucos minutos, não será mais. Quanto a meu filho, ele não a quer mais, mas eu quero!

Como um animal, abriu as pernas dela e a possuiu violentamente. Enquanto a penetrava, ia batendo em seu rosto, em seu corpo. Ela gritava de dor. O sangue escorria por suas pernas e rosto. Ele continuava gargalhando. Quando terminou, ajeitou as calças e gritou da porta do quarto:

– Malaquias, venha cá!

Malaquias, abismado com tudo o que presenciou, atendeu o chamado de seu patrão. Colocou-se à frente de Dom Carlos, como um fiel súdito.

– Quero que pegue essa ordinária, leve-a para o mato, bem longe daqui. Abra uma cova e enterre-a. Se quiser, pode usá-la antes.

– Ela está morta, senhor?

– Não. Mas não importa. Faça o que mandei, não se atreva a desobedecer-me!

Rosa Maria chorava desesperada, com vergonha e dor pelo corpo todo. Ao ouvir as ordens dele, ficou ainda mais apavorada, mas sabia que era inútil falar qualquer coisa. Conhecia Malaquias, sabia que ele cumpriria à risca as ordens do patrão. Pensou: "Só me resta mesmo morrer. Assim, irei embora para junto de meus pais e de meu irmão. Todo esse sofrimento terminará. Nada poderá ser mais terrível do que o que aconteceu aqui. Meu Deus, por favor, permita que eu morra".

Dom Carlos montou no cavalo e partiu. Malaquias entrou no quarto, viu Rosa Maria nua, sangrando. Serafina entrou logo depois dele.

– *Meu Xangô! Meu Jesuis Cristo! Sinhazinha, qui ele feiz cum a sinhazinha?*

Malaquias desamarrou as mãos de Rosa Maria. Ela caiu no chão. Serafina pegou a camisola que estava no chão e começou a vesti-la com cuidado, porque ela gemia a qualquer movimento. Enquanto a vestia, falava:

– *Seu Malaquia, u sinhô num vai fazê u qui ele mandô. Oia u istado dessa minina. Já sufreu muito. Ieu sei qui u sinhô sabe qui ela é inucente.*

– Fique calada, negra! Sabe também que tenho ordens para cumprir! Dom Carlos é meu patrão. Não tenho nada a ver com o que ele faz. Só tenho que cumprir ordens e vou cumprir!

— Já pensô si sesse a sua fia?
— Não pensei nem quero pensar! Termine logo seu trabalho, preciso terminar o meu!

Serafina retardou o mais que pôde, mas teve que terminar de colocar a camisola em Rosa Maria. Malaquias pegou-a e colocou-a no cavalo. Montou e saiu galopando. Serafina e os negros todos se ajoelharam e começaram a rezar. Serafina falava:

— *Meu Nosso Sinhô Jesuis Cristo, jude essa minina.*

Malaquias, seguro de si, enquanto galopava, ia pensando: "Não acredito que ele teve coragem de fazer isso. Pensei que seria só para incriminá-la e acabar com o casamento, mas aquilo que ele fez... nunca pude imaginar. Estuprar a menina com tanta violência? E, agora, matá-la? Isso tudo está indo longe demais, mas nada posso fazer, preciso cumprir ordens. Ele é poderoso. Se não for obedecido, ficará furioso, poderá mandar-me embora ou se vingar em minha família. O certo é cumprir a ordem e aceitar a proposta que ele me fez. Com o dinheiro que me prometeu, poderei ir embora e esquecer tudo isso".

Com o galopar do cavalo, o corpo de Rosa Maria doía muito, mas ela não conseguia mais chorar. Não queria reagir, só queria morrer.

Depois de cavalgar por muito tempo, Malaquias entrou na mata e desceu Rosa Maria, que estava deitada sobre a sela do cavalo. Pegou uma enxada que também estava sobre a sela e começou a cavar um buraco. Ela percebeu o que ia acontecer, mas nada fez. Seu corpo doía, além do mais estava muito fraca, havia passado o dia todo sem comer. Só conseguia pensar: "Não quero mais viver... só quero morrer... perdi tudo... até Maria Luísa... vou para junto dos meus..."

Muito fraca, sem perceber, adormeceu.

ENCONTRANDO O CÉU

Rosa Maria estava novamente sobre a pedra, com o vestido rosa, rodeada de flores e frutas que eram servidas por aquelas pessoas. Olhou para as águas. Sabia que ele estava lá, e ele estava. Trazia nas mãos um lindo ramalhete de rosas brancas. Vinha sorrindo, bonito como sempre. Ela o conhecia.

Olhou para o lado. Sabia que, como sempre, Dom Carlos apareceria e estragaria seu sonho, mas desta vez ele não estava lá.

O moço falou:

– Luana, querida. Você está linda! Olhe a luz que sai de seu corpo. Voltará para mim e nunca mais a deixarei ir embora.

Ela se olhou e, realmente, de seu corpo saía muita luz. Olhou para ele e falou:

– Felipe! Você é Felipe! Oh, meu amor! Como não o reconheci antes? Quero ficar com você para sempre. Não quero mais voltar. Amo-o. Agora, sei que o amo e que meu lugar é aqui a seu lado. Não sei de mais nada. Só sei que o amo.

Ele falou algo, mas ela não entendeu.

Abriu os olhos. O dia estava raiando. O sol estava nascendo.

Olhou para todos os lados, só havia mato à sua volta. Em seu corpo, viu o sangue preto. Mexeu por todo o corpo.

"Não estou morta?"

À sua frente, o buraco e a enxada.

"Malaquias não teve coragem de matar-me. Mas por que não, meu Deus? Quero morrer! Quero ir para junto de Felipe, para aquele lugar maravilhoso."

Tornou a olhar para os lados. Só árvores e muito mato.

"Como sairei daqui?"

Escutou um barulho de água. Levantou-se. O corpo doía. Andou.

Foi quase se arrastando em direção ao barulho.

"Se for um rio, vou jogar-me e morrer afogada. Não quero mais viver..."

Chegou perto da água. Era um riozinho pequeno.

"É muito raso. Aqui não dá para eu me afogar..."

Com as mãos, lavou o rosto e os braços. Aquela água gelada trouxe-a para a realidade. Bebeu um pouco. Lembrou-se do vidente: "Tudo o que ele disse se realizou. A dor, o sofrimento e a traição, tudo. Eu quis morrer, mas Deus não deixou. Sairei daqui! Voltarei à fazenda e matarei aquele canalha! Vingar-me-ei de todo o mal que fez para mim, Tobias e Rodolfo, mas principalmente para Maria Luísa! O ódio será minha força! Não morrerei! Encontrarei um caminho para sair daqui. Aquele canalha vai pagar tudo o que fez! Xangô, já que os negros dizem que é o deus da justiça, tenho certeza de que me dará forças".

O céu estava azul, o dia lindo e brilhante. Ela entrou na água com roupa e tudo. A água estava gelada. Sentia muito frio, pois estava vestida só com a camisola rasgada.

"Serafina colocou esta camisola com tanto carinho. Não consegui vestir-me direito. Não teve tempo para colocar as botas. Tenho certeza de que está rezando por mim. Continue rezando, minha amiga, pedindo a seu deus Xangô para que me ajude. Ele vai ajudar-me. Vou fazer justiça!"

Aquela água fria lhe fez bem. O choque fez seus músculos e nervos enrijecerem.

Ficou lá por algum tempo. Lembrou-se de Felipe: "Quem será ele? Fiquei feliz ao revê-lo. Sei agora seu nome, mas quem será? Por que me chamou de Luana?"

Lavou-se, conseguiu tirar todo o sangue preto da camisola, do corpo e dos cabelos. Sentia muita dor por todo o corpo. A dor entre as pernas era terrível. Levantou a camisola, viu que estava sem roupa de baixo. Com horror, relembrou aquele momento: "Aquele animal! Como o odeio! Eu o matarei! Juro por todos os deuses. Eu o matarei!"

Lentamente saiu da água, tirou a camisola, que, por ser grande, ficou pesada. Torceu-a o mais que pôde. Percebeu que estava descalça.

"Como poderei andar sem sapatos? Deve haver muitos espinhos e galhos soltos."

Olhou novamente em volta. Havia muitas bananeiras à margem do rio. Pegou várias folhas. Com os dentes, conseguiu rasgar um pedaço da camisola e, depois, rasgou-o, tirando duas tiras. Enrolou as folhas nos pés, depois amarrou com as tiras da camisola, improvisando um sapato.

Estava com fome. Tornou a olhar ao redor. Viu algumas bananas que estavam maduras no cacho. Perto da água, havia umas frutinhas vermelhas. Não as conhecia, mas pareciam morangos. Experimentou. Tinham um sabor bom. Colheu e comeu várias dessas frutas e algumas bananas. Sentiu-se forte. Malaquias deixou a enxada e a pá. Com a pá, foi cortando o mato, abrindo caminho.

Seguindo o curso do rio, foi caminhando. Os galhos cortavam seu rosto, braços e pernas. As folhas dos pés esquentaram, seus pés começaram a doer. A fome voltou. Não sabia quanto havia andado, não sabia as horas. O sol estava alto.

"Deve ser quase meio-dia, por isso estou cansada e com fome. Vou parar um pouco."

Sentou-se novamente na margem do rio. Tirou as folhas dos pés. O pano que usara estava rasgado. Colocou os pés novamente na água, lavou o sangue que escorria dos arranhões dos galhos. Rasgou outro pedaço da camisola. Pegou mais folhas e tornou a enrolar os pés. Comeu mais alguns morangos e bananas. Sentiu-se fraca.

"Não vou conseguir. Estou perdida..."

Deitou-se na grama. Lembrou-se de tudo. Novamente, sentiu ódio. Levantou-se e continuou andando.

Andou muito. Os pés começaram a doer novamente. Estava cansada. Olhou à volta.

"Não vou conseguir sair desta mata. Não! Deus não vai permitir que isso aconteça. Não quero morrer. Preciso viver para poder matar aquele monstro!"

Novamente o ódio tomou conta dela. Levantou-se, continuou andando. Viu do outro lado do rio uma carroça de boi conduzida por um homem. Começou a gritar, mas ele não ouviu. Levantou a camisola e atravessou o rio, que era raso. Foi andando em direção ao local em que viu a carroça. Subiu um morro alto. Quando chegou ao topo, a carroça não estava mais ali. Anoitecia. O sol começava a se pôr. Ela notou que estava em uma estrada.

"Por aqui devem passar cavaleiros. Esta estrada vai dar em algum lugar. Vou segui-la."

Os pés e o corpo doíam. Estava toda machucada. Mas o ódio fazia com que não parasse de caminhar: "Conseguirei. Conseguirei!"

Continuou andando pela estrada. O sol estava baixando. Ela sabia que iria escurecer em pouco tempo.

"Oh, meu Deus! Como vou ficar aqui sozinha nesta estrada? No escuro... Com toda essa dor e fome..."

Continuou quase se arrastando. Mesmo o ódio não conseguia fazer seu corpo resistir. Caiu na estrada. Desfaleceu. O sol estava quase desaparecendo. Ficou ali deitada, inconsciente.

Acordou. Não estava mais na estrada. O lugar em que estava era bastante colorido.

"Que lugar é este? Será que morri? E esse violino que está tocando essa música suave e linda..."

— Graças a Deus estou morta — disse em voz alta.

— Não morreu, não. Aqui, embora pareça, ainda não é o céu.

Olhou para o lado de onde vinha a voz. Uma cortina estava aberta. Por ela, entrou uma mulher, trazendo nas mãos uma bandeja com frutas, pães e chá. O aroma do chá era agradável.

— Bom dia. Meu nome é Zara, você está em nosso acampamento. Somos ciganos.

Rosa Maria assustou-se. Ciganos? Sempre teve medo de ciganos. Quando pequena, sua mãe dizia para ficar longe deles, pois roubavam crianças.

— Como vim parar aqui?

— Foi encontrada desfalecida por Sergei quando ele foi à vila buscar mantimentos e voltava com a carroça. Quando a viu, pegou-a, colocou-a na carroça e trouxe-a para cá. O que lhe aconteceu? Como chegou àquela estrada? Está muito machucada. Quando quiser, e se quiser, pode me contar tudo. Por enquanto, vai comer um pouco e beber este chá. Depois, vou com você até o rio. Vai tomar um banho e colocar estas roupas. Com esses seus cabelos pretos, vai até parecer uma cigana.

Zara deu uma gargalhada, oferecendo um cacho de uvas para Rosa Maria.

Rosa Maria sentiu-se bem como há muito tempo não se sentia.

— Qual é seu nome?

— Rosa Maria. Estou com dor no corpo e nos pés. Por outro lado, não sei por quê, sinto-me segura e protegida.

— E está mesmo. Aqui nada de mal vai lhe acontecer. Depois, vai conhecer os outros, mas, agora, coma.

Rosa Maria comeu as frutas e tomou chá. Ficou satisfeita.

— Obrigada. Foi Deus quem me encaminhou até aqui.

— Ele sempre está presente em nossas vidas. Também agradeço por nos ter enviado você. Agora, vai tomar um banho e lavar esses cabelos. Está horrível!

Rosa Maria lembrou-se do dia em que Maria Luísa falou aquelas mesmas palavras, quando estava deitada, sofrendo pela morte de seus pais e de Tadeu. Começou a chorar.

– Por que está chorando?

– Fez-me lembrar de uma amiga muito querida que um dia me falou essas mesmas palavras.

– Lembrar-se de amigos é sempre muito bom.

Dizendo isso, Zara abriu um baú, tirou uma blusa branca com um grande babado e rendas nas pontas. As mangas eram largas. Tirou também uma saia rodada com uma estampa colorida, sobressaindo o azul.

– Vamos até o rio?

Rosa Maria deixou-se levar por aquela estranha que a tratava com tanto carinho. Saiu da tenda. Lá fora havia uma fogueira com um caldeirão no centro, seguro por um pedaço de ferro. Em volta da fogueira, havia tendas e atrás de cada tenda uma carroça enfeitada e colorida. O aroma que saía do caldeirão era muito bom.

Crianças corriam brincando. Uma senhora alimentava o fogo. Um homem bonito tocava violino, moças e rapazes dançavam. Parecia uma festa. Todos vestidos com roupas coloridas. A alegria parecia ter ali seu endereço. Zara pegou-a pela mão, levou-a até o centro da roda e disse:

– Esta é Rosa Maria. Vai ficar por algum tempo conosco.

Todos olharam sorrindo para ela, mas não pararam de fazer suas atividades. Zara apontou para o homem que tocava o violino, falando:

– Aquele é Sergei, meu marido e quem a salvou.

Ela, timidamente, sorriu para ele, no que foi retribuída.

Zara pegou-a pela mão e foi conduzindo-a até o rio. Rosa Maria estava encantada com todas aquelas cores e toda a alegria que sentia naquelas pessoas. Todas abanavam as mãos, sorrindo.

No rio, ajudada por Zara, tirou as roupas rasgadas, banhou-se e lavou os cabelos. Colocou as roupas que Zara lhe oferecia. Sentou-se na margem. Zara começou a pentear seus cabelos.

Sentia ainda muita dor por todo o corpo. Seus pés feridos doíam. Em volta de seus olhos havia uma imensa mancha preta, resultado das bofetadas que levara. Tudo doía, mas agora sabia que estava bem e entre amigos.

– Está muito machucada. Seu corpo deve estar doendo. Mas muito mais doente deve estar sua alma.

Rosa Maria virou a cabeça para trás e disse:

– Por que está dizendo isso?

– O povo cigano vive de um lado para outro, é perseguido desde o começo dos tempos por querer ser livre e poder fazer o que quer. Muita coisa se diz a nosso respeito, que roubamos crianças e dinheiro. Nem tudo que se ouve é verdade. Somos livres, sim. Gostamos de danças, cores e de muita alegria. Já percorremos quase todo este país. Quando nos cansarmos, iremos para outro. Não temos pátria porque o mundo todo é nosso. Por sermos livres de convenções e costumes, as pessoas não nos aceitam. Por isso, vivemos separados e com nossas leis e costumes. Dizem que lemos cartas e mãos, isso é verdade. Quer ver? Dê-me sua mão esquerda. Vejo aqui que você foi surrada e está toda machucada. Seu corpo e alma estão feridos. Seu corpo, com o passar dos dias, vai sarar, mas sua alma levará muito tempo e talvez nunca se cure. O amor e o ódio andam juntos. O amor dá-nos o sentimento de paz e tranquilidade. Quando amamos, não enxergamos nada. Vivemos quase voando, só pensando em nosso amor e em nossa felicidade. Por isso, ficamos fracos, por não acreditarmos que a maldade existe. Quando odiamos, uma força grande toma conta de todos os nossos sentidos. Por amor podemos morrer, por ódio podemos matar. Precisamos desses dois sentimentos para sobreviver, porém devem ser dosados. Nem tudo pode ser amor, nem tudo pode ser ódio. O ideal é vivermos a realidade. Você deve ter amado muito, por isso sofreu. Deve ter odiado muito, por isso sobreviveu.

Rosa Maria escutava-a com atenção e, em silêncio, pensava: "Como pode saber de tudo isso?"

Quando Zara terminou de falar, voltou a pentear os cabelos de Rosa Maria.

– Estou muito grata por estar aqui. Meu mundo não tem essas cores, essa alegria, nem toda essa liberdade. Amei muito, sim, e por isso sofri, mas também odiei e odeio ainda. Meu corpo dói muito, mas, como a senhora disse, dói mais meu coração, minha alma. Só vão sarar quando conseguir vingar-me.

– Se quiser, pode contar-me o que aconteceu, mas só se quiser. Está aqui e ficará até quando desejar. Nada que me contar vai mudar isso.

Rosa Maria encostou o rosto no peito de Zara. Sentia tanto carinho, tanta proteção... começou a chorar baixinho. Fechou os olhos e contou tudo, desde o início em Portugal. Seus pais, a febre e o encontro com Maria Luísa, Rodolfo e Dom Carlos. Quando terminou, chorava muito. Zara olhou em seus olhos e disse:

– Agora, pare de chorar. Tenho certeza de que está aliviada. O que pretende fazer?

– Vou sarar! Essas feridas vão desaparecer! Se permitir, ficarei um pouco de tempo aqui com vocês, até ficar completamente curada e forte novamente. Aí, voltarei e matarei aquele canalha!

– Hoje, tem razão e motivo para estar assim. Enquanto estiver ferida e fraca, e enquanto quiser, ficará aqui. Por enquanto, vamos voltar ao acampamento. Quero apresentar-lhe os outros ciganos.

Rosa Maria se levantou, apoiada por Zara. Olhou para suas roupas e disse com um sorriso:

– Estas roupas são muito bonitas! Estou sentindo-me linda!

Zara sorriu, deixou os cabelos de Rosa Maria soltos e caídos pelas costas para que secassem. Estavam molhados, mas muito bem penteados.

Voltaram para o acampamento. Rosa Maria, sempre apoiada em Zara, que a conduzia carinhosamente. A música continuava, agora mais um rapaz tocava em um instrumento que parecia uma sanfona, só que menor. Os outros dançavam. A música, ora lenta, ora rápida, fazia com que a dança também fosse assim.

As moças dançavam, rindo. Algumas tinham nas mãos um pequeno pandeiro enfeitado com fitas coloridas. Tudo lá era alegria. Quando chegaram, Zara parou no meio da roda. A música cessou. Ela disse:

– Já sabem que esta é Rosa Maria e que foi encontrada por Sergei. Precisa de nossa ajuda e terá. Não quero que ninguém faça perguntas. Ela não falará nada que não desejar. Ficará aqui o tempo que quiser e que precisar. Durante esse tempo, será uma de nós.

A um sinal dela, a música voltou a tocar. Começou a dançar, no que foi acompanhada pelos outros ciganos. Rosa Maria afastou-se e ficou olhando, encantada. Sentou-se no chão, igual a alguns deles que estavam sentados. Começou a bater palmas e a sorrir, seguindo o ritmo da música. Pensava: "Esse povo é realmente feliz..."

NOTÍCIA INDESEJADA

Ela continuou ali, percorrendo, com os olhos, todo o acampamento. Crianças e adultos pareciam viver em perfeita ordem e felicidade.

Olhou para Sergei. Ele também a olhava. Os acordes da música aumentaram. Parecia que a música tomava conta do acampamento. Ele fechou os olhos e começou a tocar uma música suave e agradável. De seus olhos, corriam lágrimas. Zara aproximou-se e abraçou-o, mas ficou calada ouvindo a música, com lágrimas também.

Rosa Maria não viu que estavam chorando. Ela, de olhos fechados, ouvia a música, que a transportou para junto dele, Felipe. "Quem será Felipe e que lugar é aquele? Ele é muito bonito, sei que o amo, mas como pode ser? Amo Rodolfo. Rodolfo, meu amor, como pôde acreditar em uma mentira como aquela?"

A música parou. Todos estavam cansados. Algumas mulheres que não estavam dançando ofereciam suco de frutas aos dançarinos.

– Quero que todos se apresentem à nossa convidada – Zara disse, sorrindo e abraçando Rosa Maria.

Rapazes, moças, homens, mulheres e crianças foram passando por ela, fazendo uma reverência e dizendo seus nomes, sempre sorrindo. Por último, o homem que estava tocando.

– Meu nome é Sergei. Sou o rei dos ciganos. Esta é Zara, minha esposa, que você já conhece. Encontrei você e estou feliz que esteja bem.

Rosa Maria, sorrindo, falou:

– Muito obrigada. Se não tivesse me encontrado, talvez estivesse morta agora.

Zara, que estava ao lado, disse:

– Olhe, Sergei, como ela ficou linda nessas roupas! Não parece uma cigana?

– Muito linda mesmo e parece, sim, uma cigana! Agora, vamos ao trabalho. Música e dança, só à noite.

Cada um saiu para um lado. Algumas mulheres foram para os teares, nos quais confeccionavam belos tapetes. Os homens faziam panelas e canecas de cobre. Rosa Maria perguntou a Zara:

– Para que fazem essas coisas?

– Tudo o que é feito no acampamento é levado ao povoado por Sergei e alguns ciganos. Vendem ou trocam por alimentos e mercadoria. Não quer aprender a usar um pequeno tear?

– Eu sei usar. Meu pai criava ovelhas.

– Ótimo. Se quiser, pode começar.

Ela fez que sim com a cabeça. Tentou levantar-se, mas sentiu tontura e foi obrigada a segurar-se em Zara, que falou:

– Ainda está muito fraca e machucada. É melhor deitar-se. Vou levá-la para dentro da tenda.

– Obrigada, realmente não estou bem.

Zara colocou a mão em sua testa.

— Está com febre. Vá deitar-se, vou preparar um chá de ervas para combater qualquer inflamação. Vai ficar boa.

— Tenho certeza de que sim. Não vou morrer antes de matar aquele monstro!

Deitou-se. Sentia muito frio. Zara saiu, mas logo depois voltou, trazendo uma caneca com chá.

— Beba este chá. Vai dormir por um bom tempo. Logo estará bem.

Rosa Maria tomou o chá e, em seguida, adormeceu. Zara saiu da tenda e foi para perto de Sergei.

— Ela está com muita febre. As feridas das pernas e dos pés estão inflamadas. Dei um chá para baixar a febre e vou pedir a Zoraide que cuide das feridas.

— Faça isso. Parece que ela sofreu muito, Zara.

— Você nem pode imaginar o quanto, Sergei.

Zara fez uma pausa e perguntou:

— Notou o mesmo que eu?

— Sim. Quando a encontrei desfalecida no meio da estrada, me pareceu ver Tamara. São muito parecidas. Talvez tenham a mesma idade. Com as roupas dela, ficou mais parecida ainda.

— Também achei. Talvez por isso tenha me afeiçoado tanto a ela.

— Zara, cuide dela, mas não se apegue demais. Não é nossa filha. Nem cigana. A qualquer momento vai querer ir embora. Não poderemos impedir. Como não conseguimos impedir a morte de nossa querida filha.

Calaram-se, mas lembraram-se com muita dor e saudade da filha que morrera tão cedo, vítima de uma doença desconhecida para eles. A doença começara com uma tosse seca, depois a menina começou a cuspir sangue. Deram ervas, chá e levaram-na até a um médico dos *gagis*, mas não adiantou. Foi definhando até morrer. Todo o acampamento sofreu muito, pois ela era amável, delicada e muito alegre. Todos a amavam. Eles sabiam que ela tinha ido para junto dos antepassados, nas asas de um grande pássaro branco.

— Zara, onde está aquele colar de ouro e pedras preciosas que vem passando de geração a geração, de mãe para filha?
— Aquele que seria de Tamara? Está guardado. Darei talvez para uma neta. Nosso Igor em breve irá se casar com Zilca, terá uma filha. Darei a ela.

Parou de falar e foi procurar Zoraide. Ela conhecia plantas, ervas, poções e unguentos para cura de qualquer coisa.
— Zoraide, preciso que cuide dessa moça. Está muito ferida.
— Pode deixar. Vou lá ver como ela está. Zara, você notou a semelhança dela com Tamara?
— Sim, chamou-me a atenção. Mas é só semelhança. Ela não é Tamara, nem cigana.
— Tem razão.

Cuidaram de Rosa Maria por vários dias. Aos poucos, as feridas foram sarando. A febre baixou. Ganhou de outras ciganas muitas roupas bonitas e coloridas. Estava bem com os ciganos. Aprendia suas danças e músicas. Aprendia a tecer belos tapetes. Vivia tranquila, até lembrar-se de Dom Carlos. Nesses momentos, seu rosto mudava de expressão. Pensava: "Preciso ficar bem forte para poder enfrentá-lo. Se for agora, irá destruir-me novamente. Preciso de um plano".

Foi falar com Sergei e Zara.
— Vocês conhecem a Fazenda Maria Luísa?

Sergei pensou um pouco, olhou para Zara e respondeu:
— Não, nunca ouvi falar. Onde fica? Em que lugar?
— Não sei. Só sei que por ela passa um rio. O dia que saí de lá, cavalguei muito tempo, mas não sei quanto.
— Não conheço. Nunca ouvi falar, mas com certeza qualquer dia desses passaremos por ela.

Os dias foram se sucedendo. Rosa Maria estava com os ciganos havia mais de um mês. Sentia-se cada vez mais forte e saudável. Naquela manhã, levantou-se, saiu da tenda e encaminhava-se para a fogueira quando sentiu uma tontura. Parecia que seu estômago queria explodir. Deu alguns passos. Uma cigana segurou-a, evitando que caísse.

Zara estava do outro lado. Viu Rosa Maria, pálida, ser amparada pela cigana. Correu para lá.

– O que está sentindo, Rosa Maria? Que aconteceu?
– Não sei, Zara. Fiquei tonta de repente. Estou suando e com as pernas fracas. Tenho vontade de vomitar.

Zoraide, que também estava perto, olhou para Zara, mas não disse nada. Ajudou a segurar Rosa Maria e disse:
– Venha, coma uma carambola. É uma fruta azeda, vai ajudar. Se quiser vomitar, não há problema. Isso não é nada, logo passará e ficará bem.

Realmente, logo depois Rosa Maria estava perfeitamente bem. Foi ajudar as ciganas com os tapetes. Na hora do almoço, comeu muito bem do coelho que foi assado em um espeto sobre as brasas da fogueira.

Durante a refeição, Sergei disse:
– Já estamos há muito tempo aqui. Amanhã iremos embora.
– Para onde, meu pai?
– Igor, meu filho, ainda não aprendeu? Um cigano nunca sabe para onde vai. Ele simplesmente vai para onde o destino levar.

Todos riram, pois sabiam que era assim mesmo.

Rosa Maria pensava: "Sei que a fazenda fica por aqui. Não deve ser muito longe, mas ainda é muito cedo para voltar. Tenho que planejar meu retorno. Voltarei para desmascarar aquele monstro perante todos. Principalmente para Maria Luísa e Rodolfo. Vou embora com Zara e Sergei, mas um dia voltarei".

Durante alguns dias continuou sentindo-se mal pela manhã e, às vezes, na hora do almoço. Num desses dias, após passar mal, estava comendo uma carambola. Falou para Zara, que ficava sempre a seu lado nessas horas:
– Zara, que doença estranha é essa que me ataca todos os dias pela manhã? Estou ficando preocupada, embora o resto do dia eu passe muito bem e tenha muita fome.
– Não se preocupe, esse enjoo logo vai passar. Ficará bem.
– Como sabe? Por que estou sentindo-me tão mal?
– Porque já passei por isso. Vai comer muito porque tem que comer por dois.

Rosa Maria não podia nem queria acreditar naquilo que estava ouvindo.

— Que está querendo dizer, Zara?

— Não estou querendo. Estou dizendo. Você vai ser mamãe... logo chegará um ciganinho. Ou uma ciganinha...

Rosa Maria arregalou os olhos e gritou, chamando a atenção de todos.

— Não pode ser, Zara! Você deve estar enganada. Isso seria terrível demais! Deus não permitiria que isso acontecesse!

— Não estou enganada, Rosa Maria. Já há vários dias eu e Zoraide sabemos. Você está esperando um filho. Se Deus está permitindo, é porque está escrito nas cartas e em seu destino.

— Você sabe quem é o pai! Não posso aceitar! Não vou querer esse filho! Não quero. Não quero!

Enquanto falava, chorava copiosamente.

— Como não pode, Rosa Maria? Ele não tem culpa de nada. Vai tê-lo e com certeza vai amá-lo muito. Um filho é a coisa mais importante em nossa vida. Só quando se perde é que se dá o justo valor. Terá esse filho. Se não o quiser, ficarei com ele. Não importa quem é o pai. Ele está dentro de você. É seu. Deus lhe deu.

— Não posso. Não posso! Eu odeio aquele homem! Vou matá-lo!

— Está bem. Se quiser matá-lo, é problema seu. Mas a criança não tem nenhuma culpa. Se não a quiser, repito, ficará comigo. Eu a criarei com todo o amor.

Depois daquele dia, Rosa Maria caiu em profunda depressão. Não quis fazer mais nada. Quase não falava, vivia triste. Sua barriga começou a aparecer. Triste, pensava: "Não quero essa criança! Quando nascer, vou dá-la para Zara e irei embora. Vou descobrir onde fica a fazenda e vou matar aquele miserável!"

Um dia, Zara falou-lhe:

— Está tendo uma gravidez muito boa, Rosa Maria. Sua criança será forte e saudável. Não tem mais jeito: querendo

ou não, ela nascerá. Já que não pode mudar a situação, aceite-a. Se não puder com o inimigo, una-se a ele.
— Tem razão, Zara. Já que não posso evitar, vou ter este filho com alegria, porque estou gerando-o para você. Será seu e irei embora cumprir meu destino.
— O destino nem sempre é do modo que queremos. Vamos para fora. Sergei está tocando aquela música de que você tanto gosta. Que tal dançarmos?
Abraçaram-se. Quando os dois corpos se tocaram, a barriga de Rosa Maria deu um pequeno tremor. As duas sentiram e começaram a rir. Rosa Maria disse:
— Ele concordou com nosso acordo, Zara.
Saíram da tenda e começaram a dançar. Rosa Maria estava linda, vestida de cigana.
Os meses seguintes transcorreram normalmente. Agora, Rosa Maria participava novamente da vida do acampamento. Pensava: "Zara quer tanto este bebê. Vou tê-lo para ela, mas detesto essa criança! Deus colocou-a em minha barriga, mas não vou nem olhar para ela!"
O tempo passou. Estavam agora no Nordeste brasileiro, em Pernambuco. Naquela manhã, Rosa Maria acordou como todos os dias. Sentiu uma dor nas costas, mas não deu importância. Saiu da tenda, comeu frutas e tomou seu chá. À mesa, disse a Zara e Zoraide que a dor havia aumentado. As duas imediatamente levaram Rosa Maria para junto do rio, deitaram-na e ficaram esperando. A dor foi aumentando. Zoraide era a parteira do acampamento. Examinava Rosa Maria a todo instante. Depois de algum tempo, disse:
— Chegou a hora.
As duas colocaram Rosa Maria de cócoras. A dor aumentou muito. Ela fez muita força, até que com a ajuda das duas a criança nasceu.
Zoraide colocou-a no peito de Rosa Maria e disse com lágrimas nos olhos:
— É um menino, Rosa Maria! Um lindo menino!
Rosa Maria virou o rosto. Zara disse:

— Olhe para ele, Rosa Maria! Não custa nada, mas lembre-se. Prometeu. Ele é meu!

Ela olhou para aquele rostinho. Estava vermelho, mas tinha cabelos pretos como os dela. Chorava com muita força. Por um momento, ele abriu os olhos e olhou para ela. O coração de Rosa Maria se encheu de emoção. Lágrimas vieram a seus olhos. Olhou para Zara dizendo:

— Sinto muito, mas não posso dá-lo. É meu, e eu o amo...

— Sei que é seu, minha filha. Sempre soube. Deus a abençoe por este momento. Ele será um grande homem. Teremos muito orgulho dele. Sim, porque, embora não o esteja me dando, considero-me sua mãe também.

— E é, pode ter certeza de que é. Ele só nasceu por sua vontade. Obrigada por mim e por ele...

Enquanto Zoraide cuidava de Rosa Maria, Zara banhava o menino nas águas do rio.

— Qual vai ser o nome dele, Rosa Maria?

Rosa Maria olhou para o bebê. Zara estava perguntando com ele dentro da água. Rosa Maria lembrou-se de Felipe saindo das águas, sorrindo. Sem saber por quê, desviou os olhos. Lá estava ele, seu Felipe. Como sempre, estava lá, sorrindo feliz, dando a ela um ramalhete de rosas. Desta vez, ela estava acordada, não era sonho. Ela o via. Ele ria muito. E falou para Rosa Maria:

— Meus parabéns, meu amor! Deu hoje um passo para nosso encontro. Conseguiu superar seu ódio aceitando essa criança. Deus a abençoe.

— Rosa Maria, qual vai ser o nome do menino?

Ela voltou para a realidade. Ouvia ao longe a voz de Zara perguntando. Olhou para ela e respondeu:

— Felipe.

— Felipe? Quem é Felipe?

— Felipe? É o nome de meu filho.

Tornou a olhar para o meio do rio. Felipe jogou o ramalhete de rosas, que caíam suavemente em cima dela. Ele lhe mandou um beijo com as pontas dos dedos e sumiu. Emocionada, ela disse:

– Felipe, eu o amo. Amo-o muito.

Felipe nasceu. Foi uma festa no acampamento. Muita música, dança, comida e bebida. Felipe foi recebido como se fosse um pequeno rei. Rosa Maria, vendo toda aquela alegria, pensava: "Obrigada, meu Deus, por não ter me deixado morrer naquela noite. Perdoe-me por não ter querido meu filho. Permita, Senhor, que consiga criá-lo com todo o carinho e amor que merece. Nada mais importa. Meu filho está aqui. É lindo e perfeito, mas, meu Deus, por mais que queira, não consigo esquecer aquele canalha. Eu o odeio e o matarei depois de desmascará-lo! Se for presa por isso, tenho certeza de que Sergei e Zara cuidarão de Felipe. Receberá muito amor. Ele jamais saberá que aquele monstro é seu pai! Nem o modo como foi concebido. Estou, agora, lembrando-me de Serafina quando dizia: 'Xangô cuida e prutege seus fio...'"

Zara aproximou-se. Rosa Maria estava sentada, assistindo a toda aquela festa.

– Minha filha, conversei com Sergei e Igor. Permitiram que eu faça algo que me fará muito feliz. Você tomou o lugar de Tamara em nossos corações e no de todos os ciganos. Todos nós a amamos muito e agora a Felipe também. Por isso, quero que receba este presente.

Abriu a mão. Apareceu um lindo colar.

– Este colar está em nossa família há muitas gerações. Recebi de minha mãe, que havia recebido da sua. Dei-o a Tamara, mas, infelizmente, ela morreu. Pertenceria à filha de Igor quando nascesse, mas nós amamos você, que nos trouxe muita felicidade, mais ainda agora com o pequeno Felipe. Por isso, estou dando-lhe isto, para que use e um dia dê a Felipe. Assim, estaremos sempre em seus corações.

– Zara, não posso aceitar. Esse colar tem tradição. Tem que ficar em sua família. Tem que ser de sua neta. Não sou de sua família, sou só uma moça infeliz que vocês salvaram.

– É como se fosse nossa filha. Trouxe de volta a nossos corações a alegria. Eu, Sergei e Igor queremos que fique com este colar e que mais tarde dê a Felipe.

Rosa Maria sentiu muita sinceridade naquelas palavras.

– Está bem, vou aceitar. Vocês também se transformaram na família que perdi. Amo a todos. Guardarei esse colar com todo o carinho, como se fosse um tesouro. Para mim, realmente o é.

Os dias e meses foram passando. Os ciganos iam de um lado para outro. Só precisavam de um espaço onde houvesse água fresca. Dependendo do lugar, permaneciam por mais ou por menos tempo.

Sergei nunca mais voltou para Minas Gerais. Queria manter Rosa Maria longe dali e de sua vingança. Mas não adiantava. Todos os dias, antes de dormir, ela se lembrava e pensava com muito ódio: "Só descansarei no dia em que o matar!"

Ela escrevia sempre para José e Isabel. Na primeira carta, contou tudo o que havia acontecido, mas tranquilizava-os, dizendo estar bem com os ciganos e que qualquer dia voltaria.

Percorreram quase todo o Brasil. Rosa Maria encantava-se com a beleza que estava conhecendo. Adorava viver com os ciganos, sentindo aquela imensa liberdade.

O tempo foi passando. Felipe, crescendo forte, sadio e inteligente, era a alegria de todos.

Em uma noite, quando estavam sentados em volta de uma fogueira e Felipe dançava ao lado dos ciganos, Zara disse feliz:

– Cinco anos! Ele já está com cinco anos, Rosa Maria! Parece que foi ontem que nasceu.

– É verdade, Zara, parece que foi ontem que nasceu e que eu renasci quando vi seu rostinho. O tempo passou e nós nem percebemos. Também... sempre viajando...

– Falei com Sergei. Vamos fazer uma linda festa para comemorar o aniversário dele.

– Felipe, com certeza, ficará feliz, Zara. Adora festas, ainda mais sendo para ele.

– Vou agora falar com ele e contar da festa.

Zara saiu. Rosa Maria relembrou-se de tudo: do dia em que soube estar grávida, da sua reação e do parto. "Foi a última vez que vi ou sonhei com Felipe. Por que nunca mais voltou? Se ele nunca mais voltar..."

Sempre fazia a si mesma aquela pergunta. Depois que Felipe nasceu, nunca mais sonhou com o outro Felipe, aquele que não sabia quem era, mas que, com certeza, amava.

Depois da festa, iriam viajar novamente. Estavam agora no Paraná. Ela estava contente. Seu filho crescendo livre, sadio e feliz. Só não conseguia esquecer aquele canalha. Todos os dias fazia o mesmo juramento: "Eu o matarei!"

Em uma tarde, Sergei chegou da vila, dizendo:

– Vamos voltar para Minas Gerais.

Quando Rosa Maria ouviu essas palavras, sentiu um tremor: "Vamos voltar? Agora, já estou mais adulta e forte. Já tenho forças para enfrentá-lo. Vou desmascará-lo e depois matá-lo! Que Deus me ajude!"

Perguntou a Sergei:

– Será que consegue descobrir a Fazenda Maria Luísa?

– Não sei... talvez... Não deve ficar muito longe do lugar em que estávamos acampados naquela ocasião. Tem certeza de que é isso que quer, Rosa Maria?

– Preciso voltar para enfrentar aquele canalha, Sergei. Se não fizer isso, nunca mais terei paz.

– O que pretende fazer?

– Não sei. Verei quando chegar. Tenho certeza de que, se algo me acontecer, vocês tomarão conta de Felipe. Ele será criado livre e feliz. Preciso fazer. Não tenho como evitar.

Zara abraçou-a e disse:

– Minha filha, o ódio só é bom para nos dar forças quando precisamos. Agora você não precisa mais. Ama e é amada por todos nós. Tem seu filho para amar. Em seu coração não deve haver espaço para o ódio. O amor ainda é o melhor sentimento que devemos ter em nosso coração. Mas, se acha que precisa vingar-se para ser feliz, vá, mas não irá sozinha. Sergei, não adianta mais protelar. Chegou a hora. Iremos todos juntos. Aquele homem verá que, agora, ela não está mais sozinha.

— Com certeza. Nunca a deixaria ir sozinha. Assim que chegarmos àquela região, descobrirei onde fica a fazenda.
— Obrigada, Sergei. Só poderia esperar isso de vocês. Quando chegar lá, contarei a Rodolfo e a Maria Luísa tudo o que aquele canalha fez comigo e com eles. Vou desmoralizá-lo! Mas acho que não será o suficiente, preciso matá-lo!
— Cuidado, Rosa Maria. Você é jovem e bonita. Não estrague sua vida por alguém que não merece.
— Isso não me importa, Sergei. A única coisa que quero é que Felipe nunca saiba que é filho daquele monstro!
— Se depender de nós, não saberá nunca. Mas já pensou que Rodolfo pode estar casado?
Rosa Maria sentiu um aperto no coração e respondeu:
— Não havia pensado nisso. Mesmo que esteja casado, deve estar morando na casa que seria nossa. Agora, se Maria Luísa casou, deve ter ido embora com o marido, mas não faz mal. Irei até ela, esteja onde estiver.
A festa de Felipe foi grandiosa. Um porco foi assado na fogueira. Todos dançaram. Sergei e Igor tocaram o dia inteiro. Felipe estava feliz. Rosa Maria também.
No dia seguinte, desmontaram o acampamento. Iniciaram a viagem para Minas Gerais.
Viajaram por vários meses. Rosa Maria e Zara iam sentadas na carroça da frente com Sergei. As outras carroças seguiam atrás.
Em uma manhã, Sergei apontou para uma montanha que havia à frente e disse:
— Amanhã chegaremos. A vila fica depois daquela montanha.
Realmente, no dia seguinte chegaram.
— Este é o local em que estávamos quando a encontrei, Rosa Maria. Vamos montar o acampamento. Amanhã, irei até a vila descobrir onde fica a tal fazenda.
Rosa Maria suspirou:
— Até que enfim.
Zara disse:

– Lembre-se, minha filha: Deus foi bom para você. Por poucos dias de tristeza, deu-lhe muitos anos de felicidade, paz e tranquilidade.
– Tem razão, Zara, mas, por mais que queira, não consigo perdoar. Já se passaram tantos anos, mas aquelas imagens não saem de meu pensamento. Ele foi muito cruel!
– Está bem, minha filha. Vá ao encontro de seu destino.

Rosa Maria sorriu. Estava ansiosa por não saber o que aconteceria, mas feliz porque finalmente poderia se vingar.

No dia seguinte, depois que tudo estava arrumado, Sergei foi para a vila.

Voltou depois de algumas horas. Disse:
– Rosa Maria, já sei onde fica a fazenda. Fica a uma hora a cavalo. Com as carroças, levaremos mais tempo. Se quiser, amanhã cedo, iremos só eu, você e Zara.
– Quero sim, Sergei! É o que mais quero! Ele pensa que morri. Ao me ver, pensará estar vendo um fantasma!
– Está bem, amanhã sairemos bem cedo.
– Não vejo a hora!
– Mas só irei com uma condição, Rosa Maria.
– Qual, Sergei?
– Só irei com você se Felipe for também.
– Nunca! Não quero que aquele canalha veja meu filho! Ele é tão mau que poderá fazer algo contra Felipe!
– Não se preocupe, enquanto você estiver na casa-grande, ele ficará na carroça comigo e com Zara, mas acho que ele precisa ir com você.
– Está bem. Se ficarem com Felipe, e não permitirem que meu filho veja aquele monstro, aceito.
– Assim é melhor. Sairemos amanhã bem cedo.

Rosa Maria foi se deitar. Felipe dormia ao seu lado. Ela o beijou, pensando: "Não entendo por que Sergei impôs essa condição. Ele sempre soube que eu nunca quis que Felipe conhecesse aquele monstro! Finalmente, o dia chegou, poderei me vingar do homem que destruiu os meus sonhos. Quase destruiu minha vida, só não conseguiu porque Deus colocou os ciganos em meu caminho".

Virava-se de um lado para o outro, mas não conseguia dormir. Até que, finalmente, adormeceu.

Estava novamente sentada no alto da pedra. Já conhecia aquele lugar. Olhou para o rio, sabia que ele estava lá. E, realmente, estava. Sorrindo e lindo como sempre.

Ele saiu do rio e, sorrindo, se aproximou, dizendo:

— Estas rosas são suas. Para demonstrar meu amor. Está chegando a hora decisiva. Que Deus a inspire para que faça o melhor.

— Rosa Maria, acorde. Está na hora. O dia está raiando.

Ela escutou a voz de Zara, mas não queria acordar. "Ele nunca esteve tão perto de mim..."

Quando Rosa Maria ia segurar sua mão, foi acordada por Zara e ele desapareceu.

Abriu os olhos.

— Bom dia, Zara, estava sonhando.

— Pelo jeito, foi um sonho bom.

— Muito bom. Foi uma pena ter-me acordado.

— Se soubesse, teria esperado mais um pouco. Está na hora. Não vejo a hora de voltarmos para cá.

— Por quê, Zara?

— Porque tudo estará resolvido. Você também estará em paz.

— Também espero. Precisamos mesmo levar Felipe?

— Foi a condição de Sergei.

— Não entendi essa condição. Você entendeu, Zara?

— Não. Ele não quis falar no assunto. Disse a ele que não devíamos levar o menino. Ele disse que sem Felipe não iria.

— Ele está dormindo tão bem, Zara. Sinto tanto ter que acordá-lo.

— Não adianta, vai ter que acordá-lo e prepará-lo para a viagem.

— Está bem. Se não puder com eles, una-se a eles...

Zara riu alto. Aquelas tinham sido suas palavras quando convenceu Rosa Maria a aceitar Felipe.

— Isso mesmo. Vejo que não esqueceu.

Subiram na carroça. Sergei e Zara na frente, Felipe e Rosa Maria dentro.
– Para onde estamos indo, mamãe?
– Vamos conhecer uns amigos de Sergei.
Continuaram a viagem.

A HORA DA VINGANÇA

À medida que o tempo passava, Rosa Maria ia ficando mais nervosa. Relembrava aquele dia. O ódio ia voltando cada vez mais forte. "Finalmente me vingarei e matarei aquele monstro!"

Os cavalos pararam. Sergei desceu, foi até o fundo da carroça.

– Chegamos, Rosa Maria. Quero que venha ver se é esse o lugar.

Rosa Maria desceu, Felipe ficou na carroça. Estavam na entrada da fazenda. Lá no alto, ela viu a casa-grande. Seu corpo todo tremeu.

– Oh, meu Deus! Como fui feliz aqui. E quanto sofri, Sergei...

– Sei disso. Agora, chegou a hora de acertar tudo. Mas ainda está em tempo de voltarmos, Rosa Maria. Você apaga tudo de sua mente e pronto. Continue sua vida e seja feliz.

– Não, Sergei! Vamos entrar! Esperei muito tempo por este dia!

– Está bem. Antes, vou baixar o pano da carroça para que possa rever todos os lugares.

Sergei baixou o pano da carroça e foi até a porteira. No alto se via a placa "Fazenda Maria Luísa".

Ao entrarem, o sino não tocou. À medida que a carroça andava, Rosa Maria foi notando que alguma coisa estava errada. O escravo não veio encontrá-los como de costume.

Chegaram, finalmente, à casa-grande. Rosa Maria não acreditava no que estava vendo. A casa, desbotada, com muito mato por toda sua volta. Parecia que não havia ninguém.

– O que terá acontecido, Sergei?

Sergei parou a carroça. Desceram. Felipe segurava forte na mão da mãe. Rosa Maria ficou sem saber o que fazer. Quando começaram a subir a escada, alguém apareceu na varanda. Rosa Maria reconheceu:

– Serafina, que aconteceu aqui?

Serafina arregalou os olhos. Correu, ajoelhou-se e começou a beijar as mãos de Rosa Maria.

– *Sinhazinha! Qui bão vê ocê! Nois pensô que ocê tava morta! Brigadu, meu Xangô!*

Rosa Maria começou a chorar e disse:

– Levante-se, Serafina. Não beije minhas mãos, me dê um abraço...

Abraçaram-se e choraram muito. Sergei e Zara, abraçados, seguravam as mãos de Felipe, que a tudo assistia, sem nada entender. Depois que se separaram do abraço, Serafina olhou bem para Rosa Maria, dizendo:

– *Sinhazinha, comu tá bunita! Qui Deus i Xangô seja lovadu!*

Alguém mais chegou à varanda. Serafina, rindo muito, disse:

– *Vem vê, Pai Juaquim, quem tá aqui!*

– *Já vi, Serafina! Qui Deus i Xangô seje lovadu! Mia fia, vem pra pertu du nego. Tô muitu veio, num cunsigu descê as escada.*

Rosa Maria correu para abraçar o negro. Os dois, abraçados, choraram muito.

— *Ti falei, fia, qui Xangô tinha justiça. Ocê aqui, tandu viva, mostra a justiça di Xangô.*

— Não estou entendendo. O que aconteceu aqui, pai Joaquim?

Pai Joaquim olhou para baixo e viu Zara e Sergei, que, admirados, olhavam para o alto, para a varanda. Pai Joaquim disse:

— *Mia fia, pédi pros seus amigo vim inté aqui.*

Sergei e Zara, segurando Felipe pelas mãos, subiram os degraus da escada. Pai Joaquim os acompanhou sorrindo e disse:

— *Serafina, vai prepará um refrescu. Nossa cunversa vai sê dimorada. Quem é esse minino bunito?*

— Meu filho, pai. O nome dele é Felipe.

— *Seu fiu? Dispois ocê mi cunta essa história. Dispois qui a Serafina fizé u refresco, ela pode levá u minino pra cunhecê a fazenda?*

Entenderam que o velho não queria que a conversa transcorresse na frente do menino.

— Pode, sim. Claro que pode! Felipe, vá com Serafina. Ela vai mostrar tudo. Ela é uma negra muito boa e é muito amiga da mamãe.

— *Vô passiá cum ele, sim. Dispois qui trazê u refresco. Vai vê tudo pur aqui.*

Saiu e voltou logo depois com o refresco. Deixou a vasilha sobre a mesa e saiu com Felipe.

Pai Joaquim acendeu o cachimbo, acomodou-se na cadeira de balanço e começou a falar. Rosa Maria, Sergei e Zara sentaram-se em volta dele.

— *Sinhazinha, vô cuntá agora cumo Xangô é justo e faiz as coisa tudo certinho.*

Ela olhou à sua volta, tudo destruído. Nenhuma flor naquele jardim, que era tão bonito e bem tratado. Havia só mato por todo lado.

A casa, com a pintura gasta, parecia mais uma casa mal--assombrada. "Meu Deus, que será que aconteceu? Isto tudo era tão bonito!"

Olhou para a estrada que levava até a lavoura. Não havia nada plantado. Aquela lavoura verde e bonita. Onde estava?

Somente o tronco continuava ali. Aquele mesmo tronco, onde Dom Carlos fez toda aquela maldade com Tobias. Pensou: "Não. Ele não pode ter morrido. Deus não faria isso comigo!"

Pai Joaquim, como que sabendo o que ela estava pensando, disse:

– *Tá tudo distruído, num é, sinhazinha? Mais a vida é ansim memo. U pudê, u dinhero, num vale nada pra justiça di Xangô. Tudos nóis nasci é pra judá us otro. Xangô juda, dá força. Si nóis num faiz a nossa parte, Xangô insina u caminho. Fia, ninguém cunsegue fazê mardade pra sempre.*

– Pai Joaquim, por favor, conte-me o que aconteceu aqui.

– *Tá bão, vô cuntá. Nu dia siguinte daquele dia em qui tanta mardade foi feita, logo cidinho seu Malaquia veio aqui pra frente da casa, lá memo, perto du tronco onde u Tubia tinha sido sassinado. Vinha cum uma carroça trazendo muié e us fio. Trazia arguma coisa da casa. Tava di mudança. Entrô nu iscritório du sinhô. Ficô lá pur um bão tempo. Nóis num sabe u qui eles cunversô. Nóis só sabe qui ele saiu, muntô na carroça, foi simbora da fazenda. Foi pra vila. Ninguém nunca mais oviu falá dele. U sinhô tava muito bem. Parecia qui num tinha cuntecido nada. A sinhá Matirde ficô muito triste cum tudo qui tinha cuntecido. Preguntava pra tudos nóis onde a sinhazinha Rosa Maria tava. Ela churô u tempo tudo. Ela gustava muito da sinhazinha. Num querditô em nada daquilo. Foi ficando cada veiz mais triste, mais fraca, inté qui um dia a Serafina viu qui ela num levantô. Foi nu quarto dela. Tava morta. Murreu di tristeza e disispero, a cuitadinha. Drumindo qui nem um passarinho.*

Rosa Maria começou a chorar, lembrando-se daquela que tinha sido uma mãe para ela.

Pai Joaquim, percebendo a sombra de tristeza nos olhos de Rosa Maria, perguntou:

– *Vamo tumá mais um poco di refresco?*

Encheram as canecas e beberam. Rosa Maria, chorando, falou:

– Pai Joaquim, por favor, continue. Maria Luísa, onde está?

– A sinhazinha Maria Luísa, nus primero dia, andava pur aí. Muntava nu Truvadô, saía galupando. Ia praquela cochera em qui si incuntrava cum u Tubia. Ficava lá um tempão, mai num chorava. Nunca preguntô pra ninguém da sinhazinha. Ela galupava, ia pra cochera. Galupava, ia pra cochera. Tudo dia fazia a mema coisa. Sinhozinho Rudofo tumém ficava pur aí. Dispois qui u Malaquia foi simbora, u sinhô chamô u sinhozinho Rudofo e falô: "Malaquias foi embora, preciso que me ajude com a lavoura e com os negros. Tenho que ir para o Rio de Janeiro daqui a uma semana. Sem Malaquias, você terá que tomar conta de tudo". U sinhozinho respeitava muito u pai. Começô tumá conta di tudo, mai num era mais u memo. Vivia triste. Tava quase na hora da coieita. Us nego, tumém, dispois daquele dia, já num era mais us memo. Eles tudo tava cum reiva du sinhô. Nóis sabia qui u sinhozinho num tinha curpa di nada. Foi inganado iguar tudos otro. Cada nego fazia seu trabaio, mais sem a alegria di antes. Tudo caminhava naquela tristeza, mais caminhava. Jerusa, quando viu u qui feiz cum u Tubia e cum a sinhazinha, ficô doida di remorso. Ela gustava du Tubia. Achô qui cum u dinhero qui u sinhô ia dá, ela ia pudê cumprá u Tubia e levá ele simbora junto cum ela. Quando viu ele morto e a mardade qui u sinhô feiz cum a sinhazinha, num foi buscá u dinhero nem a carta di forria qui u sinhô tinha prumetido. Cumeçô andando pur aí, falando cum arguém qui ninguém via. Dispois, saía currendo e dizia qui u Tubia tava cum a garganta curtada trais dela e qui a sinhazinha tumém. Ela curria, curria. Nesse memo tempo a sinhazinha Maria Luísa dizia qui via u Tubia di garganta curtada tumém. Ele num dexava nenhuma das duas em paiz. A sinhazinha falava qui ele tava cum muita reiva e qui ia matá ela. Um dia, quando u sinhozinho Rudofo chegô lá na senzala, a Jerusa saiu currendo gritando:

"– Tá bão, vô cuntá! Vô cuntá! Sinhozinho, perciso cuntá uma coisa pru sinhozinho. Tuda mardade qui fiz. Si num cuntá, u Tubia num vai mi dexá! Vai mi matá!"

– U sinhozinho Rudofo foi pra juntu dus nego e preguntô gritando:

"– Por favor, acalme-se. O que está querendo dizer?"

"– U sinhô ia mi dá carta di forria e dinhero, muito dinhero. Ieu ia cumprá u Tubia e levá ele cumigo! Juro, sinhozinho, ieu num sabia qui u nego qui ele ia usá era u Tubia!"

"– Não posso acreditar no que está falando. Meu pai não pode ter feito isso."

"– Ele num quiria u casamento du sinhozinho mais a sinhazinha Rosa Maria. Pensei qui ia só dá um jeito na sinhazinha Rosa Maria. Num pensei qui ia matá ninguém. Inda mais meu Tubia!"

"– Não acredito no que está falando. Não pode ser. Meu pai jamais faria isso. Ele é um homem bom."

"– Bão? Bão? Vem cá, vô mustrá uma coisa pru sinhozinho. Vô levá u sinhozinho praquele quartu onde ele feiz tuda aquela mardade cum a sinhazinha Rosa Maria."

– Jerusa abriu a porta du quartu pru sinhozinho.

"– Tá vendo aquela gancho, aquelas corda? Sabe u qui ele feiz aqui? Marrô a sinhazinha Rosa Maria. Marrô ela bem forte. Tirô as ropa dela, bateu muito, dispois feiz aquilu cum ela. Inquanto fazia, ele batia na cara dela. Foi fazendo, batendo e xingando. Ela gritava muito, mais ele num parô. Dispois mandô u Malaquia interrá ela viva. U Malaquia levô ela e nóis num sabe pra onde. Nu dia siguinte, ele foi imbora, nóis tumém num sabe pra onde."

Pai Joaquim parou de falar por alguns segundos, respirou fundo e continuou:

– U sinhozinho Rudofo cumeçô treme di ódio, di disispero, di pensá nu qui a sinhazinha tinha passado.

Rosa Maria chorava. Revivia cada minuto de tudo aquilo. Perguntou admirada:

– Então foi Jerusa que ajudou?

– Foi, sinhazinha. Ela culocô um pó nu chá qui deu pra sinhazinha tumá. Foi o sinhô qui deu u pó pra ela.

Zara abraçou Rosa Maria, falando:

– Quanta maldade... como uma pessoa pode imaginar e fazer tanta maldade?

– Entende, agora, por que a minha vontade de matá-lo, Zara?

– Entendo, embora não quisesse entender. Mas vamos continuar ouvindo Pai Joaquim.

– U sinhozinho saiu rastando a Jerusa, qui falava:

"– Ta vendu, Tubia, cuntei tudo. Agora ocê já pode i imbora. Mais mi leva junto! Ocê é meu..."

– U sinhozinho Rudofo foi pra juntu dus nego e preguntô gritando:

"– O que ela está contando é verdade?"

– Us nego ficô tudo calado. Eles tinha medo du sinhô. Viro u qui cunteceu cum u Tubia. Eles ficô tudo di cabeça baxa. Umas nega churava. U sinhozinho pidia quase qui churando:

"– Por favor, preciso saber a verdade."

– Ieu tava sentado fumando meu cachimbu. Sabia qui u machadu di Xangô tava nu ar prontinho pra fazê justiça. Ieu levantei, fui inté onde ele tava i falei:

"– Sinhozinho, foi tudo verdade, du jeito qui a Jerusa cuntô. A sinhazinha Rosa Maria murreu inucente, qui nem u Tubia. Us nego têm medo di falá pruque cunhece u sinhô Dom Carlo. Mais esse nego aqui já tá veio, num tem medo di mai nada. Xangô vái cumeçá fazê sua justiça. Ninguém vai pudê impidi."

– U sinhozinho muntô nu cavalo, saiu em disparada e foi inté naquele lugá na marge du rio, unde si incuntrava cum a sinhazinha. Churô pur muito tempo. Ficô maginando u tanto qui a sinhazinha tinha sufrido, u tanto qui a sinhazinha amô eli, u tanto qui u pai deli era perversu i mau. Dispois di muito tempo, tornô muntá nu cavalo e foi pra casa-grande. Quando ele chegô lá, u sinhô num tava, tinha ido pra vila di carruage cum u Jusué. A sinhá Matirde num tinha murrido ainda. Viu u fio entrando nervoso daquele jeito. Preguntô:

"– O que foi, meu filho, que aconteceu?"

"– Nada, mamãe. Onde está papai?"

"– Foi para a vila, mas deve estar chegando."

"– E Maria Luísa?"

"– Deve estar no quarto."

– Eli saiu currendu, foi pru quartu da sinhazinha Maria Luísa. Ela tava deitada. Desde aquele dia qui ela feiz aquilo cu Tubia, ela vivia deitada i muito nervosa i sustada. U sinhozinhu Rudofo entrô nu quarto i dissi quase gritando:

"– Maria Luísa, preciso falar com você!"

– Ela si sustô cum u jeito dele.

"– O que foi? O que aconteceu, Rodolfo?"

"– Uma desgraça, minha irmã! Uma desgraça!"

– Eli cumeçô churá e cuntô tudo pra ela. Ela ia iscuitando. Sua cara mudava. Quando ele parô di falá, ela disse:

"– Você não sabe o pior, meu irmão. Quem se encontrava com Tobias era eu. Nós nos amávamos. Por isso fiquei com tanto ódio dos dois. Pensei que estavam me traindo. O ódio e o ciúme fizeram com que eu tomasse aquela atitude. Pobre Rosa Maria... tão meiga e amiga, mesmo na hora do desespero não quebrou sua promessa, não falou de meu amor por Tobias. Pobre Tobias, que na hora da morte ainda falou que me amava. Pobres de nós. Meu irmão, fomos vítimas de uma cilada. Mas em tudo isso só há um culpado. Onde ele está?"

"– Foi para a vila. Na hora em que chegar, vou falar com ele, depois vou com os negros para o meio do mato tentar achar o corpo de Rosa Maria. Quando encontrar, vou dar a ela um enterro decente e depois irei embora daqui para nunca mais voltar."

– U sinhô Dom Carlo chegô. A sala tava vazia. Foi diretu pru iscritóru. U sinhozinho Rudofo mais a sinhazinha Maria Luísa iscuitaru u barulho da carruage. Foro pra lá e intraro nu iscritóru. Quandu u sinhô viu elis intrandu, dissi com uma risada na cara:

"– Boa tarde, meus filhos. Que bom ver os dois juntos. Querem alguma coisa?"

"– Se queremos? O senhor é um canalha!"

"– O que é isso, Rodolfo? Com quem pensa que está falando?"

"– Com o homem mais canalha e perverso que já vi! Eu poderia matá-lo, mas não vale a pena! Descobrimos todas as maldades que fez! Vou procurar e enterrar o corpo de Rosa Maria, depois irei à vila denunciá-lo para a polícia. Irei embora para nunca mais voltar! Destruiu minha vida, estuprou e matou de forma cruel a mulher que eu amava! Odeio-o com todas as forças de meu coração!"

"– E a mim, seu monstro? Tornou-me uma assassina! Fez-me matar o homem que mais amava!"

"– Amava? Que é isso, Maria Luísa? O que está falando?"

"– Sim, poderoso Dom Carlos. Eu amava Tobias! Sua filha amava e era amada por um negro. Matei-o por ciúme! Mas morri com ele. Hoje só tenho um corpo, minha alma foi com ele. Acabei de saber o que fez com Rosa Maria. Eu o odeio!"

"– Sou o pai de vocês. Devem-me respeito!"

"– Que respeito? Nós devíamos era matá-lo!"

"– Espere aí, Rodolfo, não fale assim! Ela não era boa companhia para nenhum dos dois. Tudo que fiz foi pensando na felicidade de vocês!"

– *Inquanto eli falava, via em sua frenti u rosto du Tubia insanguentado. E ocê, sinhazinha, pidindo pra ele num fazê aquilo. Ele cumeçô gritá:*

"– Tobias, Rosa Maria, saiam daqui. Isto é assunto de família. Este é meu escritório, vocês não podem entrar aqui. Meu filho, perdoe-me. Fiz tudo só pensando no melhor para você..."

"– Precisa pedir perdão a Deus, porque eu não posso perdoar! Acabou com minha felicidade, matou a mulher que eu amava!"

– *A sinhazinha Maria Luísa, sem qui us dois visse, pegô uma pistola qui tava em cima da mesa e deu um tiro na cabeça. U sinhozinho e u sinhô tentaram ivitá, mais num deu tempo. U sinhozinho quis ainda falá cum ela. Chamô, chamô, mai num diantô. Ela murreu na frente dus dois. Quandu u sinhô viu a fia morta, tuda insanguentada, deu um grito e caiu nu chão.*

– Meu Deus. Pobre Maria Luísa, minha amiga querida.

Rosa Maria chorava abraçada a Zara, que chorava também.

– *É, sinhazinha, u machadu di Xangô é certero. Ele faiz justiça, faiz sim...*

– Não! Ele não fez justiça! Maria Luísa, como eu, também foi vítima! Ela não devia ter terminado assim! Era uma menina boa, alegre, nunca fez mal a ninguém...

– Sabe, sinhazinha, quando a gente nasce, nóis aprendeu certo e u errado. Mais Deus Nosso Sinhô dexa a gente iscoiê u caminho qui vamo fazê. Ela num querditô na amizade da sinhazinha, nem nu amô du Tubia. Ela, mais uma veiz, pois tudo a perdê.

– Como mais uma vez, Pai Joaquim? Não entendo o que está falando. Só sei que era boa! Seu Xangô não é justo! Mas, por favor, continue. Continue.

– Sinhá Matirde tava du ladu di fora du iscritóru, iscuitou tudu qui elis falaro. Num pudia querditá. Quando iscuitô u tiru, entrô currendo:

"– Meu Deus! O que aconteceu? Minha filha!"

– Abraçô a sinhazinha Maria Luísa, churando muito. Quiria qui ela cordasse. U sinhozinho Rudofo abraçou a mãe e dissi:

"– Não adianta, mamãe, ela está morta. Sabe quem a matou? Esse monstro!"

– Us dois ulharo pru lado qui u sinhô Dom Carlo tava. Eli num tava mais. Elis num viro ele caído nu chão. U sinhozinho deu a vorta, chegô mais perto. U sinhô tava tudo torto, mais rispirava ainda. U sinhozinho falô cum muita reiva:

"– Será que vai morrer, seu canalha? Não pode morrer ainda, seria muito bom e cômodo! Precisa viver para pagar todo o mal que nos fez! Tem que sofrer!"

– Saiu di lá sem sucorrê u pai. Sinhá Matirde cumeçô gritá. Us nego da casa intraru, levaru u sinhô pru quartu. A sinhá chamô a Serafina. Mandô ela cuidá deli. Eli drumiu pur muitos dia. A sinhá nunca mais intrô nu quarto. A sinhazinha Maria Luísa tá interrada ali.

Apontou para o morro onde Tobias fora enterrado pelos negros e disse:

– Ela tá lá, junto du Tubia.

Rosa Maria viu que havia três cruzes. Levantou-se e, chorando, olhou para lá, dizendo:

– Minha querida amiga... foi tão boa para mim e eu gostava tanto de você. Perdoe-me por, às vezes, tê-la odiado, por ter permitido tudo aquilo acontecer. Você poderia ter evitado, se realmente me conhecesse e acreditasse no amor de Tobias... fez essa loucura... tirou a própria vida. Que Deus a perdoe e entenda o motivo. Você, como todos nós, foi só uma vítima...

Zara aproximou-se e abraçou-a, dizendo:

— Deus sabe o que faz, Rosa Maria. Você só tem que se lembrar dela com muito amor e carinho. Lembre-se apenas das coisas boas que fez e do quanto se gostavam. Vamos nos sentar, precisamos saber o resto.

Rosa Maria olhou para Zara e, chorando, disse:

— Com certeza, nesse momento, ela deve estar no céu. Deus queira que ao lado de Tobias.

Voltaram e sentaram-se novamente. Tomaram outro copo de refresco. Pai Joaquim continuou:

— *Daqueli dia im dianti, a sinhá Matirde foi difinhando inté murrê. É aquela cruz lá nu arto, junto da sinhazinha e du Tubia.*

Rosa Maria tornou a olhar para o alto. Viu as três cruzes. Lembrou-se de dona Matilde. Disse emocionada:

— Era tão boa... Recebeu-me como se fosse sua filha. Foi a única que não acreditou em toda aquela mentira miserável. Onde estiver agora, no céu com certeza, receba meu beijo com muito carinho e saudade.

Pai Joaquim continuou falando.

— *A Serafina ficô cuidando da casa e du sinhô. Dispois di arguns dia, ele cordô. Só qui num si mixia du lado isquerdo. Num pudia si levantá, nem fazê nada. A fazenda, sem ninguém pra tumá conta, foi si distruindu. A coieita foi tuda pirdida. Us nego, sem ninguém pra cuidá deles, foi tudo imbora. Num pudero i pra vila pruque num tinha carta di forria. Si elis fossi sem a carta, virava iscravo di otro sinhô. Intão, elis ficaro pur aí nu meio du mato. Eles pranta pra vivê. Num quisero mais ficá na fazenda. Tão tudo pur aí.*

Ele parou de falar. Pegou a caneca de refresco e começou a tomar devagar.

Rosa Maria tornou a olhar para todos os lados e pensou: "Como tudo mudou... esta não é nem a sombra daquela fazenda tão bonita..."

Pai Joaquim continuava tomando o refresco, bem devagar, com o olhar distante. Ela perguntou:

— Por que o senhor e Serafina não foram embora?

– Pruquê já tô muitu veio i num tenhu lugá pra i. Tô murandu cá dentru da casa. Serafina tumém num quis i imbora. Cuida da casa. U quartu da sinhazinha tá du jeitu qui a sinhazinha dexô.

Ele parou de falar. Pegou a caneca de refresco e começou a beber devagar.

– Que pena que aquele monstro morreu! Com sua maldade, destruiu todos nós. Esperei por tanto tempo. Eu mesma queria matá-lo!

– Ele num murreu, não, sinhazinha. Xangô inda num cabô sua justiça. Ele tá lá nu quartu. Pega uma faca. Vai lá e mata ele, sinhazinha. Vai...

Zara e Sergei assustaram-se. Levantaram-se os dois ao mesmo tempo.

– O senhor está louco? – disse Sergei, revoltado. – Rosa Maria, vamos embora. Você não tem mais nada para fazer aqui.

– Dexa ela i, sinhô. Si ela num matá ele, nunca mais vai sê filiz. Dexa, Xangô tem qui cabá a sua justiça. Nóis num pode impidi.

Zara segurou o marido pelo braço, falando:

– Deixe-a ir. Pai Joaquim tem razão. Ela tem que terminar o que sempre quis fazer. O ódio a fez sobreviver naquele dia, mas ele sobrevive no coração dela até hoje. Precisa matá-lo para esse ódio ir embora e ela poder novamente ser feliz.

Rosa Maria foi até a cozinha, pegou uma faca e voltou para a varanda dizendo:

– Oh, meu Deus! Esperei tanto por esse dia. Obrigada, meu Deus, e a Xangô também! Obrigada por essa oportunidade! Obrigada por ele não ter morrido, para que eu mesma possa matá-lo! Por todos nós! Por todo mal que nos fez, eu o matarei!

– Pode matá eli sem medu. Ele mereci. Num tem ninguém aqui, só nóis. Ninguém vai ficá sabendo. Dispois a genti interra eli juntu da sinhá. Vai, sinhazinha, cumpre a justiça di Xangô. U sinhô tá lá naqueli quartu qui simpre foi deli.

Ela apertou a faca em suas mãos, segurou forte. Foi andando em direção ao quarto. Enquanto caminhava, pensava: "Finalmente chegou a hora!"

Antes que ela saísse, Sergei quis segurá-la, mas Pai Joaquim impediu. Deu uma caneca com refresco para os dois, que não tiravam os olhos de Rosa Maria indo em direção aos quartos da casa. Pai Joaquim pegou seu cachimbo, deu uma baforada e ficou olhando a fumaça subir. Sergei, nervoso, disse:

– O senhor deve estar louco! Com tudo que ela já passou na vida! Ela não pode fazer isso! É um assassinato! Uma loucura! Estará se destruindo para sempre! E se ele a matar antes?

Pai Joaquim olhou firme para ele e respondeu:

– *U qui essi home feiz num tem perdão. Distruiu tudus qui gustava deli. A sinhazinha tem u direito di si vingá. Xangô dá essi direitu pra ela.*

Zara fez o marido sentar-se.

Rosa Maria passou pela sala em que ficava lendo enquanto Maria Luísa tocava piano. Pensava: "Maria Luísa era tão feliz, tão linda... pobre amiga. Odeio aquele monstro que nos destruiu, principalmente com o que fez com ela! Vou matá-lo com todo prazer, por todos nós!"

Voltou a cabeça para o outro lado. Lá estava a mesa em que comiam. Viu Rodolfo rindo e brincando. "Rodolfo... o que será que aconteceu com você? Amei-o tanto e ainda amo. Você era tão bom e alegre. Não sei o que lhe aconteceu, mas, onde estiver, receba meu carinho e meu amor. Foi o único homem que amei e amarei para sempre. Nunca me casarei com outro. Queria ser sua, só sua, mas não foi possível. Fui de outro sem querer. Como odeio aquele canalha!"

Continuou andando pela casa. Cada detalhe fazia com que se lembrasse de alguma coisa boa. Todos os móveis estavam ali, no mesmo lugar. Por dentro da casa, nada havia mudado. Só havia muita tristeza, muita solidão. Abriu a porta de seu quarto e entrou.

Estava tudo igual. Serafina cuidou muito bem dele. Olhou tudo. Uma lágrima rolou quando olhou para a cama. Lembrou-se de Tobias, abismado como ela, sem saber o que tinha acontecido. "Como o odeio, Dom Carlos! Obrigada, meu Deus, por ter permitido que eu chegasse até aqui!"

Continuou andando. Chegou à porta do quarto de Dom Carlos. Segurou a faca com força. Abriu a porta... bem devagar... "Preciso surpreendê-lo, para que não tenha tempo de reagir."

Ficou parada na porta com a faca firme na mão. Todo o ódio que sentira durante todo aquele tempo, agora, iria terminar.

Olhou tudo, mas o quarto estava vazio. Cautelosa, pensou: "Talvez tenha me ouvido chegando. Deve estar por aí escondido para me atacar".

Continuou parada com a faca na mão, esperando um ataque a qualquer momento. Nada. Nenhum som. Entrou mais um pouco. Olhou para um canto do quarto. Lá estava ele, sentado em uma cadeira. Quando a viu perto, arregalou os olhos.

– Você está aqui novamente para me atormentar? Vá embora! Você está morta!

– Não! Não estou morta! Estou aqui bem viva. Voltei para acabar com sua vida, canalha! – disse ela gritando.

Ele olhou com mais atenção.

– É você mesmo, Rosa Maria? Não morreu? Voltou para me matar? Ah, ah, ah! – ele gritava como se estivesse feliz por vê-la. Colocou as mãos no rosto, gritando: – Meu Deus, ela não está morta!

Ela chegou mais perto. Viu o rosto dele todo repuxado, a boca torta. Estava com a mão caída sobre o colo, a perna também torta. Ficou abismada com o que viu.

– É isso mesmo. Pode matar-me. Tornei-me isso que está vendo. Toda a minha família, que eu adorava, foi destruída. Estou sem poder andar, dependendo de Serafina para tudo. Diz que vai me matar. Faça isso. É o que venho pedindo a Deus, todos os dias! Tem razão de querer matar-me, mas não me arrependo de nada! Você foi a culpada de tudo que aconteceu. Odiei-a e odeio-a ainda. Infelizmente não posso matá-la novamente, porque se pudesse eu o faria! Aquele Malaquias idiota não teve coragem? Se soubesse que ele era tão covarde, eu mesmo a teria levado e, com certeza, estaria morta!

Ela levantou a faca. Seria fácil, estava indefeso. O ódio aumentava a cada palavra dele. Mesmo naquela situação, ele ainda era cruel. Merecia morrer. Desnorteada, ela pensava: "Colocarei toda a minha força, cortarei a garganta dele como a de Tobias!"

Pegou os cabelos dele e levantou sua cabeça, com a faca rente a seu pescoço. Disse gritando:

– Vou matá-lo do mesmo modo que Tobias morreu! Odeio-o! Pagará por tudo que fez a todos nós!

Olhou para seu rosto. Os olhos dele estavam fechados. Uma lágrima corria, mas ele sorria. Ela entendeu e gritou nervosa:

– Quer que o mate para libertar-se? É isso que quer? Pensa que, morrendo, deixará de sofrer? Por isso disse todas essas barbaridades, para que eu ficasse nervosa e o matasse? Achou que eu não teria coragem ao vê-lo assim?

Ele abriu os olhos e disse chorando em desespero:

– Por favor, Rosa Maria, mate-me... não suporto mais viver assim. Durante todos esses anos, tenho vivido pedindo a morte. Quando durmo, vejo Tobias com a garganta cortada. Maria Luísa toda ensanguentada e você enterrada viva. Por favor, ajude-me... você é a única que tem motivo e coragem para me matar...

Chorava desesperado. A faca caiu das mãos dela, que disse, com muito ódio:

– Não o matarei! Continuará assim como está! Nesse mesmo lugar! Não preciso sujar minhas mãos com seu sangue! Meu Deus e os deuses dos negros já fizeram isso por mim! Colocaram em meu caminho pessoas boas que me ajudaram. Deram-me um filho que amo. Não posso estragar tudo!

Ouviu um tambor tocando e a voz de Pai Joaquim cantando:

Xangô pur aqui passô
Seu machadu justicero jogô
U machadu foi pru arto e vortô
Na mão du inucenti, uma frô si tornô
Brigadu, meu pai Xangô
Pur justiça mi mostrá
Qui tudo mar du mundu
Só cum u bem podi si pagá

Rosa Maria prestou atenção nas palavras que o negro dizia. Sentiu um perfume de rosa. Virou-se e lá estava Felipe segurando um ramalhete de rosas. Sorrindo, entregou as rosas, dizendo:
— Você conseguiu, meu amor. Merece estas rosas. Amo-a cada dia mais. Deus a abençoe.
Desapareceu. Ela sentiu uma leve brisa, como se fossem pétalas de rosas caindo sobre ela. O quarto todo ficou perfumado. Olhou mais uma vez para Dom Carlos e disse:
— Estou muito bem. Finalmente, estou livre! Livre para ser feliz com meu filho. Que Deus tenha pena do senhor. Não sinto mais ódio e estou feliz por isso. Voltarei com Sergei e Zara para junto dos ciganos. Lá sou feliz e meu filho também.
Lentamente saiu do quarto e voltou para a varanda. Leve, solta e sorrindo. Pai Joaquim batia o tambor baixinho. Assim que a viu, perguntou:
— *Si vingô, fia? Matô eli?*
— Não precisei, Xangô usou seu machado. Xangô é mesmo justiceiro, pai. O senhor sabia, não é? Sabia que eu não o mataria?
— *U negô num sabia di nada. Só sabia que Xangô num ia dexá a sinhazinha virá uma sassina... Deus ti bençoe, mia fia.*
— Mamãe! Mamãe!
Rosa Maria olhou para Felipe, que chegava com Serafina trazendo uma porção de flores e entregou-as a ela. Ela o abraçou e olhou para Pai Joaquim.

— Ele já me abençoou, pai. Já me abençoou...

Zara chorava abraçada a Sergei. Os dois abraçaram Rosa Maria. Sergei disse:

— Está tudo acabado, Rosa Maria. Quis que trouxesse Felipe, porque fiquei sabendo, na vila, que a fazenda estava destruída. Sabia que ele estava doente. Agora, vamos voltar para o acampamento. Nesta noite faremos uma grande festa.

— Vamos, sim. Sinto que, daqui para frente, poderei viver feliz e em paz. Antes disso, preciso saber mais uma coisa. Pai Joaquim, para onde foi Rodolfo? Ele se casou?

— *Num sei, não, mais achu qui eli devi di tá lá nu rio, naquela pedra qui ficava cum a sinhazinha. Tudu dia bem cedinhu, eli vai pra lá. Fica u dia tudo, só vorta quando cumeça iscurecê.*

— Ele está aqui na fazenda? Por que não me falou antes? — ela perguntou feliz e baixinho.

Estava tão emocionada que quase não conseguia falar.

— *A sinhazinha só quiria si vingá. Veio pra issu, num foi? U nego veio tinha di dexá.*

— Ele está no rio?

— *Devi di tá. U Truvadô tá ali. Si a sinhazinha quisé i inté lá...*

Ela beijou o negro. Acenou para Zara e Sergei e correu para Trovador, que relinchou quando ela chegou perto, como se a tivesse reconhecido. Montou e saiu galopando em disparada. Foi cavalgando feliz. O vento batia em seu rosto. Os cabelos esvoaçavam, estava vestida com roupas de cigana. Ria e chorava. Há muito tempo não se sentia assim. Sentia que estava recuperando sua vida.

A DECISÃO DE RODOLFO

Chegou naquele lugar tão seu conhecido. Parou o cavalo na estrada. Lá do alto, viu Rodolfo, que estava sentado na pedra, de costas para ela e com uma vara de pescar na mão. Desceu do cavalo e foi se aproximando devagar. Quando estava a uns dois metros dele, perguntou:

– Já pescou muito hoje?

Ele conhecia aquela voz, mas não podia ser. "Estou reconhecendo essa voz. Mas não pode ser. Devo estar tendo outra alucinação..."

Virou-se devagar, com medo de estar sonhando ou ficando louco. Lá estava ela! Sim, era ela mesma! Ficou paralisado. Não conseguia falar.

O tambor ecoou com muita força. Pai Joaquim tocava chorando. Rosa Maria abriu os braços e correu para ele. Encontraram-se num abraço cheio de amor e saudade. Abraçaram-se e beijaram-se várias vezes.

Ele pegou-a nos braços, levantou-a e rodou com ela. Riam felizes. Pareciam duas crianças. Ele, com ela nos braços, perdeu o equilíbrio. Os dois caíram no rio. Riram muito e continuaram se abraçando e beijando. Nada falaram, somente os dois corações batiam juntos.

Pai Joaquim tocava o tambor com mais força. Serafina, que chegou bem depois de Felipe, que veio correndo, disse nervosa:

– *Vai quebrá as mão, veio!*

– *Num vô, não, Serafina! Xangô tem qui sê lovadu! Tudus nego di tudus lugá tem di iscuitá! Tem qui sabê qui Xangô é nossu pai justicero!*

Tocou com mais força e disse para Serafina:

– *Serafina, leva us treis lá nu rio. É bom qui us treis teje junto nessa hora.*

Serafina olhou para Sergei e para Zara e disse:

– *Dá pruceis vim cumigu lá pra pertu du riu?*

Sergei e Zara, emocionados, concordaram com a cabeça.

Rosa Maria e Rodolfo saíram do rio. O dia estava quente, já era mais de meio-dia. Sentaram-se na pedra, abraçados. Fazia muito tempo que não se sentiam tão felizes.

– Você precisa me contar tudo, Rosa Maria. Onde esteve todo esse tempo? Que roupas são essas? Que fez até agora?

– Está fazendo muitas perguntas, Rodolfo. Contarei tudo, mas agora só quero ficar assim como estou, abraçada a você, quietinha.

– Mamãe! Mamãe!

Olharam para cima. Felipe vinha descendo para encontrar a mãe.

– Quem é esse menino, Rosa Maria? Seu filho?

– Sim, é meu filho e eu o amo muito.

– Casou-se? Está casada?

– Não me casei, só me casarei com você, se ainda quiser.

– Claro que quero! É só o que quero e o que sempre quis! Nada mais me importa nesta vida! Só quero ficar com você para sempre! O pai do menino está morto?

— Não. Não morreu. Está vivo e se Deus quiser ficará por muito tempo.
— Não estou entendendo.
— Meu filho chama-se Felipe. Tem seu sangue, mas sabe que não é seu filho.

Rodolfo ficou olhando para ela, não querendo entender. Felipe aproximava-se. Rodolfo olhou para o menino e ficou abismado.

— Meu pai, Rosa Maria? Aquele canalha!
— Não pense assim. Felipe é um menino maravilhoso. Não sabe nem saberá quem é seu pai. Não saberá nunca em que condições foi gerado. Se algum dia ele lhe perguntar se conhece quem foi seu pai, você terá que dizer a ele que não o conheceu. Tem que me jurar que dirá isso, Rodolfo.
— Fique tranquila. Nada disso importa. O que importa é que você está aqui a meu lado e ficará para sempre. Estamos juntos e nunca mais vamos nos separar.

Felipe chegou. Estranhou aquele homem abraçando sua mãe.

— Mamãe, quem é esse homem?

Os dois olharam-se. Rodolfo disse:

— Felipe, venha até aqui e me dê um abraço. Quer saber quem eu sou? Pois vou lhe dizer. Sou seu pai. Amo muito sua mãe e muito mais a você.

— O senhor é meu pai?

Rodolfo abraçou Felipe. Rosa Maria olhou para Rodolfo e quis falar alguma coisa, mas ele, fazendo-lhe um sinal, não deixou.

— Sou seu pai. Eu e sua mãe nos perdemos por um longo tempo, mas agora nos encontramos novamente e nunca mais vamos nos separar.

Serafina, Sergei e Zara tinham se aproximado. Não conseguiam evitar as lágrimas com aquela cena.

O tambor de Pai Joaquim entoava muito alto. De longe, podia-se ouvir.

Serafina, para disfarçar a emoção, disse:

— *Aqueli nego veio vai quebrá as mão.*

Rodolfo, abraçado a Rosa Maria e Felipe, aproximou-se dizendo:

— Não vai, não, Serafina. Só está feliz, como todos nós.

Rosa Maria fez as apresentações.

— Este é Rodolfo, já ouviram falar muito nele. Estes são Zara e Sergei, Rodolfo. Meus anjos da guarda e protetores. Graças a eles, estou viva e muito feliz.

Rodolfo abraçou os dois e disse:

— Obrigado por tudo que fizeram. Ainda não conheço toda a história, mas, como Rosa Maria disse que são seus anjos e protetores, devem saber que este lindo menino é meu filho.

Olharam para ele, sem saber o que Rosa Maria lhe dissera. Rodolfo piscou para os dois, dizendo:

— Ele tem o meu sangue. É meu filho!

Rosa Maria sorriu. Os dois entenderam. Zara abraçou Felipe e disse:

— Felipe, que pai bonito você tem!

— Também acho ele bonito. O cabelo dele é igual ao meu, não é, Sergei?

— É, meu querido, você se parece muito com ele.

Emocionada e secando as lágrimas dos olhos, Rosa Maria brincou:

— Ficará mais bonito depois que tirar essa barba feia e cortar esses cabelos!

Realmente, Rodolfo estava horrível. Barba por fazer, cabelos longos e com uma roupa velha e surrada. Pegou Felipe no colo, dizendo:

— Meu filho, você ainda não viu como sou bonito! Mas vai ver, porque a felicidade traz toda beleza do mundo! — Olhou para os três e perguntou: — Vocês se importariam de ficar com ele por algum tempo? Estou com muita vontade de cavalgar como antes.

— *Podi i, sinhozinho. Nois veio na carroça dus cigano. Vamu vortá pra casa-grande. Vô fazê um armoço pra nois tudo festejá tanta filicidadi!*

- 233 -

– Obrigado, Serafina. Rosa Maria, vamos para o Trovador?

Subiram correndo o morro. Lá no alto estava Trovador. Montaram. Ele sentou-a à sua frente como da primeira vez. Os olhos brilhavam. Ela se encostou em seu peito, sentindo seu calor. Cavalgaram rindo e felizes. Trovador, parecendo também estar feliz, relinchava. Para eles, o tempo não havia passado. Amavam-se como sempre.

O tambor não parava. O som espalhava-se por toda a fazenda. Cavalgaram por muito tempo. Precisavam recuperar o tempo perdido. Estavam juntos novamente e, desta vez, seria para sempre.

Quando estavam voltando, perceberam que o toque do tambor havia mudado. Não era o mesmo som, nem era um só tambor. Começaram a ouvir vozes e palmas. Rodolfo parou Trovador.

– Que será isso, Rosa Maria? Há muito tempo não se ouvem vozes cantando por aqui...

Rodolfo fez com que Trovador voltasse a cavalgar.

Quando chegaram na casa-grande, não acreditaram no que estavam vendo. Pai Joaquim, no alto da varanda, puxava um som em seu tambor. Vários negros e negras respondiam com outros tambores, palmas e cantando.

Rodolfo e Rosa Maria desmontaram. Os negros afastaram-se para que eles passassem. Pai Joaquim tocou mais alto e mais forte. Os outros o acompanharam. O negro gritou mais alto e mais forte:

– *Cabaceliê, pai Xangô! Iaparrei, Inhasã!*

Os negros repetiram essas palavras e começaram a dançar. Rosa Maria sentiu um arrepio por todo o corpo. Começou a dançar como os negros. Pai Joaquim continuava gritando:

– *Iaparrei, Inhasã!*

Ela continuava dançando, desta vez não estava com medo. Sentia-se feliz. Vencedora. Pensou, mas não conseguiu falar: "Iaparrei, Inhasã".

Dançou até a música mudar de tom. Não estava com vergonha como da outra vez. Sentia no coração que devia agradecer àquela deusa dos negros. Serafina sempre disse que essa deusa era sua mãe. Que era uma deusa poderosa, guerreira e lutadora, que dominava o vento e a tempestade, que nunca abandonava seus filhos. Aquela dança foi para Rosa Maria como um agradecimento.

Quando parou de dançar, levantou o braço como se empunhasse uma espada e gritou:

— Iaparrei, Inhasã! Iaparrei, minha mãe!

Os tambores tocaram mais forte. Todos estavam felizes. Rodolfo, na varanda, junto com os outros, assistia a tudo. Olhava para os negros, reconhecia alguns. Eram seus antigos escravos, perguntou para Pai Joaquim:

— Que significa isso? De onde vieram?

— *Elis é tudu iscravo seu, sinhozinho. Elis tava tudu pur aí, pur pertu. Cumecei a tocá u tambor, pra avisa pra elis qui Xangô era justicero. Qui a justiça deli tinha cabado. Qui nois tinha qui tocá i dançá pra eli. Tava na hora dus nego tudo vortá. Tá na hora di plantá as semente. A vida vai vortá na fazenda. Pur issu us nego vieram.*

— Obrigado, Pai Joaquim. Quero que fale para eles virem amanhã bem cedo para falarem comigo. Darei uma carta de alforria para cada um deles. Aquele que quiser, poderá ir embora, livre. Aquele que quiser ficar, será bem-vindo. Temos muito trabalho para reconstruir esta fazenda, fazer a vida voltar.

Os negros gritaram, saudando o sinhozinho. Cantaram e dançaram por muito tempo.

Rodolfo entrou em casa, acompanhado por seus visitantes. Zara disse:

— Estamos felizes por vocês. Sabemos que também estão felizes. Rosa Maria reencontrou seu destino e a paz no coração. Nele não há mais espaço para o ódio. Vamos embora felizes.

— Não, Zara – disse Rosa Maria. – Não posso deixar vocês irem embora! São a minha família!

— Sua família, agora, são Rodolfo e Felipe. Vocês têm muito trabalho pela frente.

Rodolfo, percebendo que Rosa Maria estava triste, perguntou:

– Posso fazer um pedido a vocês? Vamos nos casar, preciso de trinta dias para preparar os papéis. Que tal trazer o acampamento até aqui? Há muito espaço. Ficarão até o dia do casamento, depois poderão ir embora, ou não. Um mês não é muito tempo...

– Por favor, Zara. Quero que estejam aqui, no meu casamento, que só vai se realizar porque vocês me salvaram e ajudaram. Não serei feliz se não estiverem aqui...

Os dois olharam-se. Sergei, sorrindo, disse:

– Está bem, vou comunicar aos outros ciganos e trazer as carroças e as tendas para cá. Afinal, vai ser o casamento da nossa filha!

Rosa Maria beijou os dois.

Foram embora. Rosa Maria quis ir junto para o acampamento. Rodolfo não insistiu para que ela ficasse, porque sabia o grande amor dela por eles e deles por ela. Havia esperado tanto tempo sem esperança. Poderia esperar um pouco mais.

UM ANJO ENVIADO PELO CÉU

No dia seguinte, logo cedo, os negros fizeram uma grande fila. Todos queriam as cartas de alforria. Rodolfo recebeu um por vez. Não perguntou nada, só o nome de cada um. Fazia a carta e a entregava.

Era mais ou menos meio-dia quando terminou. Espreguiçou-se quando se levantou, pois ficara muito tempo sentado. Saiu do escritório. Estava feliz. Havia cortado a barba, dera um jeito nos cabelos e colocara uma roupa nova que há muito tempo estava no guarda-roupa. Só estava preocupado com a plantação. Sem os negros, não sabia como seria, mas tinha que dar a liberdade a todos. Precisaria de pessoas. Talvez fosse até a vila, contratar imigrantes que estavam chegando da Europa. Chamou Serafina e disse:

– Está muito calor. Por favor, faça um refresco e leve até a varanda. Vou esperar os ciganos voltarem.

— Tá bão, sinhozinho. Vô fazê e levá.
Rodolfo foi para a varanda. Ao chegar, outra surpresa. Os negros estavam todos sentados no pátio. Não tinham ido embora. Pai Joaquim, sentado, fumando seu charuto, disse:
— Sinhozinho, as sementis têm di sê plantada. Sinão vai passá du tempu. Us nego tão tudo aí isperandu as ordi du sinhozinho.
— Não acredito! Não posso acreditar, Pai Joaquim! Por que eles não foram embora?
— Si elis fosse imbora, quem é que ia prantá as sementi? U sinhozinhu num ia dá conta suzinho, ia?
Rodolfo começou a rir.
— Acho que tem razão, sozinho não ia dar conta mesmo.
— U veiu sempri tem razão, ih, ih, ih!
Serafina trouxe o refresco. Rodolfo falou alto para que todos os escravos ouvissem:
— Vocês estão todos livres! Aquele que quiser, poderá ir embora. Ninguém impedirá. Mas, se quiserem ficar, serão bem-vindos. Há muito trabalho para ser feito!
Os negros começaram a tocar os tambores e foram embora para a senzala.
— É, sinhozinho. Achu que u sinhô num vai cunsegui si livrá dessis nego, não. Ih, ih, ih!
Rodolfo riu. Muita coisa boa estava acontecendo. Um negro começou a tocar o sino. Rodolfo olhou para a entrada da fazenda. Lá longe, muitas carroças coloridas estavam entrando.
Sentado em frente à janela do quarto, Dom Carlos observava tudo. Pensava: "Agora tudo vai mudar. Desde aquele maldito dia, Rodolfo nunca mais entrou em meu quarto ou falou comigo. Quem sabe, agora, ele me perdoa".
Os ciganos chegaram. Sergei entrou na fazenda tocando a música de que Rosa Maria mais gostava, a mesma que a acordou no primeiro dia em que chegou ao acampamento. Rosa Maria e Felipe vinham na primeira carroça. Estavam todos felizes.
No dia seguinte, Rodolfo e Sergei, conduzidos por Josué, que também não havia ido embora, foram para a vila tratar

dos documentos para o casamento e o registro de nascimento de Felipe. Precisavam também comprar sementes e tudo o que estava em falta na fazenda. Muitas coisas teriam que ser compradas para colocar a fazenda em funcionamento novamente. As primeiras seriam sementes e cal para pintar a casa. Rodolfo pegou dinheiro no cofre que o pai tinha no escritório. Iria mais tarde até o Rio de Janeiro falar com o banqueiro para poder usar o dinheiro do pai.

Rosa Maria continuou dormindo na tenda junto com Felipe.

O tempo foi passando. A fazenda começou a mudar. Rodolfo era um bom administrador.

Zara e as outras ciganas fizeram um lindo vestido branco para Rosa Maria. Zara disse com os olhos brilhando de felicidade:

– Ela será uma linda noiva!

Todos estavam ansiosos, esperando o dia do casamento. As sementes foram plantadas. A casa, pintada. Rodolfo comprou tecidos para que as escravas fizessem roupas novas para todos os negros.

Rodolfo acabou com a senzala. Mandou os negros pegarem madeiras na mata e, juntos, construírem casas para suas famílias. Mandou também tirar e queimar o tronco. Um dia, disse para Rosa Maria:

– Tudo que fizer para eles será pouco.

Rosa Maria estava experimentando o vestido. Olhou-se no espelho e perguntou:

– Branco, Zara? Não posso usá-lo! Não sou mais virgem...

– Ora, minha filha. A virgindade só se perde quando é dada com amor. Por isso, sabemos que é virgem, não é?

Rosa Maria pensou por um tempo e disse:

– Tem razão; se pensarmos assim, realmente sou virgem! Este vestido é lindo!

Em todos os lugares aos quais ia, Rodolfo carregava Felipe. Os dois davam-se muito bem e, a cada dia que passava, gostavam-se mais.

Finalmente, chegou o dia. Foi montado um altar no meio do pátio em frente à varanda, enfeitado com muitas flores que negros e ciganos colheram nos campos. Cada um deles queria fazer a música e as danças. Brigaram muito e não conseguiram chegar a um acordo. Rosa Maria reuniu Sergei e Pai Joaquim e disse:

– Sergei, metade do casamento você toca violino e os negros escutam quietos. Pai Joaquim, a outra metade os negros tocam os tambores e os ciganos escutam quietos. Está bem assim? Durante a festa também será dessa maneira, não pode haver briga. Este é o dia mais feliz da minha vida!

Os dois concordaram e foram comunicar a seu povo. Um padre veio da vila.

Um pouco antes de ir vestir-se, Rosa Maria foi para a varanda ver se tudo estava certo. Vendo aquele vaivém de pessoas, lembrou-se de Maria Luísa e dona Matilde. "Seria tão bom se estivessem aqui."

Uma lágrima começou a formar-se. Olhou para o morro, viu as cruzes e, com as pontas dos dedos, mandou um beijo, pensando: "Que bobagem a minha! Claro que estão vendo e, com certeza, muito felizes".

O casamento foi realizado com muita paz entre negros e ciganos. Rosa Maria estava linda com seu vestido todo branco. Ostentava no pescoço o colar que Zara havia lhe dado.

Zara ficou emocionada ao vê-la usando o colar.

Rosa Maria, finalmente, estava realizando seu sonho.

A cerimônia teve que ser longa, para que negros e ciganos pudessem participar.

Rodolfo e Rosa Maria estavam radiantes.

Quando a cerimônia terminou, Felipe beijou a mão de Rodolfo e saiu correndo.

Rosa Maria e Rodolfo viram que ele foi para dentro da casa. Foram atrás dele.

Enquanto isso, ciganos e negros dançavam misturados. Ciganos com o toque do tambor. Negros com o som do violino de Sergei e a sanfona de Igor.

Na varanda, Rosa Maria e Rodolfo encontraram Serafina. Rosa Maria, aflita, disse:

— Serafina, vimos Felipe entrar correndo. Onde ele está? Será que está doente?

— *Não, sinhazinha, num tá, não. Xangô tem ainda um trabainho pra fazê. U mininu tá lá nu quarto du sinhô.*

— No quarto de Dom Carlos? Está louca? Como pôde permitir? Aquele monstro, mesmo sem poder mexer-se, pode fazer algum mal a meu filho.

Foram correndo para o quarto de Dom Carlos. Entraram e viram uma cena que jamais conseguiriam esquecer. Dom Carlos sentado na cadeira. Felipe, agachado à sua frente, fazendo massagem em suas mãos e falando:

— Papai e mamãe casaram-se, vovô. Ela está muito bonita naquele vestido branco. Quando eles cortarem aquele bolo grande, eu trago um pedaço para o senhor.

— Você é um bom menino. Amo-o muito.

— Eu também amo muito o senhor, vovô.

Rodolfo e Rosa Maria aproximaram-se.

— O que está fazendo aqui, Felipe?

— Estou contando para o vovô de seu casamento, mamãe.

— Não sabia que você o conhecia.

— Conheço, mamãe! Venho aqui todos os dias. Esfrego as mãos e os pés dele com este óleo que Serafina me deu. Ele já está mexendo os dedos. Mostre para eles, vovô, mostre...

Levantou a mão de Dom Carlos, dizendo:

— Mexa os dedos, vovô, mexa!

Dom Carlos olhou para eles. Lágrimas caíam de seus olhos. Com muito esforço, mexeu os dedos.

— Viu, papai? Viu, mamãe? Ele mexeu. Falei para ele que vai andar de novo.

— Falou sim, Felipe. Falou que vou andar... eu vou andar...

— Sabe, papai, gosto tanto do vovô, mas tanto que, se não fosse seu filho, queria ser filho dele.

– Que bom, filho, que gosta dele. Ele não é seu pai, mas é o meu.

– Então abrace ele, papai. Esfregue a mão dele para que ele fique bom logo.

Dom Carlos, agora, chorava, soluçando. Rosa Maria e Rodolfo também. Rodolfo olhou para ela, que acenou com a cabeça. Felipe continuou falando:

– Venha logo, papai!

Rodolfo ajoelhou-se na frente do pai e segurou suas mãos. Dom Carlos, em lágrimas, disse:

– Perdão, meu filho. Você também, Rosa Maria... por favor, perdoe-me. Esse menino é um anjo que Deus mandou em sinal de que nem tudo está perdido para mim. Eu o abençoo.

– Quem sou eu para julgar? Se meu filho gosta tanto do senhor, alguma coisa deve ter visto de bom.

Felipe pegou a mão de Rosa Maria, dizendo:

– Abrace ele, mamãe. Beije ele. É meu vovô querido...

Rosa Maria demorou um pouco. Não queria, mas, diante da insistência de Felipe, abaixou-se, abraçou-o e beijou a testa de Dom Carlos, falando:

– Só Deus poderá perdoá-lo. Mas, se ele me devolveu a felicidade, se meu filho gosta tanto do senhor, só posso perdoar.

Felipe jogou-se em cima dela, rindo feliz.

Ela saiu correndo. Não podia acreditar que tinha abraçado e beijado aquele homem. Encostou-se, chorando, na parede da sala. Sentiu um perfume de rosas por todo o ambiente. Olhou para a sala. Lá não havia rosas nem qualquer flor. Disse emocionada:

– Felipe! Oh, Felipe! É você? Está aqui?

– Sou. E estou aqui. Você está vencendo. Eu a amo.

– Não está sentindo-se bem, Rosa Maria? – Ela ouviu a voz de Rodolfo, voltou-se e respondeu:

– Estou bem, Rodolfo... muito bem. Vamos voltar para a festa?

Serafina e Pai Joaquim, que entraram na sala logo depois que Rosa Maria e Rodolfo entraram procurando por Felipe, presenciaram tudo que aconteceu. Riram. Pai Joaquim disse:

— É, Serafina... *Xangô num bandona seus fio, pur mais rúim qui eles seje.*

— *Ocê tem razão, veio.*

— *U nego sempre tem razão. Ih, ih, ih!*

Rodolfo e Rosa Maria voltaram para a festa. Dançaram com os ciganos os passos que Rosa Maria havia aprendido. Dançaram com os negros. Foi uma festa sem igual.

— Serafina – pediu Felipe –, ajude-me. Peça para alguém me ajudar a trazer o vovô aqui fora. Ele quer ver a festa.

Ela obedeceu. Chamou dois negros, que acompanharam Felipe para dentro da casa. Voltaram logo depois, carregando a cadeira de Dom Carlos, que foi colocada na varanda. Felipe sentou em um banquinho ao lado dele e disse:

— Vovô, veja como está tudo bonito.

— Está, sim, meu filho. Está, sim...

— Vou buscar um pedaço de bolo para o senhor.

Felipe desceu a escada correndo.

— *Eta mininu danadu di bão, num é, sinhô?*

Dom Carlos olhou para o lado de onde vinha a voz. Pai Joaquim estava sentado, fumando seu cachimbo.

— Ele é, sim. É um menino bom e inteligente.

— *Sabe, sinhô, quando a gente faiz as coisa rúim e mardade, Xangô faiz justiça. U sinhô sabe disso, num é, sinhô?*

— Creio que sim. Pensei muito todo esse tempo. Não sei se Xangô é o mesmo que para mim é Deus. Mas, com certeza, foi feita a justiça.

— *Isso memo, sinhô. Si é Xangô, si é Deus, u nome num importa. Eles dois cuida di nóis. Eles dois ixiste, sim, sinhô.*

Dom Carlos olhou para aquele negro que falava daquela maneira com ele. Em outros tempos, jamais permitiria que ele sequer levantasse os olhos, mas hoje era diferente. Dava graças a Deus por ter alguém com quem conversar.

— É, creio que existem mesmo...

— Sabe, *sinhô. Xangô, ou seu Deus, manda justiça pra gente aprendê. Dispois qui a gente aprende, eles manda um anjo ansim, qui nem u sinhozinho Felipinho, pra mustrá qui num bandona seus fio, memo quando elis num mereci pruque fizero muita mardade. Gradece Xangô ou seu Deus pur esse mininu. Ele é um anjo mandadu pur Deus pru sinhô.*

— É, sim. Ele é um anjo. Rodolfo teve muita sorte de ter um filho como ele.

— *Ele num é fio du sinhozinho Rudofo.*

— Como não? É filho de Rosa Maria...

— *Da sinhazinha, eli é. Naquela noite, ela gritô pru sinhô qui era virge. U sinhô si alembra?*

Ele se lembrou daquela noite, que quis esquecer durante todos esses anos. Estremeceu.

Abaixou a cabeça, falando:

— Como pude fazer aquilo? O que está querendo me dizer, Pai Joaquim?

— *É isso memo qui tá pensandu, sinhô. Si num é fio du sinhozinho Rudofo, si si parece cum eli quandu era minino, di quem ele é fio?*

— Meu Deus! Não pode ser!

— *Podi, sim, sinhô. E é. U sinhozinho Rudofo já sabe. U sinhô tumém sabi agora. Pur isso u sinhô tem qui gustá muito desse minino. Ele foi um anjo qui seu Deus e meu Xangô mandô pru sinhô.*

— Ele é meu filho? Meu Deus! Muito obrigado, Senhor. Ele gosta muito de mim. Nunca poderá saber o que fiz com sua mãe!

— *Num vai sabê, sinhô. Num vai, memo...*

Felipe voltou com um pedaço de bolo na mão e entregou para Dom Carlos.

— Obrigado, meu filho. Muito obrigado...

— Vovô, está chorando de novo? Pare de chorar! Não quero ver o senhor triste! Hoje é dia de muita festa!

— Não vou chorar mais. Prometo. Tem razão. Hoje é um dia de muita festa para todos nós.

Pai Joaquim ria:

— Ih, ih, *ih! Xangô i u Deus dus branco são bão memo!*

A festa continuou. Já era quase de manhã quando as pessoas foram saindo e voltando para suas casas. Alguns cansados, outros bêbados. Aos poucos, o pátio foi ficando vazio. Serafina, havia muito tempo, já tinha mandado levar Dom Carlos para dentro. Felipe quis deitar-se com ele na mesma cama.

Quando Rosa Maria e Rodolfo entraram, foram logo perguntando:

— Serafina, onde está Felipe?

— *Tá lá nu quartu du sinhô.*

Foram para lá. Abriram a porta. Os dois estavam dormindo, Felipe abraçado a Dom Carlos. Olharam-se, sorriram e foram deitar-se. No quarto, abraçaram-se. Rodolfo disse:

— Felizmente, estamos sós e casados, Rosa Maria. Parece um sonho.

O amor naquela noite foi total. Duas almas que se encontravam, após tanto sofrimento e separação. Amaram-se com o amor e o ardor que só duas almas unidas no céu podem sentir. O amor foi supremo. Aquela noite ficaria para sempre marcada no coração dos dois. Quando terminaram, olharam-se e Rodolfo disse:

— Enfim juntos, e desta vez será para sempre. Tenho uma surpresa para você.

— O que é, Rodolfo? Não gosto de surpresas. Está tudo tão perfeito que tenho medo.

— Nunca mais sentirá medo, meu amor.

Dizendo isso, Rodolfo levantou-se. Entregou um envelope a ela, que perguntou:

— O que é isso?

— Abra e veja.

Ela abriu o envelope. Continha três folhas.

— O que é isso, Rodolfo?

— Leia.

— São três passagens para Portugal? Não pode ser verdade...

— Como, não pode ser? Não quer ir?

— Claro que quero. É o maior sonho de minha vida!

— Todos os seus sonhos serão realizados. Os que sei, realizarei. E os que não sei, descobrirei.

— Eu o amo. Você é o melhor homem do mundo.

Antes de dormir, ela rezou:

— Obrigada, meu Deus! Obrigada por toda essa felicidade que estou sentindo.

Quando acordaram, o sol já havia raiado. Beijaram-se. Amaram-se. Foram para a sala. A mesa estava posta como antigamente. Felipe estava na varanda conversando com Dom Carlos, que, enquanto esperava por eles, já havia tomado café.

Pai Joaquim lá fora, fumando seu cachimbo, somente ria. Ele iria embora da casa-grande. Teria voltado para sua choupana, quando Rosa Maria chegou, mas ela não permitiu.

Após terminarem de tomar café, Rosa Maria e Rodolfo foram para a varanda. Ela viu as tendas dos ciganos sendo desmontadas. Sergei veio até ela e disse:

— Estamos indo embora, Rosa Maria.

— Não, Sergei. Vocês não precisam ir. A fazenda é muito grande. Podem continuar aqui. Vamos ficar todos juntos!

Zara também aproximou-se. Sergei continuou falando:

— Minha filha, nós a amamos. Estamos felizes. Agora que encontrou sua felicidade com Rodolfo e Felipe, está protegida. Sabemos que nos ama também, mas, querida, não queira prender um cigano. O cigano precisa ser livre. Precisa estar viajando, conhecendo o mundo. O dia em que o cigano ficar parado em um só lugar, será seu fim. Ele morrerá. Você viveu conosco por muito tempo. Conheceu nossos costumes. Sabe que estou falando a verdade.

Zara acompanhava as palavras do marido, concordando com a cabeça, porém uma lágrima teimava em cair. Rosa Maria sabia que não poderia insistir. Tudo que Sergei estava falando ela sabia ser a verdade.

— Você tem razão. Por um minuto pensei só em mim, na saudade que irei sentir. Quero que me prometam que voltarão daqui a algum tempo. Viajem por muitos lugares, mas nunca se esqueçam deste. Não se esqueçam de mim...

Zara abraçou-a e disse:

— Nunca a esqueceremos. Nem a nosso ciganinho. Voltaremos muitas vezes, vai até enjoar de ver-nos tanto. Nós todos a amamos.

— Está bem. Sendo assim, eu permito. Vocês são os responsáveis por toda a minha felicidade.

Despediram-se de Rodolfo e Felipe. Acenaram para Pai Joaquim, que estava no alto, na varanda. Foram até as carroças, que já estavam prontas. Rosa Maria foi beijada e beijou a todos. Chegou perto de Sergei e, com lágrimas nos olhos, disse:

— Posso pedir-lhe mais uma coisa, Sergei?

Sergei colocou no chão o pequeno Felipe, que estava chorando porque não queria que eles fossem embora.

— Pode falar, meu anjo.

— Enquanto for indo embora, pode ir tocando em seu violino minha música? Quero ouvi-la mais uma vez.

— Você ainda a ouvirá muitas vezes. Nós voltaremos, mas, se isso a faz feliz agora, tocarei.

Beijou-a novamente. Subiu na carroça em que Zara já estava, com uma mão segurando as rédeas e, com a outra, o violino.

Sergei pegou o instrumento e começou a tocar. As carroças foram se movimentando. Todos os ciganos abanavam lenços brancos. Rosa Maria chorava e ria. Rodolfo abraçou-a. Ela disse:

— Sei que essa é a vida deles, mas já estou com saudade.

Foram para o alto da varanda e ficaram ouvindo a música e olhando as carroças indo embora, até eles sumirem.

REENCONTRANDO O VIDENTE

No dia seguinte, Rodolfo foi com Josué até a vila. Precisava comprar algumas coisas que estavam faltando. No final da tarde, Rosa Maria ouviu o sino tocar. Foi para a varanda e viu que era a carruagem de Rodolfo que estava chegando. Ficou esperando. Assim que a carruagem parou em frente à casa, Rodolfo desceu e ajudou uma moça a descer. Ela vinha acompanhada por uma menininha. Rodolfo olhou para Rosa Maria, que o olhava admirada, e disse:

— Encontrei esta moça no armazém lá na vila. O senhor Jair contou que o marido dela morreu há três dias e ela não tem onde ficar. Chegaram há pouco tempo do sul. Ficariam na pousada até ele receber o primeiro salário para poder arrumar uma casa, mas ele morreu de repente. Ela ficou sem dinheiro e sem poder voltar para o sul, onde mora sua família. Estava desesperada. Achei que você não se incomodaria e trouxe-a para cá.

Rosa Maria olhou para a moça e se lembrou de como foi ajudada por pessoas estranhas. Se estava feliz, hoje, foi porque alguém a ajudou. Sorriu, dizendo:

– Claro que não me incomodo. Como é o seu nome?

– Celeste, senhora. E esta é minha filha. Chama-se Ana.

– Muito prazer. Meu nome é Rosa Maria e este é meu filho Felipe. Entrem, venham comer alguma coisa. Devem estar com fome.

Celeste, sem soltar a mão da filha, timidamente entrou na casa. Enquanto tomavam o lanche, Rosa Maria notou com que carinho Celeste tomava conta da filha.

– Celeste, estou pensando em algo. Sabe ler?

– Sei, senhora. Estudei muito em minha cidade. Meu pai, diferentemente da maioria dos homens, sempre achou que a mulher deveria saber ler e escrever.

– Ele foi muito inteligente. Rodolfo, se ela ficar aqui sem ter o que fazer, não se sentirá bem. Que tal ela ensinar os negros a ler e escrever? Gostaria, Celeste?

– Gostaria muito, senhora. Ensinar é o que mais gosto de fazer.

– O que acha, Rodolfo?

– Não acho nada. Só sei que escravos, de fazenda alguma, sabem ler ou escrever.

Rosa Maria, sorrindo, disse:

– Escravos de fazenda alguma trabalham com carta de alforria nas mãos, meu amor...

– Você não existe, Rosa Maria! Tem razão. Mandarei fazer um galpão bem grande. Lá, Celeste ensinará as crianças durante o dia e os adultos, que quiserem, à noite.

Elas se olharam. Rosa Maria perguntou:

– Que acha, Celeste?

– Eu não sei. Estou achando que morri e que estou no céu e que vocês dois são anjos que Deus mandou para me receber...

– Você não morreu, não está no céu e nem somos anjos. Vai é ter muito trabalho! Rodolfo, que tal, quando fizer o galpão, aproveitar e fazer uma casa para que ela possa morar com a filha?

– Sim, madame. Sua Alteza quer mais alguma coisa?

– Só mais uma coisinha, meu amor. Ela tem que ter um salário para comprar coisas para ela e para esta menina linda.

Celeste interrompeu.

– Não precisa, senhora. Só de ter um lugar para ficar, onde minha filha possa crescer, já é o suficiente. Não preciso de dinheiro.

– Não se preocupe. Para nós, o mais importante é seu trabalho. Terá aqui toda a paz que procura.

– Eu que pensei que estava tudo perdido, que não encontraria um caminho para seguir...

– Por muitas vezes, sentimo-nos assim. Porque, como diz Pai Joaquim, não acreditamos na bondade e na justiça de Deus, ou de Xangô.

– Muito obrigada, senhora, muito obrigada.

– Só há mais uma coisa, Celeste. Meu nome é Rosa Maria. Não é senhora.

Celeste riu e falou:

– Obrigada... Rosa Maria.

Rodolfo abraçou a esposa, dizendo:

– Cada dia você me surpreende mais, Rosa Maria. Cada dia a amo mais...

Quando os negros souberam que havia chegado uma professora e que ela ensinaria as crianças e os adultos a ler e escrever, foi uma loucura.

Em um mês, o galpão e a casa estavam prontos. Fizeram camas, armários, mesas e banquinhos. A lavoura não foi abandonada. Alguns ficaram na lavoura, outros foram para a mata cortar madeira. À tardinha, quando voltavam da lavoura, trabalhavam na construção até escurecer.

Rodolfo trouxe da vila um quadro-negro, lápis e cadernos para as aulas.

Quando ficou tudo pronto, à noite fizeram uma festa, cantaram e dançaram para os deuses.

Celeste e sua filha mudaram-se para a casa nova.

No dia seguinte, pela manhã, ela tocou um pequeno sino que fora colocado na porta do balcão. Os negros sabiam que, quando ele soasse, estaria na hora de as crianças irem para a escola.

No primeiro dia, as crianças foram trazidas pelas mães. Os pais foram para a lavoura. Depois de deixarem os filhos, as mães foram cuidar de seus afazeres. Havia muito trabalho para ser feito.

Estavam dentro do galpão, quando Rosa Maria chegou, dizendo:

– Bom dia, professora. A senhora tem mais um aluno. Está atrasado porque não queria vir. Ainda está em tempo?

– Está, sim. Entre, Felipe. Você vai gostar de aprender a ler e escrever.

Felipe, chorando muito, não largava a mão da mãe.

– Fique, meu filho. Vai gostar. Alguma vez fiz algo que o fizesse sofrer?

Felipe não largava a mão dela. Aproximou-se um negrinho. Tinha mais ou menos a idade dele.

– Vem, sinhozinho. É bão sabê lê i iscrevê. Ieu fico junto du sinhozinho. Vem...

Felipe olhou para ele, que sorria. A boca era tão grande que, conforme ria, não se via quase o resto do rosto. Só os olhos brilhantes. Felipe achou graça e começou a rir. Largou a mão da mãe e segurou a do negrinho. Os dois entraram.

Celeste e Rosa Maria olharam-se e sorriram. Rosa Maria foi embora. Sabia que, naquele dia, seu filho estava dando um passo importante na vida.

Durante a aula, os dois ficaram sentados juntos. Felipe tinha dificuldade para fazer aquela bolinha com perninha.

– Faiz ansim, sinhozinho, divagá. Ansim...

No fim da aula, as crianças foram brincar. O negrinho chamou Felipe:

– Vem brincá tumém, sinhozinho. Vem...

Rosa Maria passou a manhã toda preocupada. Não sabia como Felipe estava se saindo. Foi buscá-lo nervosa, pois não sabia como iria encontrá-lo.

Chegou e ficou olhando de longe. Ele brincava, feliz, com outros meninos, jogando com uma bola que Celeste havia feito com algumas meias. As meninas brincavam de roda. No meio da roda, estava Aninha, a filha da professora.

Quando Felipe viu a mãe, correu para ela, gritando:

— Mamãe, este é Manequinho, meu melhor amigo!

— Que bom, meu filho, que tenha encontrado um amigo.

— Um não, mamãe! Uma porção, mas Manequinho é o melhor de todos!

Ela passou, carinhosamente, a mão na cabeça de Manequinho. Ele levantou a cabeça, arregalou os olhos e os dentes num sorriso feliz.

Daquele dia em diante, Felipe ia correndo para a escola, assim que o sino tocava. Manequinho, sempre junto, o ajudava na lição. Depois da aula, ficavam brincando.

Rosa Maria e Rodolfo estavam felizes por verem o filho tão bem.

Felipe dividia seu dia entre a escola, brincadeiras e as visitas a Dom Carlos. Contava tudo o que acontecia na escola e nas brincadeiras a seu avô querido, como o chamava.

Manequinho e Felipe tornaram-se inseparáveis. Aninha brincava com as outras meninas, mas estava sempre atrás dos dois.

Pai Joaquim e Serafina foram à escola, para mostrar aos negros adultos que também poderiam aprender.

Aos poucos, todos os escravos da fazenda foram chegando. À tardinha, quando voltavam da lavoura, arrumavam-se com esmero para irem à escola.

Rosa Maria deu a Celeste algumas revistas e jornais para ela usar na aula. Em uma revista, havia a fotografia de um navio. Ela mostrou a fotografia para as crianças, dizendo:

— Isto é um navio. Na Terra, aqui onde vivemos, há muita água salgada, que chamamos de mar. Este navio viaja por cima das águas do mar, vai para muitos lugares.

Manequinho ficou encantado com o navio e perguntou:

— *Fessora, cumu si chama us homi qui trabaia nu naviu?*

– Chamam-se marinheiros.

Ele ficou pensando, depois disse:

– Quando ieu crescê, vô sê marinheru!

– Muito bom, mas, para isso acontecer, terá de estudar muito.

– Ieu gostu di estudá. Fessora, dá esse retratu pra ieu?

– Dou, sim. É seu.

Manequinho brincava com Felipe o tempo todo. Várias vezes, foi para a casa-grande brincar e até dormir.

O tempo foi passando. Fazia quase um ano que Rosa Maria havia voltado e se casado. Na fazenda, tudo corria bem. Os negros trabalhavam com alegria. Rodolfo dividira a fazenda em pedaços e os negros em grupos. Cada grupo cuidava de um pedaço. A colheita, naquele ano, seria muito boa.

Com tudo certo na fazenda, eles poderiam viajar para Portugal com tranquilidade.

Rosa Maria estava ansiosa. Durante o tempo em que estivera com os ciganos, sempre escrevia para José e Isabel, mas não recebia respostas, porque não tinha um endereço fixo. Sabia que eles deveriam estar bem e, para José, era importante saber que ela também estava. Por isso, ela escrevia sempre. Quando se casou, escreveu contando tudo, mas não disse que iriam para Portugal. Queria fazer uma surpresa.

Felipe não queria ir viajar, pois teria de deixar a escola e, principalmente, Manequinho. Ele queria que o amigo fosse junto na viagem. Rodolfo, várias vezes, disse que não, mas Felipe insistiu tanto que não houve jeito. Rodolfo, vencido pelo cansaço, disse:

– Está bem, vamos levá-lo conosco!

Felipe ficou radiante, beijou o pai e a mãe e saiu correndo para contar a Manequinho.

Quando ele saiu, Rodolfo ficou olhando, com um olhar de tristeza. Rosa Maria percebeu e perguntou:

– Que foi, Rodolfo? O que aconteceu?

– Ele sempre consegue tudo o que quer. Faz-me lembrar de Maria Luísa...

— É mesmo. Tem o mesmo gênio. Com jeitinho, consegue tudo o que quer.

— Ela só não conseguiu ser feliz, Rosa Maria. Espero que Felipe, nesse sentido, tenha mais sorte que ela.

— Terá, Rodolfo! Faremos tudo para que isso aconteça!

Felipe foi correndo para a casa de Manequinho. Entrou gritando:

— Manequinho! Você vai viajar conosco!

— Vô? Vô andá naqueli naviu?

— Vai, sim! Papai deixou! Mamãe disse que vamos ficar muito tempo dentro dele!

Manequinho arregalou os dentes e os olhos e começou a pular de alegria.

O dia da viagem chegou. Foram de carruagem para o Rio de Janeiro. Chegaram dois dias antes de o navio partir. Rosa Maria comprou roupas novas para Felipe e Manequinho. Ele não acreditava que iria conhecer de perto um navio.

No Rio de Janeiro, Rodolfo levou-os para passear nos mesmos lugares onde tinha ido quando dona Matilde, Rosa Maria e Maria Luísa haviam chegado de Portugal.

Ao passar pela praça em que Tobias, Serafina e Jerusa foram comprados, lembraram-se de tudo. Uma lágrima surgiu nos olhos de Rosa Maria. Lembrou-se de como Maria Luísa era linda e alegre. Rodolfo também emocionou-se.

— Por que a senhora está chorando, mamãe?

— Por nada, Felipe. Acho que de saudade. Quando cheguei de Portugal, paramos aqui, eu, papai, vovó e sua tia Maria Luísa. Ela era muito alegre e bonita.

— Que pena que ela morreu. Queria tê-la conhecido.

— Foi uma pena mesmo...

Rodolfo, com a garganta engasgada, acompanhava a conversa, mas não conseguia falar.

Passearam muito. Os meninos estavam encantados com tudo que viam.

No dia seguinte, embarcaram. Manequinho, ao se ver dentro do navio, não conseguia falar, de tão emocionado que estava. Olhou para um rapaz que passava. Ele estava com uma roupa bonita e um boné. Manequinho dirigiu-se a ele e perguntou:

– *Moço, u sinhô é um marinhero?*

– Sou. Por quê?

– *É qui quando ieu crescê vô sê marinhero tumém.*

– Garanto que vai gostar. Gostaria de conhecer o navio?

Os dentes e olhos de Manequinho arregalaram-se.

– Posso?

– Agora não, porque estou em serviço. Mas, quando eu terminar, virei buscá-lo.

– *U sinhozinho Filipe pode i tumém?*

– Se seus pais deixarem, pode.

– Deixaremos, sim. Só há uma condição. Manequinho, você já está há muito tempo na escola. Tem que falar direito.

– *Tá bão, sinhá. Vô falá, mais dexa nóis i cunhecê u navio, dexa...*

Rosa Maria, rindo, acenou com a cabeça.

O marinheiro foi embora. Voltou mais tarde e levou os meninos por todos os cantos do navio. Durante o trajeto, ia apresentando-os para os companheiros e dizendo:

– Este aqui, quando crescer, vai ser marinheiro.

Todos os marinheiros que eram apresentados a Manequinho encantavam-se com o garoto. Ele e Felipe estavam sempre junto deles. Manequinho perguntou para o marinheiro que mais ficava com eles:

– *Seu Paulo, u sinhô num pudia arranjá um buné iguar u seu pra ieu?*

– Quando chegarmos ao fim da viagem, se se portar direito, vou lhe dar um de presente.

– *Vô ficá direitinho. U sinhô vai vê.*

O marinheiro foi embora rindo.

Os dois nem sentiram a demora da viagem. Estavam sempre acompanhados de algum marinheiro e fazendo alguma coisa.

Para Rosa Maria, a viagem foi longa, tão ansiosa que estava. Ao aportarem em Lisboa, Manequinho e Felipe ganharam uma porção de bonés. Todos os marinheiros quiseram dar um.

Tomaram uma carruagem de aluguel para irem até o povoado e, depois, para a Vila das Flores.

Ao chegarem ao povoado, Rosa Maria lembrou-se da festa e do pai andando de carroça pelas ruas. De quanto fora feliz ali. De quanto sofrera com a morte dos pais e do irmão.

Rodolfo também lembrava-se da mãe e da irmã. Os dois, calados, ficaram perdidos em seus pensamentos.

Manequinho e Felipe olhavam tudo.

Ao passarem pela praça, Rosa Maria viu o adivinho que havia previsto e acertado em tudo o que dissera. Pediu a Rodolfo que parasse. Desceu, foi até ele. Rodolfo seguiu-a, sem interferir.

Ela começou a mexer nas ervas. Ele olhou para ela e perguntou:

– Como é seu nome, senhora?

– Rosa Maria.

– Seu nome é o da rainha das flores. Hoje, a rosa cresceu, floresceu. Chorou com o orvalho da manhã. Usou seus espinhos para se defender. O botão puro se abriu para que o mundo o visse. Exalou seu perfume e muitos sentiram. Voltou ao solo em que nasceu e desabrochou novamente. Está agora exalando perfume. Não vai mais precisar usar os espinhos. De sua semente nasceu um novo botão, que vai desabrochar e se tornar outra rosa. Muito perfume também vai exalar. Assim será sua vida. Daqui para a frente, só perfume, juntamente com a felicidade, sua e de todos que a cercam.

Rosa Maria prestava atenção em tudo que ele falava. Ia relembrando cada momento de sua vida.

– Tem certeza, senhor, de que tudo de ruim acabou?

– Minha filha, há tempo de plantar e tempo de colher. Está, agora, colhendo. Vai querer comprar alguma erva?

Ela olhou para aquele homem, tão humilde, mas que conhecia tão bem o coração humano.

– Quero, sim. Quero que me dê uma para que nunca mais me esqueça do senhor.

– Não, senhora. Precisa e vai me esquecer. Esse pequeno botão, que nasceu de sua semente, foi um anjo que Deus lhe mandou. Ele, em momentos muito difíceis e importantes, vai precisar de seu perfume. Mais dois botões brotarão de sua semente. São mais amigos que estão chegando para, juntos, espalharem o perfume da paz e da harmonia. Vá com Deus. Não precisa de minhas ervas. Precisa agora apenas espalhar seu perfume para a felicidade de muitos. Que Deus a abençoe por ter usado seus espinhos quando precisou e por ter deixado eles caírem quando o perigo passou. O perdão ainda é o melhor caminho para a felicidade. Vá com Deus.

Rosa Maria pegou suas mãos e beijou-as.

Rodolfo escutava tudo, sem entender quase nada. Apertou seus ombros para que ela entendesse que o homem nada mais tinha para falar.

Foram para a casa de Rodolfo. Lá só estavam Juvenal e uma nova criada. Tudo estava em ordem. Joana havia ido para Santos, no Brasil, a cidade em que seu marido trabalhava. Juvenal contratou aquela nova empregada. Todos os meses ia buscar o salário dos dois e um dinheiro para as despesas da casa. Antes de ir para o Brasil, Rodolfo havia autorizado o gerente a que tirasse da conta uma certa quantia para as despesas da casa.

Quando os viu, Juvenal perguntou curioso:

– Quem são esses meninos?

– Este aqui é Felipe, nosso filho. E esse é o melhor amigo dele, Manequinho.

Manequinho arregalou os dentes e os olhos num sorriso alegre.

– Muito prazê, *sinhô*.

– Como se fala, Manequinho? – repreendeu Rosa Maria.

– Muito prazer, senhor.

– Assim está bem melhor.

Já era quase noite quando chegaram. Jantaram e foram dormir. Estavam cansados da viagem.

No dia seguinte, foram para a Vila das Flores. Lá chegando, encontraram José abatido. Quando os viu, abraçou-os, chorando.

— Minha irmã querida. Estava pensando tanto em você. Mandei-lhe uma carta há um mês. Estou sofrendo tanto.
— Por quê? O que aconteceu?
— Isabel foi embora.
— Como, embora? Para onde ela foi? Abandonou-o?
— Ela sofria do coração, mas não sabíamos. Teve um ataque e morreu.

Rosa Maria empalideceu e quase caiu. Só não o fez porque Rodolfo segurou-a. Começou a chorar. Os meninos olhavam para ela, assustados.
— Como isso pôde acontecer?
— Não sei. Nem sei o que vou fazer de minha vida.
— Meu irmão querido! Não fique assim. Deus está sempre ao nosso lado. Não nos abandona nunca. Só precisamos aprender a confiar em sua sabedoria.

Ela continuou chorando.
— Mamãe, não chore. Serafina disse-me que as pessoas nunca morrem de verdade. Que lá no céu há uma casa para onde vamos. Ficamos de lá olhando o que se passa aqui. Ela disse que todos os que morreram estão de lá olhando para nós. Se choramos, eles choram também. A senhora não quer vê-los chorando, não é?
— Tem razão, meu filho. Não quero vê-los tristes. Vamos mandar um beijo para eles?

Levou os dedos aos lábios e mandou um beijo para o céu. Felipe imitou-a, rindo.

Rodolfo cumprimentou José e abraçou-o. Um menino entrou e ficou encostado na parede, chorando também. José, ao vê-lo, enxugou os olhos e disse:
— Tobias, meu filho, venha até aqui para conhecer seus tios e seu primo.

Rodolfo, ao ouvir aquele nome, arrepiou-se todo. Rosa Maria não percebeu, tão abalada estava. Olhou para o menino. Mulato, quase branco, com olhos azuis. Um menino muito bonito. Abraçou-o, dizendo:

– Você está tão grande e bonito. Sou Rosa Maria, sua tia. Este é seu tio Rodolfo, meu marido, e estes são Felipe, seu primo, e Manequinho, seu amigo.

O menino estendeu a mão para Rodolfo, que o olhava desconfiado. Tobias beijou sua mão, falando:

– Sua bênção.

– Deus o abençoe.

José, não se dando conta da preocupação de Rodolfo, disse:

– Meu filho, leve os meninos para conhecerem o sítio.

As crianças saíram.

Rodolfo estava pensativo. Rosa Maria e o irmão continuaram conversando, mas ele não prestava atenção na conversa. Por fim, não resistiu à tentação e perguntou:

– José, seu filho não se chama Tadeu?

Os irmãos olharam-se. Só agora perceberam o que havia acontecido. Rosa Maria baixou os olhos. José respondeu:

– Não. O nome dele é Tobias. E não é meu filho. É filho de Maria Luísa.

Rodolfo sentou-se, olhou com raiva e surpresa para os dois.

– Vocês me enganaram? Rosa Maria, como pôde fazer isso comigo?

Ela respondeu chorando:

– Eu não podia, Rodolfo. Jurei a Isabel e a Maria Luísa.

– Mas sou seu marido. Não devia haver segredos entre nós.

– Eu não podia contar. Esse segredo não era meu.

– Nasceu quando vocês vieram sozinhas? Mamãe sabia?

– Sim. Ela também jurou segredo. Não podíamos arriscar a vida da criança. Se seu pai descobrisse, o que aconteceria?

– Por isso adiou nosso casamento vindo para cá?

– Aquela viagem foi a salvação para Maria Luísa.

Rodolfo ficou calado, pensando: "Por isso Maria Luísa ficou tão diferente. Voltou triste para o Brasil. Depois daquela viagem, nunca mais foi a mesma. Pobre irmã, como deve ter sofrido por ter tido que abandonar o filho".

Levantou-se e saiu calado. Foi andando pelo sítio. Lembrou-se da irmã com muita saudade. "Por que ela não confiou em mim? Talvez não precisasse abandonar o filho. Eu falaria com papai. Não... Não adiantaria. Ele não aceitaria. Jamais teria aceitado Tobias."

Foi andando e chegou ao riacho. As crianças brincavam. Tobias era um ou dois anos mais velho que Felipe. Ele não sabia. Ficou olhando para o menino. "Tem muita coisa de Maria Luísa. Seus olhos e seu sorriso."

Felipe, percebendo que o pai estava ali, disse:

– Papai, como este sítio é bonito. Estou gostando muito daqui e de Tobias também.

– Também gosto. Do sítio e de Tobias. Tobias, venha até aqui.

O menino veio devagar. Rodolfo colocou-o de frente para ele. Olhou bem em seus olhos. Abraçou-o com muita força. Rosa Maria e José chegaram nesse momento. Ficaram de longe, olhando, abraçados.

– Sabia que essa seria sua reação, José – comentou Rosa Maria. – Ele é um homem maravilhoso.

O menino soltou-se daquele abraço, voltou para junto dos outros e continuou brincando. José e Rosa Maria aproximaram-se de Rodolfo. Os três abraçaram-se e ficaram calados, olhando as crianças brincando.

Nada havia para ser dito.

A DECISÃO DE JOSÉ

Estavam em Portugal havia três meses. Rodolfo disse para José:

— José, contei-lhe tudo sobre a fazenda. Está correndo tudo bem, mas preciso viajar muito para fechar negócios com os importadores de café. Preciso de alguém para ajudar-me. Alguém assim como você, que conheça lavoura e que possa orientar os escravos. Tudo lá também pertence a Tobias. Que tal ir para o Brasil conosco?

Rosa Maria adiantou-se:

— Rodolfo, que boa ideia! José, ficaremos juntos novamente. Poderei ver Tobias crescer e você verá Felipe.

— Não sei. Estou muito triste aqui, mas o que farei com o sítio?

— Pode deixar com os pais e irmãos de Isabel. Sei que será feliz no Brasil. Mas, se não for, poderá voltar a qualquer momento. Tem que decidir logo, precisamos voltar. Já estou há muito tempo longe da fazenda.

— Está bem, vou pensar. Depois darei uma resposta.

Mais tarde, conversou com Tobias.

— Meu filho, gostaria de ir para o Brasil?

— Gostaria. Os meninos disseram que lá é muito bonito, que a fazenda é muito grande, tem cavalo. Gostaria de conhecer.

— Está bem. Vou falar com seus avós e tios. Se ficarem tomando conta do sítio, iremos. Mas só por um tempo. Será bom para nós dois sairmos deste lugar. Vamos conhecer outras terras, outra gente. Mas nossa casa é aqui. Um dia, voltaremos.

Conversou com os pais e irmãos de Isabel, que concordaram. Quinze dias depois, estavam embarcando para o Brasil. Todos estavam ansiosos para voltar.

Rodolfo, antes de partir, perguntou a Juvenal se queria ir junto. Ele trabalhava para eles desde que eram crianças. Não tinha família, era de confiança, poderia ajudar muito na fazenda. Juvenal, feliz, concordou. Rodolfo colocou a casa à venda. Não tinha mais intenção de voltar para morar.

Rosa Maria também sentia saudade de tudo. A única coisa que a prendia em Portugal era seu irmão, mas agora ele estava indo junto. Tobias iria conhecer uma terra nova. Manequinho e Felipe estavam com saudade da escola e dos amigos. Felipe queria ver o avô para contar tudo que acontecera na viagem.

A volta transcorreu demorada, mas tranquila. Manequinho logo fez amizade com os marinheiros. Todos gostavam de seu jeito. Era um menino especial. Novamente, ele e Felipe ganharam bonés. Tinham muitos e dariam para as crianças da fazenda.

Quando chegaram ao Rio de Janeiro, Tobias e José ficaram encantados com toda aquela beleza natural. Ficaram lá por dois dias. Foram visitar todos os lugares. Passearam muito. Como Rosa Maria quando chegou, José também admirou-se com aquele vaivém de pessoas.

Dois dias depois, foram para a fazenda. A cada momento, mais os visitantes admiravam-se. Quando viram aquelas montanhas, que do alto pareciam um tapete verde, ficaram abismados.

Quando o sino tocou avisando que alguém estava chegando, os escravos da casa correram para a varanda. Viram a carruagem.

– *Eles voltaru! Eles voltaru!*

O sino começou a tocar com mais força. Alguns correram para a estrada. Eles gostavam realmente dos senhores.

Pai Joaquim estava sentado na varanda, fumando seu cachimbo, conversando com Dom Carlos. Serafina, quando ouviu o sino, veio para a varanda. A carruagem parou. Os ocupantes começaram a descer.

Rosa Maria estava feliz. Rindo, disse:

– Este é meu irmão José. Veio para ficar um tempo conosco. Este é seu filho, Tobias.

Ao verem Tobias, os três olharam-se. Pai Joaquim olhou para Serafina e sorriu. Dom Carlos ficou olhando, sem dizer nada.

– Estes são Pai Joaquim e Serafina, meus anjos da guarda. Este é Dom Carlos, o pai de Rodolfo.

José cumprimentou a todos. Ele sabia o que Dom Carlos havia feito com Rosa Maria. Olhou para ele com raiva, mas Felipe estava em seus braços, falando:

– Vovô, tenho algo para contar ao senhor. Estava com muita saudade. Conheci sua casa lá em Portugal. Ela é grande e bonita. Dormi num quarto todo cor-de-rosa. A mamãe falou que era de tia Maria Luísa.

José amoleceu. Cumprimentou Dom Carlos com um sorriso. Dom Carlos respondeu ao cumprimento.

Entraram em casa. José e Tobias nunca haviam visto tanto luxo. Pai Joaquim, feliz, disse:

– *É, Serafina, u mininu tá muito bunito. Us zoio dele é iguarzinho us da mãe.*

– Vocês conhecem esse menino? E a mãe dele também? – perguntou Dom Carlos.

– *Nóis num cunhecia u mininu, não. Mais nóis sabia qui eli tinha nascido, cum as graça di Xangô e di Oxalá. Cunhecemo, sim, a mãe dele. Xangô inda num terminô sua justiça. Inda fartava um tiquinho. Ih, ih, ih!*

— O que está querendo dizer?
— Nada, sinhô. Nada, não. Só qui esse mininu u nego num sabe pru quê tá cum us oio iguarzinho us da sinhazinha Maria Luísa. E qui a cor deli é iguarzinha à du Tubia. U nego tá muito veio. Num sabe, não, mais tá achando qui ele é fio da sinhazinha Maria Luísa mais u Tubia.
— Está querendo me dizer que esse menino é...
— Isso memo, sinhô. Ele é seu neto. Fio da sinhazinha Maria Luísa mais u Tubia.
— Meu Deus! Quanta coisa eu não sabia!
— É, sinhô, num era tão puderoso cumo pensava, num é? Só quem é puderoso é Xangô.

Enquanto isso, José encantava-se com a casa e com tudo que estava vendo.

Manequinho puxou Felipe, que puxou Tobias, e foram correndo para a escola. Todas as crianças estavam lá. Interromperam a aula. Todos correram para recebê-los, inclusive Celeste. Eles deram os bonés para as crianças.

— Temos um montão de coisa para contar — disse Felipe.
— Andei di navio. Quando crescê, vô sê é marinhero. Rumei um tantão ansim di amigo, tudo marinhero.
— Está bem — disse Celeste. — Por hoje a aula acabou. Podem conversar e brincar. Vou até a casa-grande. — Saiu rindo.

Celeste foi apresentada a José. Ele a cumprimentou sem prestar muita atenção. Celeste e Rosa Maria ficaram conversando.

Rodolfo foi mostrar a fazenda para José, que ficou encantado com o tamanho. Por onde passavam, eram saudados com sorrisos e cumprimentos pelos negros. Estava tudo em ordem.

— Eles cuidaram de tudo enquanto estive fora. Não sei o que teria feito sem essa ajuda.

— Notei que gostam muito de vocês.
— Você quer dizer, de sua irmã. Foi ela quem fez todas as alterações. Fez até uma escola. Esta é a única fazenda que tem uma escola.

José, rindo, disse:
— Ela ficou muito forte. Nem parece mais aquela menininha que veio para cá.
— Tem razão. O sofrimento faz crescer.

Tudo voltou ao normal. José, aos poucos, foi tomando conhecimento do trabalho na fazenda. Logo começou a dar ordens e orientar os escravos. Estava tudo em paz. Tobias começou a ir para a escola. Ficou amigo de todos. As crianças não entendiam como ele era quase negro e tinha aqueles olhos azuis. Cada vez que perguntavam, ele dizia que não sabia.

Em uma tarde, Rodolfo e José chegaram. Desmontaram e entraram na casa. Estava muito calor. Era dezembro. Rosa Maria mandou preparar um refresco. Estavam na varanda conversando.

Na escola, Celeste estava contando a história do descobrimento do Brasil. Com jornal, fez um barquinho.
— Quando Pedro Álvares Cabral veio para o Brasil, chegou em caravelas, que eram barcos como este.

Contou toda a história. Ensinou as crianças como fazer o barquinho. Ficaram encantadas.

No fim da aula, ela deixou as crianças brincando com os barquinhos, pegou a charrete e foi para a casa-grande conversar com Rosa Maria sobre a festinha que iria dar para as crianças no Natal.

As crianças brincavam com os barquinhos em uma bacia com água. Felipe disse:
— Essa bacia é muito pequena. Não. Não dá para todos brincarmos. Vamos para o rio?

Todos concordaram. Colocaram os barquinhos na água e iam seguindo-os da margem.

– Vamos ver qual vai ser o último a afundar?
– *Sinhozinho, tenho certeza qui num vai sê u meu.*
– O meu é que vai ganhar!

Iam gritando e torcendo. O barquinho de Felipe ficou preso em uma pedra.

– Isso não vale. Vou soltá-lo.

Enquanto falava, Felipe entrou na água. Escorregou, caiu e tentou levantar-se, mas o chão se abriu. Havia um buraco coberto por lama. Começou a afundar. Não sabia nadar, mas, mesmo que soubesse, não adiantaria. Quanto mais se debatia, mais afundava. As crianças gritavam. Manequinho, gritando, jogou-se na água de cabeça para baixo para poder mergulhar e pegar Felipe pelas mãos. Conseguiu pegá-lo e trazê-lo para cima. Quando chegou à tona, as outras crianças puxaram Felipe.

Manequinho afundou. Ao jogar-se, bateu com a cabeça em uma pedra. Num esforço supremo, conseguiu puxar Felipe, mas não teve forças para sair. Afundou no buraco.

Felipe ainda tentou voltar para tirá-lo. Os outros meninos também pularam e conseguiram trazê-lo para fora. Mas era tarde. Estava morto. As crianças ficaram inconsoláveis, sem saber o que fazer. Alguns começaram a chorar. Outros correram para a casa-grande para pedir ajuda.

– *Sinhá! Sinhô! Sinhozinho! U Manequinho... Lá nu rio!*

Estavam tão nervosos e cansados da corrida que não conseguiam falar. Todos correram. Sabiam que alguma coisa havia acontecido no rio, só não sabiam o quê.

Rodolfo e José montaram em seus cavalos. Rosa Maria, com o coração apertado, sentindo que algo grave havia acontecido, subiu na charrete de Celeste.

Quando chegaram, viram Felipe sentado chorando, com a cabeça de Manequinho no colo. Rosa Maria correu para ele.

– Mamãe, ele está dormindo. Pulou na água para me salvar, bateu a cabeça. Olha como está sangrando. Manequinho,

ELISA MASSELLI

abra os olhos. Abra. Fale comigo. Nós vamos outra vez para o mar. Quando crescer, você vai ser marinheiro. Abra os olhos.

Ao longe ouvia-se o tambor de Pai Joaquim com uma batida triste e cadenciada.

Algumas crianças foram avisar a mãe de Manequinho.

— *Meu fio, qui cunteceu? Oh, meu sinhô Ogum, minha Inhansã, qui cunteceu cum meu neguinho?*

Rodolfo pegou Manequinho no colo. Rosa Maria abraçou o filho, que não parava de chorar.

Os negros, na lavoura, ouviram a batida do tambor. Pelo som, sabiam que alguma coisa ruim havia acontecido. Largaram o que estavam fazendo e foram em direção à casa.

Rosa Maria olhou para o rio. Preso em uma pedra estava o boné de marinheiro que Manequinho não tirava da cabeça.

Foram para a casa-grande. Todos juntos, como se fosse uma procissão. Rosa Maria conduzia a charrete. Celeste chorava muito.

— Fui a culpada. Não devia tê-los ensinado a fazer o barquinho. Não devia tê-los deixado sozinhos. Só os deixei brincando em uma bacia com água. Não havia perigo.

Rosa Maria falava:

— Você não tem culpa de nada, Celeste. Deus é quem cuida de nossas vidas.

O corpo de Manequinho foi enterrado no morro junto com os outros. Uma cruz foi colocada com seu nome e com o boné de marinheiro. Todos estavam tristes, pois ele era alegre e brincava muito. Rosa Maria, com o olhar distante, disse:

— Nunca mais vamos ver aqueles olhos e dentes grandes...

Durante o enterro, Pai Joaquim, da varanda, ficou tocando, tristemente, o tambor. Estava muito velho para acompanhar. Não conseguiria subir o morro. Ficou tocando até que todos voltassem.

Em casa, Felipe estava inconsolável. Foi para seu quarto, jogou-se na cama sem parar de chorar. Serafina entrou, dizendo:

— *Sinhozinho, ocê tem qui pará di churá. Sinão u Manequinho num vai querê i imbora e vai churá tumém. U pai du céu chamô* ele. Sabe, sinhozinho, Deus du céu manda di veiz em quando um anjo du céu só pra alegrá a vida da gente. Manequinho era um anjo ansim. U anjo num pode ficá muito tempo cá na terra, não. Si ele ficá aqui, ele perde as asa, num pode mais vuá e vortá pru céu. Pur isso u sinhozinho tem qui dexá ele i imbora. U sinhozinho num qué dexá ele sem asa, num é?

Felipe sentou-se na cama, perguntando:

— Isso é verdade mesmo, Serafina? Se ele não for agora, perder as asas, não poderá mais voar?

— É, sim, sinhozinho. Pode preguntá pru Pai Juaquim.

Felipe pulou da cama e correu para a varanda. Pai Joaquim estava lá olhando para o infinito e fumando seu cachimbo.

— Pai Joaquim, é verdade que Manequinho era um anjo que Deus mandou? Que se ele não morresse antes de crescer perderia as asas e não poderia mais voar e voltar para o céu?

O velho olhou para Serafina, que estava sorrindo atrás de Felipe. Respondeu:

— É, sim, sinhozinho. Ele era um anjo. Percisava vortá pra Nosso Sinhô Jesuis Cristo e pros deus da natureza. Pur isso u sinhozinho tem qui pará di churá. Sinão ele num vai imbora e vai perdê as asa.

— Eu não consigo parar de chorar...

— Cunsegue, sim. Si alembra da risada e dus dentão dele?

Felipe começou a lembrar-se do amigo, rindo para ele.

— Gora, sinhozinho, fala ansim: "Meu amigo, voa agora. Vai logo, sinão vai perdê as asa e num vai mais pudê vortá lá pru céu".

Felipe repetia tudo, sorrindo e abanando as mãos dando adeus. Quando achou que Manequinho fora embora, perguntou a Pai Joaquim:

— Agora que ele foi embora, posso chorar mais um pouquinho?

— Pode só um puquinho, sinão ele iscuita e vorta.

Felipe chorou mais um pouco no colo de Serafina, que o embalava. Depois foi para o quarto de Dom Carlos contar tudo que havia acontecido.

Dom Carlos adorava aquele menino. Quando Felipe falou do anjo que Deus mandava de vez em quando, uma lágrima rolou de seus olhos. Pensava: "Você é o anjo que Deus me mandou. Perdão, meu Deus. Perdão, meu filho".

– Vovô, o senhor deu adeus quando vovó e tia Maria Luísa morreram?

– Não, filho. Eu não sabia como fazer. Serafina não me ensinou.

– Será que elas perderam as asas?

– Não. Acho que não. Elas também foram dois anjos que Deus colocou em minha vida. Eu que não soube enxergar.

– Se o senhor não deu adeus com as mãos, elas devem estar por aqui esperando. Vamos dar adeus agora?

– Não posso mais. Não consigo levantar os braços.

– Eu ajudo o senhor a levantar. Vamos dar adeus para as duas, vovô...

Felipe fez muita força e conseguiu levantar um pouco o braço e a mão de Dom Carlos.

– Fale assim, vovô: "Podem ir embora as duas. Não se preocupem mais comigo. Felipe está aqui para cuidar de mim".

Enquanto Felipe falava, Dom Carlos repetia, chorando. Felipe mexia as mãos e os dedos do avô, tentando fazer um sinal de adeus.

Depois daquele dia, Felipe nunca mais chorou. Sempre que se lembrava de Manequinho, via-o voando e rindo com aqueles dentes grandes e o boné de marinheiro. Às vezes, na escola, quando sentia dificuldade para aprender, parecia ouvir:

– *É ansim, sinhozinho. É ansim...*

Parecia que Manequinho estava ali, então ele conseguia aprender.

A DESCOBERTA DE CELESTE

Como sempre, o tempo passa. Para eles também passou. Rodolfo, na ausência de Rosa Maria, quando pensou que ela havia morrido, perdera a vontade de tudo. Quando não estava dormindo, estava na margem do rio, bebendo, pescando e pensando em tudo que havia acontecido.

Agora, com a volta de Rosa Maria e de Felipe, sentia que para ele também a vida voltara. Rodolfo, juntamente com José e os escravos, havia feito a fazenda prosperar. Ela voltara a ser como antes, ou até melhor.

Na lavoura, comandados por José, os escravos trabalhavam com amor. Parecia que a terra respondia a todo aquele carinho, dando muita produção e qualidade.

O tempo da colheita estava chegando. Naquele ano não houve muita chuva nem muito frio, por isso a colheita seria boa.

Os negros já estavam se preparando para uma grande festa que iriam fazer quando a colheita terminasse.

Rosa Maria teve mais um filho, Raul, que estava agora com um ano. E estava esperando outro já havia dois meses.

Rodolfo dizia:

– Tenho que recuperar o tempo perdido!

Ela estava no quarto fazendo Raul dormir. Felipe estava na escola. Rodolfo e José, na lavoura.

O sino tocou. Rosa Maria veio para a varanda ver quem estava chegando.

– Não acredito!

Lá longe, entrando na fazenda, vinham aquelas maravilhosas carroças coloridas.

– Eles voltaram! Eles voltaram!

Começou a abanar os braços, gritando feliz. Sergei e Zara estavam na carroça da frente. Quando a viu abanando os braços e pulando como criança, Sergei pegou o violino e começou a tocar aquela música de que ela tanto gostava. A canção fez-se ouvir por quase toda a fazenda. Na escola, Felipe também a ouviu.

– São os ciganos. Eles voltaram!

Celeste já ouvira falar dos ciganos, mas nunca estivera ao lado deles, nunca os conhecera.

– Professora, me deixe ir até lá encontrá-los?

Ela ficou sem saber o que fazer. Percebeu que ele e as outras crianças estavam muito ansiosos. Resolveu dispensar a todos. Colocou Felipe e Tobias na charrete e levou-os para casa. Quando chegou, os ciganos ainda estavam no meio do caminho. Felipe fez Celeste ir ao encontro deles. Zara, quando o viu, parou os cavalos. Felipe subiu na carroça, beijou e foi beijado por Zara e Sergei.

– Vocês voltaram! Vocês voltaram!

Rosa Maria, depois que passou o susto, também correu pela estrada para encontrá-los.

– Sou a mulher mais feliz do mundo. Tenho tudo. Só faltavam vocês. Estou muito feliz.

– Eu também. Não aguentava mais ouvir essa mulher dizer: "Temos que ir ver Rosa Maria e Felipe. Será que estão bem?" Estávamos lá no Rio Grande do Sul, mas tive que voltar.

— Fez muito bem. Estamos com muita saudade.

As carroças foram chegando ao pátio. Os ciganos iam descendo e abraçando Rosa Maria e Felipe, que riam e pulavam felizes.

Rodolfo chegou, encontrou Rosa Maria dançando no meio dos ciganos ao som da música de Sergei. Parecia uma cigana também. Quando a música terminou, Rodolfo abraçou a todos.

Sergei falou:

— Sabe, Rodolfo, acho que Rosa Maria não nasceu em Portugal. Ela é uma cigana disfarçada.

Todos riram. Pai Joaquim recebeu os amigos tocando o tambor. Sergei respondeu com o violino.

Rosa Maria mostrou-lhes Raul, que estava começando a andar. Zara pegou-o no colo, dizendo:

— Mais um ciganinho. E é lindo!

Igor mostrou sua filhinha, Zaira. Estava com oito meses.

Ficaram conversando por muito tempo.

Negros e ciganos abraçavam-se. Naquela noite, houve uma festa.

Finalmente a colheita terminou. O dia da grande festa chegara. Uma grande fogueira foi acesa no meio do pátio. Negros e ciganos colocaram suas melhores roupas. Antes de começarem os comes e bebes, as crianças recitaram e cantaram. Celeste ensinou-as para a festa da colheita.

Depois, foi servida a comida. Muita carne e muito assado. Os negros preferiram a feijoada, comida que inventaram com os restos de porcos que os senhores jogavam fora. No final, todos estavam comendo de tudo.

A dança começou. Negros tentando dançar as danças dos ciganos; estes tentando dançar as danças dos negros. No final estavam todos misturados em uma felicidade geral.

Rosa Maria, depois de dançar muito, ficou cansada e sentou-se perto de Pai Joaquim.

— Estão todos felizes, não é, pai?

— *Sabe pru quê, fia? Tão livre. U home só pode sê filiz si fô livre.*

— Que bom seria se não houvesse mais escravos.

— Sinhá, pra tudo tem um tempo. Quando Xangô terminá sua justiça em cima dus nego, eles vão sê livre. Esse dia vai chegá, sinhá. Us nego vão tá dançando, não só nessa fazenda, não. Elis vão dançá em tudo lugá nesse Brasi di meu Deus. Num vai demorá muito. Nóis vai tê inté nego dotô. A sinhá vai vê esse dia chegá. Nóis vai inté tê nego marinhero, cumo u Manequinho quiria sê. Vai chegá esse dia, sinhá. Vai, sim.

— Deus o ouça, Pai Joaquim. Deus o ouça.

Os ciganos ficaram dois meses e foram embora. Desta vez, Rosa Maria não chorou. Sabia que eles voltariam.

Cinco meses depois, ela teve outro menino, Mário. Lembrou-se do adivinho: "Sua semente vai dar mais dois botões".

Eles estavam lá, seus três botões.

Uma noite, durante o jantar, José falou:

— Tenho que agradecer por terem me trazido para cá. O Brasil realmente é um grande país. Estou muito feliz aqui. Meu filho também.

O tempo passou. Num domingo à tarde, estavam todos conversando na varanda. Celeste almoçou com eles. Ela falava sobre a escola e as crianças. José olhou para ela no exato instante em que ela olhou para ele. Os dois ficaram sem saber o que fazer. Alguma coisa aconteceu naquele momento. Ela se despediu e foi embora, sem entender o que havia acontecido. Em casa, nem um nem outro conseguia esquecer aquele olhar. Celeste pensava: "Não entendo o que está acontecendo. Conheço José há tanto tempo. Sempre conversamos, nunca senti nada. E agora, assim, de repente, ele não sai de meu pensamento. Só agora percebi como ele é bonito".

José pensava mais ou menos a mesma coisa. Contou a Rodolfo o que havia acontecido. Não sabia o que fazer.

Rosa Maria ria do jeito que Celeste falava.

— Juro. Nunca olhei para seu irmão com um sentimento que não fosse de amizade. Agora não sei o que está acontecendo. Não consigo esquecê-lo. O sentimento agora não é mais de amizade.

A resposta não poderia ser outra. Rodolfo e Rosa Maria ficaram felizes por eles. Rosa Maria adorava Isabel, mas sabia que seu irmão era ainda muito jovem, não poderia continuar sozinho. Celeste era uma boa moça. Trabalhadora, honesta e, principalmente, amiga leal. Todos gostavam dela. Muito mais as crianças, com as quais tinha um carinho especial.

O casamento realizou-se. Os negros aproveitaram para fazer outra festa. Da varanda, Pai Joaquim, olhando a festa, falou para Serafina:

– *É, Serafina, quantu qui as arma têm qui andá pra pudê si incuntrá. Ele nasceu lá longe, nu Purtugá. Ela lá longe nu sur du Brasi. Us dois viero si incuntrá aqui. Esses dois só vai pudê sê filiz.*

PRECONCEITO

    Correu de boca em boca na vila a notícia de que na Fazenda Maria Luísa os negros, mesmo alforriados, continuavam trabalhando e que cada família de negros tinha sua casa. Que havia escola onde eles aprendiam a ler e escrever. Que recebiam um salário e usavam as roupas que queriam. Que não havia feitor e que o tronco tinha sido derrubado.

    Isso fez com que os outros fazendeiros ficassem bravos. Fizeram uma reunião, em que decidiram que falariam com Rodolfo para que as coisas voltassem a ser como antes, porque os escravos deles também estavam querendo todos aqueles benefícios e aquele mesmo tipo de vida que os escravos dele tinham.

    Na reunião, houve acusações de todas as formas. Gritavam que ele era um traidor, que iria acabar com o Brasil. Rodolfo, calmamente, respondeu:

– Não sei por que estão nervosos. Minha fazenda vai muito bem. Os escravos, que lá estão, querem ficar. Não preciso de feitor, porque eles não querem fugir. A cada ano que passa a colheita é melhor. Cada um sabe sua obrigação. Creio que, ao invés de eu voltar atrás, seria melhor que os senhores fossem para a frente. Não vou mudar nada. Estou contente com a produção de minha fazenda. Estou ganhando muito dinheiro. Muito mais do que qualquer um dos senhores já ganhou durante a vida toda. Senhores, pensem bem no que estou dizendo. A tendência do mundo, hoje, é a abolição. Será melhor que a façamos antes que se torne lei.

Rodolfo e José saíram da reunião rindo.

– Eles estavam tão bravos que cheguei a ficar com medo. Pensar que dei as cartas de alforria só porque estava feliz com a volta de Rosa Maria. Estive tanto tempo preso em meu sofrimento e remorso por não ter acreditado nela. Senti-me como se fosse um escravo. No momento em que fiquei livre de minha escravidão, concluí que não tinha o direito de prender ninguém. Dei as cartas pensando que iriam embora. Não foram, quiseram ficar e trabalhar. Estão trabalhando muito. O que fiz sem pensar deu certo. Hoje, sabem ler e escrever. Trabalham contentes, porque querem, sem medo do castigo do tronco. Moram em suas casas com suas famílias. Ganho muito dinheiro. Vou mudar por quê?

– Isso mesmo, Rodolfo. Vai mudar por quê?

Chegaram em casa e contaram sobre a reunião para Rosa Maria e Celeste, que estavam ansiosas esperando a volta deles. Pai Joaquim ouviu tudo.

– *Sinhô, tudo na vida tem mutivo. Sempre arguém tem qui cumeçá. U sinhô cumeçô. Essa ideia vai si ispaiá. Tudos branco vão vê qui é mió tê nego livre. U nego veio só num sabe si, quando us nego tivé a liberdade, eles vão sabê pruveitá.*

Naquele ano, Dom Carlos ficou muito doente. Sentia muitas dores, tinha dificuldade para respirar. Rodolfo levou-o ao Rio de Janeiro, consultou vários médicos, mas nada adiantou. Todos o desenganaram.

Felipe ficou o tempo todo a seu lado, conversando e contando histórias que inventava. Rosa Maria via seu carinho para com o avô. Não entendia, mas também não se importava. Estava hoje tão feliz que aqueles tempos terríveis nem parecia que haviam existido.

Dom Carlos foi tratado com respeito por ela e Rodolfo, e com muito amor por Felipe. Quando ele morreu, Felipe não chorou muito. Em sua inocência, sabia que para o avô seria melhor. Só ficou triste por não ter conseguido fazer o avô andar novamente.

Pai Joaquim, que juntamente com Serafina via os negros levando o corpo de Dom Carlos para o alto do morro, falou:

– É, mia fia, ele tumém foi pru céu. Xangô vai recebê ele. Tudos aqui já perdoaru ele. Mais ele vai tê qui si perdoá. Isso é qui vai sê u mais difice...

Tudo caminhava bem. Celeste teve outra menina. Deu o nome da mãe de José, Maria Teresa. Felipe agora estava com dez anos. Tobias, com onze e meio. Fazia dois anos que Manequinho havia morrido. Rodolfo e José conversaram. Foram falar com as esposas.

– Chegou a hora de Felipe e Tobias irem estudar – disse Rodolfo. – Precisam aprender. Estamos ficando velhos. Eles terão que continuar com a fazenda e os negócios.

As duas olharam-se. Sabiam que o que ouviriam a seguir iria deixá-las tristes, mas sabiam também que era inevitável.

– Eles irão para a Inglaterra. Ficarão lá por alguns anos. Quando voltarem, serão doutores.

Rosa Maria sabia que o marido tinha razão; mesmo assim, seria difícil ficar longe de Felipe. Sempre soube que esse dia chegaria. Concordou.

Os meninos não queriam ir. Gostavam da fazenda. Não queriam ser doutores, não queriam ficar longe dos pais e dos irmãos. Custou muito, mas foram convencidos de que o tempo passaria logo. Rosa Maria, acompanhada por Celeste, disse:

– Felipe, Tobias. O pai de vocês tem razão. O tempo passa logo. Irão juntos, são amigos. Voltarão todos os anos nas férias.

No dia marcado, chorando, despediram-se de todos. Acompanhados dos pais, foram para o Rio de Janeiro, de onde, com outros meninos e um representante da escola inglesa, embarcaram para a Inglaterra. No convés do navio, assustados, abanavam a mão para aquela multidão que estava em terra. Não viam os pais, mas sabiam que estavam lá.

Rosa Maria ficou triste e chorosa. Nunca havia se separado do filho, mas suas outras crianças eram pequenas e usavam muito seu tempo. Aos poucos, foi ficando calma. Sabia que era para o bem dele.

A vida continuou. José, ótimo administrador. Rodolfo, ótimo comerciante. Um cuidava da lavoura, outro da venda do café. Ganhavam muito dinheiro. Rodolfo deu cinquenta por cento de tudo que ganhassem a José. Quanto mais dinheiro, mais conforto para os escravos, suas casas foram melhoradas.

O tempo passou sem muitas novidades. A fortuna de Rodolfo cresceu. Tornou-se um dos mais ricos fazendeiros. Nunca quis envolver-se em política. Seu pai havia trabalhado muito tempo para a coroa portuguesa. Mas ele era feliz como vivia. Se fosse trabalhar para o imperador, teria que viajar, ficar longe da família e da fazenda, como seu pai fazia. Não queria isso. Teve muitas ofertas, mas recusou todas.

Em uma manhã, Serafina estranhou que Pai Joaquim não se levantara. Ele já havia muito tempo vivia na casa. Sempre era o primeiro a levantar-se. Ninguém sabia quantos anos ele tinha, mas, de acordo com os fatos históricos que contava, devia ter mais de cem anos. Nessa manhã, ele não se levantou. Ela, preocupada, foi até seu quarto. Ele estava deitado com as mãos cruzadas sobre o peito, como se soubesse que iria morrer. Colocou-se na posição correta. No rosto, muita paz. Parecia que dormia.

Todos sentiram sua morte. Ele foi importante para brancos e negros. Esteve sempre ao lado deles nos momentos mais difíceis. No criado-mudo, junto a seu cachimbo, havia um bilhete que ele escrevera. Aprendera a escrever com Celeste para mostrar aos outros negros que todos deviam ir à escola.

Um dia Xangô mi chamô e falô
Ocê vai praquela terra di meu Deus
Vai vivê muito tempo pra judá os seus
Pra felicidade di tudos, Pai Juaquim lutô
Nessa noite meu pai Xangô vortô
Oiando nus meus oio falô
Agora, meu fio, tudo cabô
Ocê vai vortá pra Xangô
Pruque lá é teu lugá
Num si priocupe oceis, meus fio
Logo, logo Pai Juaquim vai vortá

Serafina, chorando, deu esse bilhete para Rosa Maria, que o leu junto da sepultura na hora do enterro. Outra cruz foi colocada no alto do morro.

Depois que Pai Joaquim morreu, Serafina ficou muito triste. Dizia estar cansada de viver. Estava velha, já não cuidava da casa. Felipe havia ido embora. Não tinha mais nada para fazer. Rosa Maria tratava-a muito bem, mas não adiantou: dois meses após a morte de Pai Joaquim, ela também morreu. Foi enterrada ao lado dele. Outra cruz foi colocada no alto do morro.

Rosa Maria não se conformava. Aqueles dois haviam acompanhado toda a sua vida desde o dia em que chegou ao Brasil. Sentiu a mesma dor que sentira quando perdeu seus pais e seu irmão. Eles eram para ela como se fossem da família.

Felipe e Tobias ficaram estudando por catorze anos. Durante esse tempo, os ciganos voltaram no mínimo uma vez por ano. Cada vez que chegavam, Sergei reclamava:

– Não adianta querer ficar muito longe daqui. Zara não deixa. Fica o tempo todo querendo voltar. – Piscava os olhos dizendo: – Eu não. Detesto tudo isso aqui.

Zara e Rosa Maria riam, sabiam que ele era louco por tudo aquilo. Raul e Mário, quando estavam com dez e onze anos, foram também estudar. Todos os anos, vinham passar as férias no Brasil. Ficavam aqui por três meses e voltavam. Acostumaram-se com a vida de estudante. Felipe e Tobias começaram a interessar-se por política e a fazer parte dos movimentos estudantis.

Finalmente, Felipe e Tobias iriam voltar. Eram esperados com ansiedade. Na última vez que os ciganos estiveram lá, foram avisados. Prometeram que voltariam.

De fato, um mês antes da data voltaram, montaram o acampamento e, com os negros, prepararam uma grande festa.

José e Rodolfo foram para o Rio de Janeiro esperá-los.

Quando o navio aportou, ficaram procurando os dois entre as pessoas que desembarcavam. Desta vez, já fazia cinco anos que os meninos não voltavam. Aproveitaram as férias para conhecer outros lugares e saber mais sobre a política de outros países.

As pessoas desciam. Rodolfo e José não viam os filhos. Estavam ficando nervosos, quando viram dois rapazes aproximando-se e abanando as mãos.

Rodolfo bateu no ombro de José, dizendo:
– Lá estão eles!
– Já são homens. Estão tão crescidos.
Os rapazes correram para os pais. Felipe disse:
– Pronto, papai, agora já sou um doutor.
– Eu também – disse Tobias.
– Estamos orgulhosos dos dois. Agora irão usar tudo que aprenderam. Iremos para a fazenda e vocês vão rever tudo que deixaram. Depois de algum tempo, quando enjoarem da vida no campo, abriremos um escritório, aqui no Rio de Janeiro, para cuidarem das partes legais da fazenda.

— Nada disso. O senhor quis que eu fosse estudar porque queria um filho doutor. Obedeci. Não sei o que Tobias pensa, mas eu não pretendo sair da fazenda nunca mais.

— Está bem, meu filho, mas agora vamos para casa. As mães de vocês estão ansiosas esperando. Depois, falaremos sobre isso.

Na fazenda, estava tudo pronto para a chegada deles. O sino tocou avisando que alguém estava chegando. Os tambores começaram a tocar e o violino de Sergei também.

Quando Rosa Maria viu os dois jovens descendo da carruagem, não acreditou que aquele belo rapaz era seu pequeno Felipe. Moreno, alto, cabelos pretos, pele e olhos claros. Lembrava Rodolfo, quando ela o conheceu, mas muito mais bonito. Abraçaram-se e riram muito. Ela beijava ora um, ora outro. Tobias também estava bonito. Aqueles olhos azuis se destacavam na pele quase escura.

A festa começou à tarde, assim que eles chegaram, e continuou noite adentro. Enquanto os negros e ciganos dançavam, Rosa Maria e Celeste cobriam-nos de perguntas. Queriam saber tudo sobre a Inglaterra e os outros lugares que conheceram.

Iam respondendo todas as perguntas. Tobias, um pouco distante, não conseguia tirar os olhos de Aninha, agora uma bonita moça. Depois de muito falarem, foram para o meio dos outros e começaram a dançar. Felipe dançava como cigano, ou como negro, pois conhecia os dois modos. Havia uma negra dançando com um lenço colorido na mão. Ele chegou perto dela, parou e pediu o lenço. Ela, sorrindo, entregou-lhe o lenço e continuou dançando.

Quando ele pegou o lenço de suas mãos, seus olhos se encontraram. Realmente, os olhos são o espelho da alma. Quando duas almas se encontram, uma fica refletida na outra.

Felipe, disfarçando, pegou o lenço, amarrou-o na cabeça como se também fosse um cigano. Continuou dançando, mas seus olhos procuravam os da negra. Ela levantou um lado da saia e começou também a dançar como se fosse cigana. Passou dançando por ele.

— Você é muito bonita.

Ela sorriu e continuou dançando.

Tobias e Aninha também dançavam. Estava nascendo ali algo mais do que amor de irmãos.

A festa acabou quando o dia estava raiando. Por muitas vezes Felipe e a negra dançaram sem conversar. Ela ria alto e alegremente. Quando todos começaram a ir embora, a mãe pegou-a pela mão e também levou-a embora. Felipe ficou do alto da varanda vendo-a distanciar-se.

No dia seguinte, era quase uma hora da tarde quando Felipe acordou. O silêncio na casa era total. Abriu os olhos, olhou à sua volta. Estava em seu quarto.

"Como é bom estar de novo em casa. Mas quem será aquela negra? Como é bonita! Não tenho certeza, mas acho que sonhei com ela."

Espreguiçou-se, levantou-se e foi até a janela. Abriu as cortinas. A janela estava aberta porque fazia muito calor. O sol estava alto. Há muito tempo já devia ter raiado. Ficou olhando tudo. A grande montanha que parecia um tapete verde, lá longe, a lavoura de café, as flores e folhagens que rodeavam a casa. Lá no alto do morro, todas aquelas cruzes. Ele não estava na fazenda quando Pai Joaquim e Serafina morreram. Lembrou-se deles e, também, de Manequinho. Manequinho, que o ajudou em quase tudo, a aprender as primeiras letras que mesmo ele não sabia, mas ensinou-o. Quantas vezes não correram por aqueles campos? Tudo foi retornando a sua mente. Já fazia tanto tempo que o amigo havia morrido para salvá-lo... sentiu um nó na garganta. Ficou com vontade de chorar. Lembrou-se de Serafina.

– *Si chorá, ele perde as asa.*

Felipe sorriu.

"Querida Serafina... quanta saudade. Não vou chorar por ele, nem por vocês. Não quero que percam as asas. Os três foram anjos que vieram à Terra somente para nos ajudar e ensinar."

Continuou admirando a paisagem pela janela.

ELISA MASSELLI

"Como tudo aqui é lindo! Como consegui ficar tanto tempo longe deste lugar?"

Vestiu-se e abriu a porta. Saiu. A porta do quarto de seu avô estava aberta. Entrou.

"Vovô, sinto tanto que o senhor não esteja mais aqui..."

Lembrou-se dele com muito carinho e saudade. Via-se com suas pequenas mãozinhas de criança esfregando as mãos do avô para que ele as mexesse. Sorriu.

"Como eu era ingênuo! Queria que ele se levantasse para ir cavalgar comigo, ou pelo menos passear..."

Quando virou-se para sair, lembrou-se de Serafina dizendo:

– Sinhozinho já isfregô dimais as mão du seu vô. Gora vai lá fora brincá. U Manequinho tá isperando.

"Serafina... Ah, Serafina... quantas lembranças boas tenho daquele tempo... Pai Joaquim. Sempre com uma história nova para contar quando eu estava triste."

– Sabe, sinhozinho, Deus du céu um dia tava cansado di num fazê nada, intão ele feiz a Terra. Dispois Ele ficô pensandu, pensandu... Achô qui a Terra era muito grande e bunita pra ficá vazia. Intão Ele feiz tudos bicho. Ficô cuntente cum u qui tava vendo. Mais achô qui inda fartava arguma coisa. Intão feiz us home. Feiz us branco qui nem u sinhozinho, us nego qui nem ieu, e us índio tudo vremeio. Jogô tudos nóis aqui na terra e falô: "Oceis fica tudo junto aí na terra e si trata tudo cumo si fosse tudo irmão. Pruque tudo oceis são meus fio. Tudo oceis são iguarzinho ieu". Mais isso num cunteceu. U branco, pruque acha qui é a primera cor di tudas as otras cor, achô qui pudia mandá nas otras cor. Pegô primeru us índio, mais eles fugiru pru mato e tão lá inté hoje. Quando us índio fugiro, us branco, intão, foro lá na África e robaru us nego di lá. Us nego num sabia lutá, pur isso num suberu si defendê. Us branco troxe tudos pra cá e fizeru eles di iscravo. Us branco acha qui são fio di Deus e qui nóis nem pai tem. Nóis tem qui servi eles cumo si eles sesse Deus.

– Mas aqui na fazenda não é assim.

– Cá, não, sinhozinho. Xangô veio logo e mostrô pru seu pai e pra sua mãe qui tudus nóis somu iguar. Qui num tem diferença. Tudos nóis sumo fio du memo Deus.

– Ainda bem. Não gosto de ver os negros sofrendo.

– Inda vai chegá u dia qui tudos nego vai sê livre cumo são cá na fazenda.

– Acredito que sim. Vou lutar muito para que isso aconteça.

– Luta, sim, sinhozinho. Luta bastante.

Felipe voltou a olhar para o morro com as cruzes, pensando: "Quantas lembranças! Que bela infância tive... Como fui e sou feliz..."

Chegou à sala. Não havia ninguém. A casa estava deserta. Foi para a cozinha. A cozinheira estava junto ao fogão. Lavando louça em uma tina estava ela, a moça com quem havia dançado. Ela, de costas para ele, não o viu entrar. Ele se aproximou, falando:

– Você trabalha aqui?

Ela se voltou e os olhos encontraram-se novamente. Respondeu:

– Sim, sinhozinho, já faz um bom tempo. Desde que Etelvina ficou doente, eu ajudo Tonha.

Ela falava muito bem porque desde pequena foi para a escola. Estava agora com dezoito anos. Felipe, com vinte e cinco.

– Sinhozinho quer comer alguma coisa?

– Quero, sim. Estou com fome. Como é seu nome?

– Divina. A mesa do café já foi tirada. Pode ir para a sala, que logo eu levo.

– Não precisa, tomo o café aqui mesmo. Onde estão todos?

– Seu pai e o senhor José foram cedo para a vila. Sua mãe está no acampamento dos ciganos.

– E Tobias?

– Ele ainda não acordou.

Enquanto ela preparava o lanche, ele ficou olhando e pensando: "Como é linda! Conheci muitas moças na Inglaterra, tive até alguns romances, mas nunca vi uma beleza igual a essa".

Ela colocou sobre a mesa várias frutas, pão, bolo, leite e café. Felipe, rindo, disse:
– Se eu comer tudo isso, vou estourar.
– Não vai, não. Precisa comer, senão vai ficar fraco.
Ela foi saindo. Ele a chamou:
– Fique aqui comigo conversando. Não gosto de comer sozinho.
– Não posso. Tenho muita coisa para fazer.
– Só um pouco. Eu tomo café rápido.
Diante daquele sorriso, não pôde evitar. Ela ficou parada em pé diante dele.
– Por favor, sente-se – pediu ele.
– Não. Não posso.
– Pode, sim. Estou mandando.
Ela se sentou, tímida.
– Divina... seu nome é muito bonito.
– Minha mãe demorou muito para ter um filho. Quando nasci, achou que eu era um anjo, por isso, deu-me esse nome.
– Ela tinha razão. Você é mesmo um anjo. É Divina.
Colocou sua mão sobre a dela. Ela saiu correndo assustada. Ele foi atrás.
– Desculpe-me. Não tive intenção de ofendê-la. Fiz aquilo sem perceber. Não precisa ficar assustada. Não vai se repetir. Volte comigo.
– Não. Tenho que ir para casa.
Felipe não falou mais nada. Voltou para a cozinha e continuou comendo.
Ela tirou o avental e foi embora. No caminho, assustada, tremia. Não sabia se era de medo ou de felicidade. Tinha gostado de Felipe assim que o vira. "Não posso nem pensar nisso."
Felipe estava pensando naquele rostinho envergonhado quando Tobias entrou.
– Bom dia. Pelo que estou vendo, você também acordou tarde.

– Dormi mesmo, mas, também, depois de tantos anos de rigidez no horário, tendo que levantar cedo todos os dias, temos o direito de acordar tarde nesta terra maravilhosa.
– Também acho.
Sentou-se e começou a tomar café.
– Sabe, Felipe, fiquei pensando na proposta de nossos pais sobre o escritório lá no Rio. Penso que servirá para nossos projetos.
– Acho que tem razão, mas papai não pode saber por enquanto quais são nossos projetos.
– O que não posso saber?
Voltaram-se surpresos. Rodolfo chegou sem que percebessem. Felipe respondeu:
– Temos um comunicado para fazer, mas é bom que mamãe, dona Celeste e tio José estejam presentes.
– Que comunicado é esse? A respeito de quê?
– Não se preocupe, papai. É sobre nossa ida ao Rio de Janeiro, sobre nosso escritório.
– Não vão querer ir?
– Vamos chamar mamãe, dona Celeste e tio José. Falaremos com todos de uma só vez.
– Está bem. Vou comer alguma coisa.
Chamou um escravo e deu a ordem de ir até o acampamento e à casa de José para chamá-los.
Rosa Maria, Celeste e José chegaram quase juntos.
– O que aconteceu? – perguntou ela.
– Felipe, falo eu ou fala você?
– Pode deixar, Tobias, vou falar. Por todos esses anos em que estivemos estudando na Inglaterra, vimos muitas coisas. Depois da Revolução Francesa, o conceito da humanidade está diferente. Dizem que somos todos iguais. A tendência na França e Inglaterra é acabar com toda a escravidão no mundo. Com a industrialização, os ingleses querem que os escravos se tornem consumidores. Em muitos países, já não há escravos. Mais cedo ou mais tarde, o Brasil também terá que

fazer isso. Terá que libertar seus escravos. E terá, também, que realizar a independência total do Brasil, proclamando a República. O sentimento republicano está em todo lugar. O Brasil é um país muito grande. Se quiser continuar a ter negócios com outros países, vai ter que libertar seus escravos.

Felipe parou de falar. Tobias continuou:

— Por isso, enquanto estivemos lá fora, fomos a muitos lugares, conversamos com muitas pessoas. Decidimos que, ao voltarmos, usaríamos tudo que aprendemos para ajudar, no que for preciso, o Brasil a ir para a frente, caminhar para o progresso. Primeiro, abolindo a escravatura, depois, proclamando a República. Quando chegamos, os senhores nos falaram do escritório no Rio de Janeiro. Achamos bom, pois lá é o centro das discussões, e a discussão é muito bem-aceita por nós. Lá, poderemos entrar em contato com as pessoas que já devem estar lutando por essas mesmas coisas.

— Esperem aí — disse Rodolfo. — Não mandamos estudarem para chegarem aqui e se misturarem com essa cambada de vagabundos que se dizem abolicionistas, republicanos. Nada disso. Não temos nada a ver com essa tal de abolição. Nem República. Em nossa fazenda, há muito tempo os escravos são livres.

— Por isso mesmo, papai. O senhor viu que deu certo. Os negros aqui trabalham, estão felizes e produzem sem feitor. É isso que os abolicionistas querem. Temos que mostrar a todos que é melhor ter homens livres trabalhando.

— Já tentamos, eu e seu tio. Por várias vezes estivemos em reuniões. Um ou outro aceita, mas a maioria não quer nem ouvir falar.

— Esse vai ser nosso trabalho. Tentar convencê-los. Porque mais cedo ou mais tarde os outros países, liderados pela Inglaterra, vão obrigar o Brasil a tomar uma atitude sobre isso.

Rosa Maria concordou:

— Rodolfo, José, creio que os meninos tenham razão. Com esse escritório, podem fazer o trabalho da fazenda e ainda ajudar na abolição.

Rodolfo olhou para José, que olhou para Celeste, que olhou para Rosa Maria, que olhou para eles novamente, sabendo que havia se intrometido em conversa de homens.

— Rodolfo — disse José —, acredito que Rosa Maria esteja certa. Podem fazer as duas coisas ao mesmo tempo. Ter quem lute pela abolição é importante.

— Está bem. Enquanto ficarem por aqui descansando, vou mandar um mensageiro ao Rio, pedindo a Domingos que encontre um escritório para vocês.

Felipe não conteve sua alegria:

— Por isso que o amo. É o melhor pai do mundo.

Riram e mudaram de assunto.

Divina voltou. Esquecera-se de pegar a comida que todos os dias levava para casa. Entrou calada. Foi para perto do fogão. Felipe a seguia com os olhos. Tobias percebeu e sorriu.

Terminaram de tomar o café e foram para a varanda. De lá podia-se ver o acampamento dos ciganos. A música de Sergei chegava até eles. Era uma música triste e suave. Felipe fechou os olhos. A imagem de Divina surgiu em sua mente.

Olhou para o morro e viu as cruzes. Pensou um pouco. Falou:

— Tobias, vou lá no alto do morro visitar meus amigos. Você vai comigo?

— Nem pensar. É muito longe. Vou ficar aqui mesmo.

— Então fique. Vou pegar um cavalo e cavalgar por esses campos. Rever lugares e ir até lá em cima no morro.

Foi até o estábulo, montou em um cavalo e saiu cavalgando. Percorreu vários lugares. Passou pela escola. Celeste e Aninha estavam dando aula. Quando o viram, abanaram as mãos. Havia muitas crianças.

Foi até o rio. Relembrou o dia em que pela primeira vez encontrou e conheceu seu pai. Relembrou Manequinho, que havia morrido naquele trecho. Olhou para o morro, foi até lá.

Havia várias cruzes, cada uma com o nome da pessoa que estava enterrada ali. A primeira cruz era a de seu avô. Ajoelhou, falando:

— Vovô, estou de volta. Sei que alguma coisa aconteceu entre o senhor, papai e mamãe. Não sei o que foi. A única coisa que sei é que o amei muito e que tenho saudade.

Ao lado, estava a cruz da avó, que não havia conhecido, e as de Manequinho, Serafina, Pai Joaquim e Maria Luísa.

Ficou olhando todas elas por um tempo.

— Todas essas pessoas passaram por minha vida, foram importantes. De alguma maneira, ajudaram-me.

Olhou para a cruz de Maria Luísa.

— Não a conheci. Mamãe disse que era muito bonita e alegre. Disse, também, que ela se matou. Nunca me disse qual foi o motivo. Qual seria o motivo que pode levar alguém a querer morrer, a deixar esta vida, que é tão bela? Ela deve ter sofrido muito. Talvez algum dia eu conheça sua história.

Ao lado de Maria Luísa havia uma cruz. Tobias.

— Tobias? Nunca ouvi falar dele. Quem terá sido?

Sorriu para todas as cruzes, mandou um beijo com os dedos.

Montou no cavalo, saiu cavalgando em direção ao acampamento dos ciganos.

Rosa Maria conversava alegremente com Zara, enquanto comiam um assado feito na fogueira. Sergei tocava violino. O resto dos ciganos comia e conversava em pequenos grupos.

Felipe desmontou. Foi recebido com alegria por todos. Começou a comer com Zara e a mãe. Zara disse:

— Olhe nosso menino, Sergei, que moço bonito se tornou.

— Realmente, é um bonito rapaz e, agora, um advogado — disse Sergei. — Isso é bom, porque, se um dia eu for preso, já tenho a quem recorrer.

— Ora, Sergei, você nunca será preso. É um homem de bem.

— Não sei. Dizem que sempre há uma primeira vez.

— Por favor, não esqueçam que ele é meu filho.

— Não precisam brigar. Sou bem grande. Aqui tem tamanho para as duas. Podem dividir à vontade. Quem mandou eu ter duas mães e dois pais? Ah ah ah!

Sergei deu a ele a pequena sanfona.

— Vamos ver se você ainda se lembra, Felipe.

— Claro que sim.

Começaram a tocar. Logo os ciganos estavam dançando. Depois de muito tempo, Sergei deu o violino para Igor, que continuou tocando.

— Agora, vou comer. Já toquei muito. Felipe agora já se formou. Só falta se casar.

— Talvez seja logo.

Rosa Maria olhou para ele.

— Tem namorada? Vai se casar?

— Eu estou namorando. Ou melhor, enamorado. Ela ainda não sabe, mas vou me casar.

— Ela não sabe? Não estou entendendo.

— Nem eu, mamãe. Quando eu entender, vou contar.

— É, Rosa Maria, nosso gavião vai voar.

Rosa Maria fechou a cara e fez um bico. Felipe abraçou-a:

— Não se preocupe, dona Rosa Maria. Será sempre a primeira.

Todos riram.

Sergei olhou para Zara, que fez um sinal com a cabeça.

— Tenho algo muito importante para falar com vocês dois.

Estranharam aquele semblante sério. Sergei sempre brincava, jamais ficava sério.

— Que foi? Fale logo - disse Rosa Maria.

— Estive conversando com Zara. Achamos melhor conversar primeiro com vocês, depois com Rodolfo.

— Pelo amor de Deus, Sergei, fale logo! Já estou ficando nervosa!

— Já percorremos este Brasil todo. Estamos velhos e cansados. Com essa mania que Zara tem de querer sempre voltar para cá, ficamos sempre por perto. Estamos impedindo que os ciganos mais jovens estendam suas viagens. Por isso, resolvemos, se permitirem, armar nossa tenda e ficar aqui para sempre.

– Como? – perguntou Rosa Maria, surpresa. – Não entendi. Ficarem aqui para sempre? Se permitimos? Mas é o que eu quis a vida toda! Que acha, Felipe? Você permite?

– Não. Eu não permito.

– Como não, meu filho?

– Já pensou ser acordado todos os dias por esse violino irritante de Sergei?

Todos riram, abraçando-se.

– Passarei minha coroa para Igor. Ele seguirá com os ciganos e virão nos ver de vez em quando.

– Isso é maravilhoso. Como Deus tem sido bom para mim. Vou falar com Rodolfo. Ele também, com certeza, ficará feliz.

Quase no fim da tarde voltaram para casa. Felipe puxava o cavalo pelas rédeas, enquanto caminhava de mãos dadas com a mãe.

À noite, durante o jantar, Rosa Maria contou a Rodolfo sobre os ciganos. Ele ficou feliz. Gostava muito deles. Eram para ele como se fossem os pais de Rosa Maria. Após o jantar, foram sentar-se fora da casa para apreciar a noite. Divina veio até a varanda com uma bandeja. Trazia café. Colocou sobre a mesa e saiu em silêncio. Felipe seguia-a com os olhos. O único que percebeu foi Tobias.

– Mamãe, estive hoje lá no morro. Fui visitar meus amigos. Vi lá uma cruz com o nome de Tobias. Quem foi ele?

Rosa Maria deixou a colher cair da mão. Olhou para Rodolfo. Tobias olhava para um e para outro. Rodolfo, nervoso, respondeu:

– Foi um escravo muito querido de todos. Morreu antes de você nascer.

Felipe aceitou a resposta do pai, mas ficou desconfiado com o nervosismo da mãe. Tobias também ficou desconfiado. Sempre estranhou sua cor. Não era negro, mas também não era branco. Pensou: "Por que tenho o nome de um escravo?

Não entendi até agora. Nasci em Portugal. Por que tia Rosa Maria ficou tão nervosa?"

Para mudar de assunto e deixar o ambiente melhor, Rodolfo disse:

– E quanto ao escritório? Decidiram alguma coisa?

– Nada dessa conversa, papai. Pelo menos por um tempo. Nós vamos é aproveitar tudo aqui.

– Está bem, mas, no final, terão que ir.

Aproveitaram mesmo. Tobias e Aninha começaram a encontrar-se constantemente. Aos poucos, foi nascendo algo entre eles. Logo estavam namorando. Tobias falou com Celeste e o pai. Eles concordaram, e os dois começaram a namorar oficialmente.

Em uma tarde, Felipe viu Divina saindo da casa-grande. Resolveu segui-la. Ela foi para sua casa. A mãe estava sentada em um banco do lado de fora. Ficaram conversando. Felipe ficou observando de longe. A tarde estava quente. Divina disse algo para seu irmão. Ele foi aos fundos da casa e voltou trazendo um cavalo. Divina montou-o e saiu cavalgando. Felipe seguiu-a de longe. Ela foi em direção ao rio. Lá chegando, tirou a roupa e caiu nas águas, nadando suavemente.

Felipe observava-a. "Como é bonita! Que corpo!"

O corpo nu e negro, molhado, brilhava com os raios do sol. Ele nunca tinha visto beleza igual.

Sem saber que estava sendo observada, ela nadava tranquilamente. Entregava-se a todo o prazer que aquela água fria lhe dava. Felipe aproximou-se, sentou-se em uma pedra perto das roupas dela. Num momento ela se virou para aquele lado. Quando o viu, rindo, ficou sem saber o que fazer. Tentou cobrir seu corpo com as mãos, mas não conseguiu. Precisava delas para ficar boiando.

Felipe, rindo, falou:

– Não precisa ficar nervosa. Só estou olhando. Não vou lhe fazer nada. Só olhar.

– Quero sair da água. Mas, se o sinhozinho ficar aí perto de minhas roupas, não vou poder sair.

— Se prometer não fugir, viro de costas e até jogo-lhe as roupas para que possa vestir-se e sair. Quero conversar com você.

— Está bem. Prometo.

Ele jogou as roupas e virou de costas. Ela saiu bem devagar da água. Pegou as roupas e foi se vestindo rapidamente. Quando colocou o vestido, disse:

— Já estou quase pronta.

Ele notou que ela estava demorando. Virou-se. Ela estava se preparando para fugir.

Ele se colocou a sua frente, dizendo:

— Você prometeu. Só quero conversar, mais nada.

Ela percebeu que não havia como fugir.

— Se for só para conversar, eu fico.

— Eu só quero conversar. Você está querendo outra coisa?

Ela ficou vermelha. Baixou a cabeça.

— Eu não...

Ele se sentou e disse:

— Sente-se aqui. Não se preocupe, não vou fazer nada.

Ela sentou-se meio receosa, mas o sorriso dele fez com que perdesse o medo.

Começaram a conversar. Ele se lembrou dela quando criança. Era muito pequena, não ia para a escola, mas seu irmão, sim, e brincava com Manequinho e ele. Falaram de Pai Joaquim, das histórias que contava. Ela foi aos poucos se desarmando. Percebeu que ele só queria mesmo conversar. Logo estavam rindo como se já se conhecessem há muito tempo.

Lembraram-se dos dentes e dos olhos de Manequinho e começaram a rir. Quando pararam de rir, ficaram se olhando, um se vendo refletido nos olhos do outro. Foram se aproximando como se houvesse um ímã puxando-os e beijaram-se.

Entregaram-se àquele beijo caloroso. Quando se soltaram, ela quis fugir, mas ele a segurou, dizendo:

— Não precisa fugir. Não estrague este momento que foi tão bonito. Nada mais vai acontecer, nada que você não queira. Sei que vem aqui sempre. Amanhã, à mesma hora, virei também. Se quiser me ver, venha. Ficarei muito feliz.

Ela não respondeu. Correu, montou no cavalo e foi embora. Ele continuou ali parado, olhando a água. Tirou as roupas e foi nadar. Nadou por muito tempo. Saiu, vestiu-se. Deitou-se na grama e ficou pensando em Divina. "Realmente é linda!"

Durante o jantar, ela servia a mesa, mas fazia de conta que nada havia acontecido. "Sei que ele é o senhor. Sou uma simples negra, mas o que vou fazer? Não consigo deixar de pensar nele nem por um minuto. Não. Não irei amanhã. Bem que gostaria, mas não irei."

No dia seguinte, Felipe acordou e foi direto para a cozinha. Ela estava lá.

Tonha, ao vê-lo, perguntou:

— *U sinhozinho qué arguma coisa? Tá fartando arguma coisa na mesa?*

— Não. Não está. Só queria ver se há café quente. O da mesa está um pouco frio.

— *Cumo frio? Cabei di mandá a Divina levá. Ocê num levô u café, Divina?*

Divina, que sabia qual era a intenção dele, riu respondendo:

— Desculpe, Tonha. Você mandou, mas me distraí e esqueci.

— *U sinhozinho pode i lá pra sala. A Divina já vai levá.*

— Tudo bem. Vou para a sala.

— *Pode i. U café já vai. Pur favô, num fala pra sinhá Rosa Maria qui u café tava frio.*

— Não se preocupe, não vou falar nada.

Foi para a sala e começou a comer. Divina trouxe o café. Colocou o bule sobre a mesa. Felipe não falou nada, nem sequer olhou para a escrava. Ela, disfarçando seu nervosismo, saiu e voltou para a cozinha.

Durante o resto do dia, ficou nervosa. Tonha percebeu.

— *Qui qui ocê tem, minina? Parece qui viu u diabo.*

— Não tenho nada. Só não estou me sentindo muito bem.

— *Tá bão. Dispois qui servi u armoço, pode i imbora. Hoje num percisa vortá. Ieu falo cum a sinhá. Ela mi ruma otra pra mi judá fazê a janta. Manhã, quando já tivé boa, ocê vorta. Toma um chá i discansa.*

— Não precisa, Tonha. Vou e volto, como todos os dias.

— *Num vorta, não. Pra ficá cum essa cara di quem viu u diabo? Num vorta, não. Ocê num é ansim. Tá sempre brincando cum ieu. Deve di tá duente memo. É mió tumá um chá e discansá. Manhã ocê vorta.*

Depois que o almoço foi servido, Divina lavou a louça, como todos os dias, deixou tudo arrumado e foi para casa. Estava ansiosa e nervosa. Ele não olhou para ela o dia inteiro. Fez de conta que ela não existia.

"Será que ele está lá no rio? Não. Eu não quero saber. Ele é o senhor, eu sou escrava. Eu disse a ele ontem que não iria, e não irei."

Foi caminhando. Não conseguia parar de pensar nele. "Não irei. Quem ele pensa que é? Ficar olhando enquanto eu estava nadando... depois me dar aquele beijo... é um atrevido! É isso que ele é. Não irei."

Continuou andando: "Vai ver ele nem está lá. Fez tudo aquilo só para brincar comigo, porque é o senhor".

Chegou em casa e conversou com a mãe como todos os dias. Mas a mãe percebeu que alguma coisa estava errada.

— *Qui qui foi, minina? Tá nirvosa pru quê?*

— Não estou nervosa, só cansada. Com muito calor.

Foi para dentro de casa e deitou-se. "Será que ele estava só brincando? Será que está lá me esperando? Eu poderia ir e ficar de longe só olhando. Só para ver se ele está lá."

Levantou-se e falou com a mãe:

— Mãe, vou cavalgar um pouco. Volto logo.

A mãe não respondeu. Já estava acostumada com os passeios que ela dava. Divina montou no cavalo. "Vou ficar só de longe olhando, como ele fez comigo."

Fez o cavalo correr muito: "Preciso chegar logo. Será que ele já foi embora?"

Chegou ao alto e olhou para baixo. Ele estava lá sentado, olhando a água que corria tranquila.

"Ele é muito bonito. Sempre gostei dele, desde criança, quando o via brincando com meu irmão. Nunca brincou comigo porque eu era muito pequena. Acho que sempre o amei. Agora, sou adulta, não posso me enganar. Ele também é adulto, patrão. Só está querendo brincar."

Ele, sentado perto da água olhando os pequenos peixinhos que nadavam em uma dança compassada, tentava lembrar-se dela, de como era quando pequena. Não conseguia. "Naquele tempo, eu só queria brincar com crianças de minha idade. Hoje é diferente. Ela se tornou uma linda moça. Será que virá?"

O cavalo relinchou. Ele olhou para cima e sorriu. Ela percebeu que ele a vira. Quis fugir, mas não conseguiu. Uma força maior fê-la ficar parada e estática. Ficou ali, parada, olhando para ele.

– Não vai descer? Eu já estava indo embora.

Como uma autômata sem resistência, foi descendo devagar. Quando estava a um metro de distância, ele se levantou. Não disse nada, só abriu os braços. Ela parou, ficou olhando e pensando: "Esses braços me esperando. Esses olhos me procurando. Eu também o desejo".

Sem pensar muito, atirou-se nos braços dele, que a segurou com carinho e muito amor. Olhos nos olhos, braços nos braços, boca na boca. Naquele beijo, não havia desejo carnal, só um imenso amor, como se fosse um reencontro. Ficaram beijando-se por um longo tempo, nenhum dos dois queria parar.

Sem uma palavra, sem nada, os corpos foram amolecendo, foram caindo, ajoelharam-se, deitaram-se.

Foi um momento mágico. Não existia escrava ou senhor, só um grande amor. Para os dois, não havia empecilhos, preconceitos ou consequências. Naquele momento só existiam os dois no mundo.

O barulho da água correndo pelo rio. Um acariciando o outro, devagar, suavemente. Entregaram-se ao desejo e ao amor. Amaram- se com toda a força que só um amor sincero e divino pode ter, um amor sincero e eterno.

Quando terminaram, ficaram calados. Um nos braços do outro, só olhando para o céu, que estava brilhante, aquecendo aquele amor. Não sentiam necessidade de falar. Sabiam que, no momento em que uma palavra fosse dita, aquele encanto acabaria, desapareceria. Ficaram deitados, parados. As mãos dele acariciando o rosto dela, que estava com a cabeça deitada no peito dele e com as mãos acariciando seu corpo. Não havia mais desejo, só a vontade de ficarem assim deitados, calados.

Depois de algum tempo ela começou a voltar à realidade, a pensar nas consequências. Voltou à sua lembrança que ele era o senhor e ela, a escrava. Seus olhos encheram-se de lágrimas. Levantou a cabeça, olhou em seus olhos.

— Senhor, o que fizemos?

— Amamo-nos. Fizemos exatamente o que queríamos. Entregamo-nos a um sentimento maior.

— E agora? Não podíamos ter feito isso.

— Não podíamos mesmo, mas fizemos. Adorei. Eu a adoro. Quero você para sempre. Para sempre. Por toda a minha vida.

— Sou sua escrava.

— Nesta fazenda, não existem escravos. Mesmo assim, não a quero como escrava. Quero-a como esposa, como a mãe de meus filhos.

Ela se afastou rapidamente.

— O senhor está louco? Seus pais nunca vão concordar. Sou negra. Sou escrava.

— Pare de me chamar de senhor! — disse, nervoso. — Você não é escrava! Não é negra! Só é a mulher que amo e que quero para mim. Quanto a meus pais, eles não têm preconceito. Vão aceitá-la porque só querem minha felicidade, e minha felicidade, no momento, é você! Não se preocupe, vou falar com eles. Tudo vai dar certo.

— Você acredita nisso?

— Não só acredito como tenho certeza.

— Deus queira que tenha razão.

— Não se preocupe. Venha aqui.

Ela se chegou mais para perto dele, que a beijou suavemente. Ficaram assim abraçados por muito tempo.

Começou a escurecer. Ela parou, pensou e falou:

– Meu Deus! Não voltei para ajudar Tonha. E agora?

– Agora nada. Hoje mesmo, após o jantar, vou falar com meus pais. Quero me casar logo.

– É mesmo louco.

– Louco por você.

Beijou-a novamente e voltaram juntos. A mãe de Divina, quando os viu chegando, pensou: *"Meu Xangô, isso num vai dá certo. Protege a mia fia. Num dexa ela sufrê".*

Felipe foi para casa. Estava feliz porque encontrara a mulher de sua vida. Falaria com os pais e casar-se-ia em breve. "Como a vida é maravilhosa! Sou o homem mais feliz do mundo!"

Após o jantar, na varanda, conversavam como em todas as noites.

– Mamãe, papai, quero comunicar aos dois que vou me casar.

– Casar?

– Sim. Encontrei a mulher de minha vida. Eu a amo. Sei que seremos felizes.

– Isso é uma surpresa. Mas, se acha que vai dar certo, se está feliz, então também estamos. Ela está na Inglaterra?

– Não, não a encontrei na Inglaterra, papai. Conheci-a aqui mesmo.

– Aqui na fazenda? Mas quem é? Por mais que eu pense, não consigo adivinhar – perguntou Rosa Maria.

– É Divina, mamãe. Eu a amo.

Ouviu-se o barulho de algo caindo. Divina vinha entrando, trazendo uma bandeja com café. Ao ouvir aquelas palavras, deixou a bandeja cair. Rodolfo levantou-se, nervoso.

– Você está louco? Ela é uma negra! Uma serviçal aqui em casa.

– Não me importa sua cor! É a mulher que amo. Vai deixar de ser serviçal. Vai ser minha esposa.

– Esposa?! Esposa? Está louco?

– Calma, Rodolfo, vamos ouvir primeiro o que ele tem a dizer.

– Não vai dizer nada! Não gastei uma fortuna para que fosse estudar na Inglaterra e agora jogar tudo para o alto casando-se com uma negra! – Rodolfo disse, gritando.

– Eu a amo, papai. Quero-a para mim...

– Você quer? Você quer? Pois tome-a! Um branco não precisa se casar para ter uma negra. Basta, simplesmente, pegá-la. Você é branco. Acorde! Você é branco!

– Sei que sou branco. Sei que poderia tomá-la. Mas não quero. Eu não a desejo. Eu a amo. Quero me casar. O senhor nunca teve preconceito. Há muito tempo já deu carta de alforria, já libertou os escravos, sempre tratou-os bem...

– Isso é diferente. Dar carta de alforria e libertá-los não quer dizer que vou querer misturar meu sangue com o deles! Imagine, eu com um neto negro levando meu nome. Nunca! Farei qualquer coisa para impedir esse casamento.

Rosa Maria, ao ouvir Rodolfo falando aquilo, não suportou.

– Tudo o quê, Rodolfo? O que vai fazer? Mandar matar? Sequestrar? Estuprar? Não quero nem posso acreditar que estou ouvindo isso de sua boca. Logo de você, que sabe muito bem a desgraça que aconteceu nesta casa pela intransigência de seu pai. Esqueceu-se de Maria Luísa, Tobias, de mim e de nós dois? Sempre o amei, mas, a partir deste momento, vou começar a odiá-lo! Felipe, meu filho, sei que no coração ninguém manda. Mas, se ama essa moça como diz, leve-a para bem longe daqui. Antes que seu pai tenha tempo de planejar alguma maldade contra ela e contra você.

Nervosa, chorando de ódio, saiu correndo, foi para o quarto e jogou-se na cama, relembrando tudo o que havia acontecido no passado. "Oh, meu Deus! Não acredito que tudo esteja acontecendo novamente. Proteja meu filho. Proteja essa moça. Proteja nós todos para que mais uma desgraça não se abata sobre nós. Pai Joaquim, por favor, de onde estiver, peça a seu Xangô que nos proteja."

Cansada de tanto chorar, adormeceu.

Tobias chegou no momento em que Rosa Maria começara a falar. Ele tinha ido conversar a respeito da ida dele e de Felipe para o Rio de Janeiro. Depois que Rosa Maria saiu nervosa, Rodolfo saiu da varanda, montou no cavalo e saiu, cavalgando em disparada.

Tobias olhou para Felipe e perguntou:

– Você está pensando o mesmo que eu? Quem foi Tobias? Quem foi Maria Luísa? Por que tenho esse nome? Por que tenho essa cor? O que aconteceu no passado? Quem sou eu?

– Não sei, mas aconteceu algo. Pela reação de mamãe, foi algo muito grave.

A música de Sergei começou.

– Tobias, não sabemos, mas alguém sabe. Vamos até lá.

Saíram e foram até a tenda de Sergei e Zara. Eles não quiseram morar dentro da casa-grande. Continuaram em sua tenda.

– Olá, meninos. Vieram ouvir minha música?

– Também, Sergei. Mas viemos conversar. Como conheceram minha mãe? O que aconteceu aqui no passado?

Os dois olharam-se. Sergei perguntou:

– O que está querendo dizer? O que aconteceu para que me fizesse essa pergunta?

Felipe contou tudo a eles, tudo que Rosa Maria havia falado naquele momento de revolta.

Zara olhou para Sergei e disse:

– Felipe, meu filho. Sabe que o amamos como se fosse nosso filho. Existe uma história, sim. Só que não é nossa. Um dia, juramos que nunca contaríamos a você, nem a ninguém. Sua mãe sem querer abriu a ferida. Mais cedo ou mais tarde isso aconteceria. Só ela poderá fechá-la. Hoje, não adianta falar nada. Estão todos muito nervosos. Vamos todos dormir, amanhã conversaremos. Prometo que sua mãe contará tudo. Estarei ao lado dela.

– E eu? Quem sou eu? Quem foram Tobias e Maria Luísa?

– Você também vai agora para sua casa, Tobias. Amanhã saberá de tudo. Só tem que dormir e saber que foi muito amado por sua mãe e por seu pai. Vão, meus filhos, procurem não pensar em nada. Sempre há uma verdade, mas sempre, também, há uma explicação.

Zara beijou os dois, passando a mão por suas cabeças num gesto de extremo amor. Eles a beijaram e foram embora. Sergei voltou para seu violino, só que a melodia agora era triste e dolente.

Os dois rapazes foram andando em silêncio, ouvindo a melodia. O céu estava estrelado; a lua, crescente. Ouvia-se o barulho da noite: grilos cantavam, vaga-lumes dançavam com suas luzes brilhantes.

— Felipe, o que vamos fazer?

— Conheço Zara desde que nasci. Confio no que falou. Amanhã, saberemos tudo. Hoje, vamos tentar dormir.

Despediram-se. Cada um foi para sua casa.

Felipe foi até o quarto da mãe. Ela dormia profundamente. Tinha um sorriso nos lábios.

— Deve estar sonhando, não irei acordá-la.

Ela estava novamente sentada naquela pedra com o vestido rosa, jovem e bonita como antes.

— Felipe, sei que você está aqui. Há quanto tempo não o via...

Ela voltou os olhos em direção à água. Lá estava ele, sorrindo e lindo como sempre. Não saiu da água. De longe, falou:

— Mais uma vez tem que ser forte. Mais uma vez terá que ajudar aqueles que ama. Mais uma vez terá que usar sua sabedoria e seu amor.

— Por que nunca mais sonhei com você?

— Porque não precisou de força. Estava tudo bem, mas estive a seu lado todo esse tempo. Acompanhei todos os seus passos. Você não me via, mas eu sempre estive aqui, porque a amo.

Ela tentou levantar-se para ir ao encontro dele, mas não conseguiu sair do lugar. Acordou com uma sensação de felicidade e de paz.

Abriu os olhos. Já amanhecera. Olhou para o lado. Rodolfo não estava lá, não dormiu em casa. Levantou-se e olhou por todo o quarto. Ele não estava. Foi ao quarto de Felipe, temendo que alguma coisa tivesse acontecido. Ele dormia tranquilo. Foi para a cozinha. Tonha estava junto ao fogão, abanando as brasas.

— Bom dia, Tonha.
— *Bons dias, sinhá. Cordô cedo.*
— É, acordei. Onde está Divina?
— *Ela num veio trabaiá. Mais fui ieu quem falô pra ela num vim. Acho qui ela tá duente. Só chora. A sinhá qué café?*
— Sim. Por favor, leve até a varanda, mas só café.

Saiu da cozinha, foi até a varanda e sentou-se, pensando: "Alguma coisa grave vai acontecer. Há muito tempo não sonhava com Felipe. Agora, percebo: durante todos esses anos, nada de mau me aconteceu. Se ele voltou, é porque tenho que estar preparada".

Começou a olhar à sua volta. As montanhas e as árvores floridas. Ao longe, lá no alto do morro, todas aquelas cruzes. Relembrou: "Tobias era tão tímido, com medo. Maria Luísa piscando para mim cada vez que achava uma solução para seus problemas, ou quando conseguia encontrar um meio de ver Tobias. Dom Carlos fazendo todas aquelas maldades comigo. Os dias que fiquei perdida na mata. Os ciganos. Como fiquei horrorizada quando soube estar esperando um filho daquele monstro. Quanta emoção senti quando vi Felipe recém-nascido em meus braços. O ódio que senti durante todos aqueles anos. O ódio que me fez voltar. O sentimento de ódio, vingança e pena que senti quando vi Dom Carlos naquele estado. O amor de Felipe por aquele monstro".

Tudo estava voltando à sua mente. Ela tremia como se estivesse acontecendo tudo novamente. Sentiu medo. "Não deixarei tudo acontecer de novo. Vou pegar Felipe e Divina. Falarei com Zara e Sergei e iremos embora. Vamos nos encontrar com Igor e os ciganos. Lá os dois serão livres e felizes. Nunca mais quero ver Rodolfo!"

Sentiu um perfume de rosas. Olhou para os lados, perguntou:
— Felipe, você está aqui?
Pareceu ouvir a voz dele.

– Estou sempre a seu lado. Lembre-se, agora, do amor. Do amor, minha querida.

– Felipe, não vá embora, fique comigo.

– Estou aqui, mamãe. Não vou embora.

Ela olhou para trás. Felipe, seu filho, estava lá e falando com ela.

– Bom dia, meu filho. Estava pensando em voz alta.

– Percebi. Não sairei nunca de seu lado, não se preocupe. Mamãe, eu a conheço e sei que está preocupada. Quero e preciso saber o que aconteceu aqui. Quem foi Tobias? O que aconteceu realmente com minha tia Maria Luísa? Por que a senhora não gostava do vovô?

– Não, meu filho, não precisa saber de nada. O importante é você salvar e proteger essa moça. Se tem certeza de que a ama, lute por ela, fique com ela.

– Eu preciso saber.

– Não. Você não precisa. Vamos embora desta fazenda. Não quero mais ver seu pai.

Sentiu novamente o perfume de rosas. Olhou para Felipe e perguntou:

– Meu filho, está sentindo esse perfume?

– Que perfume, mamãe? Não estou sentindo nada.

Pareceu que ouvia a voz dele novamente.

– Lembre-se do amor, minha querida, do amor.

Pensou um pouco. Relembrou Rodolfo. Ela o amava, sempre o amou.

– Está bem, meu filho. Vou contar tudo. Só que não vai ser agora. Seu pai não dormiu em casa. Sabe onde está? Que mais ele lhe falou ontem quando saí?

– Só me olhou. Não disse nada. Ficou com os olhos parados como se estivesse lembrando ou vendo alguma coisa. Ficou branco como cera. Perguntei quem era Tobias e o que havia acontecido com Maria Luísa, com a senhora e com meu avô. Ele me olhou como se voltasse de longe. Montou no cavalo e foi embora. Não sei para onde.

– Talvez eu saiba. Vou tentar encontrá-lo. Deus queira que o encontre.

Viu a charrete na frente da casa. Subiu e foi em busca de Rodolfo. Felipe ficou olhando-a sair naquele desespero. "Que tragédia deve ter acontecido aqui? Como disse Zara: 'A ferida está aberta'."

Tonha aproximou-se:

– *U sinhozinho vai tumá café?*

– Não. Onde está Divina? Peça para ela vir até aqui.

– *Ela num tá, não. Num veio hoje. Tá tudo mundo preguntando pur ela. Qui foi qui essa minina feiz di errado?*

Felipe soltou uma gargalhada.

– Só nasceu, Tonha. Graças a Deus, ela nasceu.

Tonha não entendeu nada.

– *Tá tudo mundo loco.*

– Tonha, você sabe o que aconteceu aqui no passado? Conheceu minha tia Maria Luísa?

Ela sabia. Era pequena quando tudo aconteceu. Os negros mais velhos sempre contavam como e por que tinham recebido a carta de alforria.

– *Num sei, não, sinhozinho. Era muito piquena, tinha só deiz ano.*

Felipe percebeu que ela sabia alguma coisa, mas não queria contar. Não insistiu. Ficou sentado, olhando tudo. Lá no alto do morro, as cruzes.

– Quantas coisas devem ter acontecido que resultaram naquelas cruzes? Vou descobrir. Vou descobrir. Mas agora vou procurar Divina. Onde estará? Que estará sentindo?

Estava pensando nisso quando Tobias chegou. Estava abatido, com aparência de quem não havia dormido.

– Que cara é essa, Tobias? Não dormiu?

– Não, Felipe. Fiquei conversando com meu pai, tentando saber tudo.

– E então? Ele falou alguma coisa?

– Não. Disse que é uma longa história e que chegou a hora de tudo ser esclarecido, mas só vai falar depois de conversar com seu pai e sua mãe.

— Está bem. Já que não podemos fazer nada, vamos esperar. Tenho certeza de que em breve saberemos tudo. Agora, vou procurar Divina.

Felipe montou em seu cavalo, abanou a mão para o primo e foi embora.

Rosa Maria, com a charrete, dirigia-se até o rio para procurar por Rodolfo.

— Ele deve estar lá. É o lugar que sempre procura quando está preocupado.

Chegou ao alto, no mesmo lugar aonde ele ia todos os dias quando pensou que ela havia morrido. Foi lá também que se reencontraram. Desceu da charrete e olhou para baixo. Ele não estava. Quem estava era Divina, com as mãos no rosto, chorando. Rosa Maria foi até lá. Perguntou:

— Divina, posso saber por que está chorando?

Divina virou-se. Levantou-se rapidamente e falou chorando:

— Perdoe-me, sinhá. Não sei como tudo aconteceu. Não planejei nada. Tudo aconteceu sem que eu percebesse. Não se preocupe, tenho carta de alforria. Irei embora.

— Irá para onde?

— Não sei. Para bem longe daqui, principalmente para bem longe do sinhozinho.

— Você não o ama?

— Muito. Mas não tenho o direito de estragar a vida dele. Sou uma negra. Isso não posso mudar.

— Acha que indo embora vai resolver tudo? Acha que ele vai ser feliz se perdê-la? Não, minha filha, não vai fazer nada disso. Vai ficar tranquila. Se vocês se amam de verdade, tudo dará certo. Há uma coisa que dizia Pai Joaquim. Lembra-se dele?

Divina, com um sorriso entre lágrimas, acenou com a cabeça, dizendo que sim.

– Então, como ele dizia: "Xangô sabe o que faz. Vamos confiar?"
– A sinhá vai me aceitar?
– Claro que vou. Se meu filho a ama, se ele vai ser feliz em sua companhia, só posso aceitá-la com todo o meu coração.
Abriu os abraços e abraçou-a.
Felipe chegou ao alto. De onde estava, viu as duas. Gritou:
– Mamãe! Divina!
Elas olharam para o alto e viram Felipe, que descia correndo para encontrá-las.
– Ainda bem que as encontrei. Estava procurando as duas, mas nunca pensei encontrá-las juntas.
– É, meu filho, parece que este lugar é o preferido da família para se pensar, chorar e amar.
Eles olharam para ela sem entender muito bem do que estava falando.
– Divina, por que está chorando?
Rosa Maria respondeu:
– Porque é uma boba. Porque o ama.
Divina ria e chorava.
– Sua mãe é maravilhosa. Por isso estou chorando.
– Sei que ela é maravilhosa... sempre soube...
– E seu pai? Ele nunca vai me aceitar.
– Esse problema não é de vocês. É meu e de Rodolfo. Por enquanto, fiquem aí conversando. Vou tentar encontrá-lo.
– Sabe onde ele está?
– Não. Mas tenho certeza de que meu coração irá levar-me até ele. Vou achá-lo. Não sei se conseguirei convencê-lo a aceitar o amor de vocês. Se eu conseguir, ficarão juntos com nossas bênçãos. Se eu não conseguir, quero saber se vocês se amam mesmo.
Os dois abanaram a cabeça, dizendo que sim.
– Pois bem. Já que se amam, nunca, mas nunca mesmo, duvidem desse amor. E nunca duvidem um do outro. Mesmo que as aparências possam demonstrar o contrário,

nunca acreditem. Acreditem sempre um no outro e no amor que sentem. Vou embora, preciso achar Rodolfo.

Sorriu para os dois enquanto subia com o corpo ereto, forte, com o porte de uma rainha.

— Que bela mulher é sua mãe!

— Não é só uma bela mulher. É uma grande mulher, que aprendi a amar e confiar desde pequeno. Sei que fará tudo por minha felicidade e, agora, pela sua também.

Os dois abraçaram-se. Quando Rosa Maria chegou ao alto, virou-se e viu os dois lá embaixo, junto àquele rio de águas claras que corria mansamente. Com uma mão, deu adeus; com a outra, mandou um beijo.

Subiu na charrete e pegou as rédeas. Saiu procurando por Rodolfo. Percorreu muitos lugares, perguntou aos vários negros que ia encontrando pelo caminho. Foi até a lavoura. Nada. Não o encontrava em lugar algum.

— Onde ele está? Não foi para a cidade... A carruagem está aqui... Não iria a cavalo...

Continuou andando, procurando e perguntando. Nada. Olhou à sua volta. Lá estavam as montanhas coloridas, brilhantes pelo sol. No alto do morro, via todas aquelas cruzes. Ficou olhando, pensando: "Lá estão as cruzes de todas as pessoas que viveram aquela tragédia. Com certeza, todos devem estar no céu, até Dom Carlos, que teve tempo para se arrepender. Se estiverem me ouvindo, ajudem-me a encontrar Rodolfo. Ajudem-me a convencê-lo a aceitar Divina. Ela é o amor de meu filho".

Sentiu uma suave brisa tocar em seu rosto. Estremeceu. Virou a charrete e foi para lá.

Rodolfo havia mandado construir uma estrada que levava ao morro, para facilitar o acesso. Ela levaria mais ou menos cinco minutos para chegar ao alto.

Ao chegar, viu à sua frente, perto das cruzes, o cavalo de Rodolfo. Desceu da charrete e continuou andando a pé devagar.

Rodolfo estava sentado com a cabeça nos joelhos, junto à cruz de Maria Luísa. Ele não viu Rosa Maria chegar. Só percebeu quando ela se sentou a seu lado e ele levantou a cabeça. Seus olhos encontraram-se.

Ele estava com os olhos vermelhos e inchados, como se tivesse chorado por muito tempo. Ficaram em silêncio, só olhando-se. Por fim ele perguntou:

– Como me encontrou aqui?

– Não vim procurá-lo. Vim apenas rezar e pedir a todos eles que nos ajudassem.

– Também vim aqui não para rezar, mas para pedir perdão. Principalmente para minha irmã.

Abraçou-se a ela chorando. Ela, por sua vez, também chorava.

– Como consegui esquecer tudo aquilo, Rosa Maria? Como pude ouvir minha boca dizendo todas aquelas barbaridades? Como vou poder olhar novamente para Felipe?

Rosa Maria pegou a cabeça de Rodolfo com as mãos. Levantou-a, ficando assim olhando em seus olhos, e falou:

– Pare com todos esses "comos". Porque também tenho alguns. Como pôde, durante toda a nossa vida, ser um homem maravilhoso? Como pôde ser, durante todo esse tempo, um homem amado por todos os negros? Como pôde ser, durante todo esse tempo, um homem amado por mim e por seus filhos? Como pôde aceitar e amar Felipe como se fosse seu filho? Eu mesma respondo. Porque é amado por seus filhos, principalmente por Felipe. Porque é amado por seus escravos. Porque é meu amor, meu marido, a quem amei ontem, amo hoje e amarei enquanto viver, talvez até depois de minha morte. Por último, porque é e sempre foi um homem de bem.

Abraçaram-se e beijaram-se. Uma suave brisa, um perfume de rosas envolveu-os.

Separaram-se. Ela olhou bem dentro de seus olhos e perguntou:

– Tem certeza de que vai aceitar o amor dos dois? Está sendo sincero? Não está mentindo para mim?

– Não. Não estou mentindo. Tive muito tempo para pensar. Não posso nem devo envolver-me na vida de Felipe. Se ele a escolheu, será por mim recebida como se fosse minha filha.

— Rodolfo, olhe para mim. Seu pai também me disse que eu seria como sua filha.

— Que é isso? Está pensando que estou fingindo e mentindo como meu pai fez? Que, como meu pai, vou preparar uma armadilha? Está louca? Não me conhece?

— Perdoe-me. Não devia ter desconfiado, muito menos perguntado. Mas, por um instante, pareceu-me ver seu pai falando.

Rodolfo, com os olhos vermelhos, olhando-a bem dentro dos olhos, disse:

— Quando você me disse todas aquelas coisas, foi como se tivesse acordado. Fiquei sem saber o que fazer. Montei no cavalo, saí cavalgando e pensando. Depois, vim para cá buscar as lembranças que havia esquecido. Revi a tudo e a todos. Senti tudo novamente como se estivesse acontecendo agora. Não, meu amor. Não vou fazer nada. Como dizia Pai Joaquim: "Xangô trabalha com seu machado". Vamos voltar para casa. Vou falar com Felipe. Vou dar minha bênção.

— Sabia que você não podia ser aquele monstro que disse todas aquelas coisas. Você é bom e sensível, jamais poderia ter dito tudo aquilo. Só há mais uma coisa. Receio que agora teremos que fazer mais do que falar. Felipe sempre soube que houve alguma coisa no passado e, agora, depois de tudo que houve e o que falei, ele tem certeza e quer saber. Não poderemos escapar.

— O machado de Xangô está trabalhando, Rosa Maria. Vamos facilitar para ele. Ah, ah, ah!

Abraçaram-se, rindo. Rodolfo amarrou o cavalo na charrete e foram juntos, abraçados. Antes de sair, Rosa Maria olhou para as cruzes e, emocionada, pensou: "Obrigada. Obrigada a todos".

Voltaram juntinhos. Pareciam um casal de adolescentes que havia se encontrado pela primeira vez.

Ao chegarem àquele ponto do rio onde ela havia deixado Felipe e Divina, Rodolfo parou a charrete e olhou para Rosa

Maria. Rindo, os dois desceram e foram até a margem. Felipe e Divina não estavam mais lá.

Sentaram-se na grama e ficaram olhando para o rio. Rodolfo abraçou-a. Respirou fundo, falando:

– Estou sentindo-me tão bem. Livre. Como se acordasse de um pesadelo. Tudo isso graças a você, a mulher que amo.

Ela, rindo, abraçou-o com mais força e jogou-o para trás. E, naquele lugar mágico, amaram-se como há muito tempo não faziam, parecendo dois recém-casados.

Voltaram para casa, abraçados e felizes.

Felipe continuava na varanda, preocupado com os pais, que haviam saído e ainda não haviam voltado. Pensava: "O que terá acontecido no passado? Por que mamãe falou daquela maneira com papai? Por que ele sumiu? Onde estarão agora? Por que mamãe nos disse para nunca desconfiarmos um do outro?"

Viu ao longe a charrete chegando. Rosa Maria desceu rapidamente e correu para abraçá-lo.

– Mamãe, conte-me o que aconteceu.

– Nada aconteceu, meu filho. Só redescobri que seu pai é o amor de minha vida.

Felipe, sem entender nada, olhou para o pai, que sorria para ele, como fazia antes, como sempre fez. Rodolfo, de cima da charrete, perguntou:

– Ela não é linda, Felipe?

Sentindo que tudo estava bem, Felipe sorriu e respondeu:

– É, sim, papai, mas o senhor também é.

Foi para junto do pai, que desceu da charrete, e abraçaram-se. Rosa Maria sentiu um nó na garganta, só que desta vez foi de alegria.

Entraram em silêncio. Divina estava na cozinha, limpando algumas verduras. Não queria ter voltado para casa com Felipe, mas ele insistiu. Aceitou, mas não ficaria com ele. Assim que voltaram do rio, ela foi para a cozinha.

Rodolfo, Rosa Maria e Felipe foram para a sala. Sentaram-se. Rodolfo perguntou:

– Onde está aquela moça? Como é mesmo o nome dela?
– Divina, papai. Ela está na cozinha.
– Vá chamá-la. Precisamos conversar, e é bom que ela esteja presente.

Rosa Maria voltou a olhar para o marido, pensando: "Voltou a ser aquele homem sério de sempre. Com essa firmeza, fez com que a Fazenda Maria Luísa se tornasse a mais rica da região. Gosto de vê-lo assim, forte, dono da situação. Aquele que sabe e resolve tudo. Já tomou uma decisão, agora só vai comunicar. Não vai permitir que ninguém o interrompa. Hoje no morro, depois no rio, estava desarmado. Não precisou mostrar essa aparência de dono da situação. Entregou-se, mostrou como realmente é. Esse homem maravilhoso que tanto amo".

Felipe voltou, trazendo Divina pela mão. Trêmula, com os olhos baixos.

Rodolfo puxou uma cadeira, dizendo:
– Sente-se aqui, por favor.
Ela sentou-se. Ele continuou:
– Primeiro levante os olhos enquanto eu estiver falando.
Ela levantou os olhos e encarou-o.
– Isso mesmo. Assim é que deve ser. Gosta de meu filho?
Divina olhou firme para ele e, com a voz firme, respondeu:
– Muito.
– Pois bem. Parece que ele também gosta muito de você. Vamos ser práticos. A princípio, eu não quis aceitar, porque, embora para mim não haja diferença, você é uma negra.

Felipe quis se levantar e falar, mas Rosa Maria segurou-o com as mãos e com os olhos. Ele se acalmou. Rodolfo, sem tirar os olhos de Divina, continuou:

– Você é uma negra. Se para meu filho isso não tem importância, para mim também não terá. Mas, infelizmente, para a sociedade há uma diferença enorme entre brancos e negros. Felipe voltou com um diploma com o qual vai para o Rio de Janeiro trabalhar. Se chegar lá com uma esposa negra, certamente não será aceito nem respeitado.

Olhou agora para Felipe:

– Já pensou nisso? Não será respeitado. Pior ainda será para Divina, que será ignorada e tratada como uma negra. Há lugares em que não poderá entrar, mesmo acompanhada por você. Já pensaram nisso? Aqui na fazenda, o negro é tratado como um homem livre, mas é apenas aqui. Somos um grão de arroz neste imenso Brasil. Fora daqui, o negro é negro e como tal é tratado. Como será a vida de vocês?

Olharam-se entre si. Divina nasceu na fazenda, nunca sentiu o preconceito. Rodolfo e Felipe conheciam-no, e muito bem. Embora tendo estado fora por muito tempo, sabia que o pai estava sendo duro, mas tinha razão. Começou a pensar nas várias ocasiões em que presenciou negros sendo humilhados. Não. Não queria aquilo para ela. Não suportaria vê-la em situação de constrangimento.

O silêncio caiu. Ninguém falava nada, cada um com seus próprios pensamentos. Rosa Maria entrou na conversa:

– Seu pai tem razão, Felipe. Jamais seriam felizes.

Divina procurou argumentar:

– Eu amo Felipe. Suportaria qualquer coisa para ficar com ele.

– Está bem. Já pensaram? Estou aberto a uma solução.

– Eu a amo, papai. Vou protegê-la de tudo e de todos.

– Vai mantê-la trancada dentro de casa? Acha que ela será feliz vendo-o sair sem poder acompanhá-lo?

– Tem razão, Rodolfo – disse Rosa Maria. – Jamais seriam felizes indo para o Rio de Janeiro, mas eles não precisam ir. Podem ficar aqui. Felipe poderá ajudá-lo a cuidar da fazenda.

– Depois de tudo que estudou, Rosa Maria? E o projeto da abolição? Da República?

– Quem tem que decidir é ele. Que acha, Felipe?

– Estava pensando exatamente isso. Não irei para o Rio. Tobias irá com Aninha e cuidará do escritório. A abolição está próxima. Quando essa coisa horrível terminar, quando os negros forem iguais aos brancos, aí iremos para lá. Posso fazer meu trabalho junto aos fazendeiros, enquanto Tobias trabalha com os abolicionistas.

— Não, isso não é justo — discordou Divina. — Não posso aceitar. O senhor não pode estragar sua vida por minha causa. Vá para o Rio. Ficarei aqui. Quando puder, voltará para me ver. Seu pai tem razão. Se eu fosse junto, só iria atrapalhar. Quando puder, volte. Estarei aqui. Como disse, a abolição vai chegar logo. Ficarei aqui esperando.

— Não. Não vou me separar de você! Não vou ficar longe! — Felipe disse, quase gritando.

— Ela tem razão, meu filho — disse Rosa Maria. — Para que possam ficar juntos, em paz e para sempre, é preciso que venha a abolição. Para que a abolição chegue, é necessário que homens como você lutem. Ela ficará comigo. Sabe que cuidarei muito bem dela.

Rodolfo falou sorrindo:

— Só que há uma condição. Ela ficará aqui. Sua mãe cuidará dela, mas antes de partir terão que se casar. O que acham?

Rosa Maria e Felipe pularam em cima de Rodolfo. Divina ficou rindo, sem se atrever a chegar perto. Rosa Maria puxou-a e os quatro abraçaram-se.

Rodolfo estava bem, mas tinha sérias dúvidas a respeito do preconceito. Só em pensar que Felipe poderia ter um filho negro, um neto seu, ficava apavorado. Como poderia chegar a seus amigos e dizer "Este é meu neto"? "Nunca mostrarei essa criança a ninguém. Nunca! Não farei nada para interferir no amor dos dois, como fez meu pai, mas também não sairei pelo mundo dizendo que meu filho casou-se com uma negra! Sinto muito, mas não conseguirei!"

Enquanto os quatro abraçavam-se, felizes por tudo ter terminado bem, Tobias, Celeste e José chegaram. Vieram para falar a respeito do passado. Rosa Maria cumprimentou-os. José estava tenso e nervoso. Não sabia qual seria a reação do filho.

Felipe pediu a um escravo que fosse chamar Zara e Sergei. Sabia que eles haviam feito parte da história. Pouco depois, chegaram.

Os mais velhos entreolharam-se. Celeste também não conhecia a história. Divina percebeu que um assunto grave iria ser tratado ali. Quis ir embora, mas Rosa Maria não deixou:

– Você vai fazer parte da família. Em uma família não pode haver segredos. Por mais bem guardados que fiquem, um dia revelam-se por si sós.

Divina sentou perto de Felipe. Rodolfo perguntou:

– Quem vai começar? Pode ser eu.

– Não, Rodolfo. Tobias é meu filho, devo começar. Tobias, meu filho, vamos neste momento quebrar um juramento que fizemos a sua mãe, Isabel. Tudo aquilo de que você está desconfiado é verdade. Não é nosso filho verdadeiro.

Tobias ficou sério:

– Como não? Quem são meus pais? Quem sou eu?

– Espere, José – interrompeu Rosa Maria. – Não adianta contar as coisas pelo fim. Tobias, você não é filho de Isabel e de José. Mas foi sempre amado por eles. E muito, mas muito mesmo, por seus verdadeiros pais. Vou contar uma história para vocês. É a história de nossas vidas, de nós todos. Contarei desde o começo. Aí você entenderá tudo.

Rosa Maria contou toda a verdade. Desde o começo, em Portugal. Os meninos escutavam-na com atenção. Rodolfo, algumas vezes, saiu de perto. A história de Maria Luísa e Tobias era a que mais interessava a Tobias. Rosa Maria só não contou que Felipe era filho de Dom Carlos, mas falou do estupro, de como foi acolhida por Zara e Sergei, como Felipe nasceu no acampamento cigano.

Quando terminou de contar, não estava chorando. Estava lívida, parecendo ter tirado dos ombros um grande peso.

Tobias chorava como se fosse criança. Um homem não podia chorar, mas, naquele momento, ele não era um homem. Era simplesmente alguém que se descobre, que entende muitas coisas: sua cor, seus olhos...

Felipe, lembrando-se do avô, perguntou:

– Como ele pôde fazer tudo aquilo? Como pôde fazer tanta maldade?

Olhou para o pai e perguntou, assustado:

— O senhor não está pretendendo me afastar de Divina, está?

— Não, meu filho. Pode ficar tranquilo. Você se casará e será feliz.

Tobias olhou para José, que fazia força para não chorar.

— Papai, por que não me contou antes?

— Não havia necessidade. Você estava feliz. Não é meu filho verdadeiro, mas sempre o amamos como se o fosse.

Olharam para o alto do morro.

— Sei disso, papai, mas meus pais estão lá. Quero falar com eles. Vou até o alto do morro.

— Vá, meu filho. Eles se amaram muito e amaram-no muito também. Maria Luísa entregou-o a nós para que você pudesse viver. Foi uma grande mulher.

— Tobias — disse Rodolfo —, só tomei conhecimento disso quando fomos para Portugal. Assim que voltamos, fui com seu pai para o Rio de Janeiro e fizemos um documento passando a metade de tudo que temos para você. Seria a parte de Maria Luísa.

— Mamãe, eu gostava tanto do vovô... — Felipe disse com lágrimas nos olhos.

— Meu filho, ninguém é perfeito. No entendimento dele, eu não estava à altura de seu pai. Estragaria os planos dele. Atrevi-me a enfrentá-lo. Tudo isso fez com que tomasse aquela atitude desvairada, mas no final entendeu tudo e sofreu muito. O adivinho disse-me que o melhor caminho é o perdão. É o que deve fazer.

Tobias montou no cavalo e foi para o alto do morro. Nunca havia ido até lá, nem mesmo quando Manequinho morrera.

Ao chegar ao alto, devagar, aproximou-se dos túmulos. Foi olhando um por um. Ao chegar aos de Maria Luísa e Tobias, ficou em pé olhando ora um, ora outro. Ajoelhou-se entre os dois. Colocou uma mão em cada um. Fechou os olhos, por onde lágrimas corriam. Pareceu ver diante de si uma moça loura e linda que sorria para ele. Junto a ela, abraçado, um negro alto e forte. Não sabia o que dizer. Só queria sentir aquela presença, nada mais. Lembrou-se de toda a história que Rosa Maria havia contado.

Ficou lá por muito tempo. Escutou o barulho de um cavalo chegando. Não se mexeu. Continuava ajoelhado, parado. Aninha aproximou-se. Mais atrás, estavam Felipe e os outros. Todos desceram de seus cavalos. José aproximou-se, colocou as mãos nos ombros do filho e disse:

– Meu filho, já está aqui por mais de três horas. Está na hora de voltar. Estamos todos preocupados.

Tobias levantou os olhos, depois o corpo. Olhou para José.

– Papai, obrigado por todo o carinho e amor que me deu todos esses anos. Meu pai talvez pudesse ter sido um bom pai, mas com certeza nunca melhor do que o senhor.

Abraçaram-se, chorando, com muito carinho e amor.

Tobias separou-se do pai e virou-se para os outros, que olhavam emocionados aquela cena. Com lágrimas nos olhos, levantou os braços como se fosse um guerreiro e gritou o mais que pôde:

– Meus pais morreram por causa do preconceito e da intolerância. Juro aqui e agora, diante de seus túmulos, que só descansarei no dia em que neste país houver a abolição dos escravos, para que brancos e negros sejam iguais e possam se amar livremente. Até hoje era um ideal; de hoje em diante, será uma questão de honra.

Felipe aproximou-se do primo. Pegou a mão dele que estava no alto e também gritou:

– Juro que estarei a seu lado. Lutaremos juntos!

TENTAÇÃO

    No dia seguinte, Rodolfo foi com Felipe até a vila. Providenciou a ida do padre até a fazenda. O casamento seria realizado no mesmo dia que o de Tobias com Aninha.
    Os preparatórios foram intensos. Só algumas poucas pessoas foram convidadas. Igor, parecendo adivinhar, chegou com os ciganos poucos dias antes, para a felicidade de Zara e Sergei. Os ciganos não poderiam perder uma festa como aquela. Rosa Maria, Divina e Aninha foram também à vila, acompanhadas por Felipe e Tobias. Rodolfo inventou uma desculpa, não quis ir. Na realidade, não queria ser visto com Divina, sendo apresentada como a noiva de seu filho.
    Na cidade, compraram tecidos para os vestidos de noiva e todo o necessário para serem confeccionados.
    Divina estava deslumbrada com a vila. Jamais havia ido até lá. Chegando ao armazém, Rosa Maria entrou, seguida

de Aninha. Quando Divina estava à porta, o dono do estabelecimento disse:

– Negra, espere os senhores serem atendidos. Depois que eles saírem, você entra.

Divina parou estática. Felipe colocou-a a sua frente, falando:

– Ela vai entrar na minha frente, porque é minha futura esposa.

O homem ficou atônito, sem saber o que falar, e pensou: "Como um homem rico pode casar-se com uma negra? Se a quisesse, poderia simplesmente pegá-la. Não precisava casar-se..."

Pensou, mas não falou nada, apenas olhou para as mulheres e pediu desculpas.

– Desculpem-me, não sabia que ela estava acompanhada dos senhores. Nenhum negro pode entrar no armazém enquanto um branco estiver dentro.

Felipe estava irado, mas sabia que o homem tinha razão e que infelizmente era assim.

– Por enquanto; mas um dia isso vai mudar.

Divina queria fugir, mas Rosa Maria apertou seu braço e a fez entrar. Compraram tudo de que precisavam.

Na volta, todos estavam calados e muito nervosos. Depois do incidente do armazém, Rosa Maria quebrou o silêncio:

– Viu, Felipe? Seu pai tem razão. Infelizmente vivemos num mundo assim. Se levar Divina para o Rio de Janeiro, muitas vezes isso vai acontecer. Ela sempre ficará nessa tristeza toda e você nervoso. O melhor é fazermos do jeito combinado. Você irá, Divina fica conosco. Estará protegida. Você sabe disso.

– Irei, sim, mamãe. Mas, juro, não vou descansar enquanto não terminar com toda essa abominável escravidão. Conheci tantos negros, Pai Joaquim, Serafina, Manequinho e muitos outros, que tinham o coração puro, muito mais do que qualquer branco. Foram sempre nossos amigos. Manequinho, até na hora de sua morte. Morreu para me salvar, por ser meu amigo. Nunca vou aceitar a escravidão, preconceito, tudo isso.

– Nem eu, meu filho. Os ciganos, como os negros, também são discriminados. Mentiras são ditas sobre eles. Você conhece pessoas mais bondosas que Sergei e Zara? Todos os ciganos? Pessoas mais alegres, livres e felizes?

– Não. Por isso temos que lutar. E lutaremos.

– Lutaremos, meu filho. Você irá. Nós ficaremos aqui na fazenda, esperando esse dia chegar. E, com certeza, chegará.

– Com certeza, mamãe.

Voltaram para casa. Tudo foi preparado com muito carinho para os casamentos. Estavam todos ansiosos pela chegada do dia.

Os negros estavam felizes porque um deles iria tornar-se uma sinhá. Aquilo seria bom para eles? Alguns tinham dúvidas. Os mais céticos diziam:

– Negro é sempre negro. Não vai adiantar querer ser outra coisa, jamais será respeitado pelos brancos.

Outros diziam:

– Divina é a primeira que conhecemos. Os tempos estão mudando. Logo haverá muitas misturas como esta. A abolição virá, seremos todos iguais.

Pensamentos e palavras à parte, o grande dia chegou. Foi preparado um grande altar na frente da casa. O padre veio com sua melhor roupa de sacramento. Muita carne estava sendo assada em várias fogueiras que os ciganos prepararam. Felipe e Tobias, também alinhados, esperavam as noivas junto ao padre. Rosa Maria estava feliz por ver a felicidade de seu filho se concretizar. Celeste e José também estavam felizes. Seus filhos amavam-se, seriam felizes.

Só Rodolfo e os pais de Divina estavam preocupados. Embora felizes por ver seus filhos casando-se, não se sentiam tranquilos.

No íntimo de seu ser, Rodolfo sabia que, embora tivesse sonhado com o futuro de Felipe quando o mandou estudar Direito no exterior, ele voltaria com um diploma e poderia lutar contra as injustiças que havia no Brasil. A primeira seria a escravidão. Aboli-la era um sonho que tanto ele como

Rosa Maria havia muito tempo alimentavam. Agora, casado com uma negra, perderia o respeito das pessoas. Ninguém iria querer recebê-lo. Ele sentiria o peso do preconceito e o descaso das pessoas.

Os noivos estavam ansiosos no altar, que fora enfeitado por negros e ciganos com muitas flores.

Quando as noivas chegaram, ouviu-se uma linda melodia, tocada por Sergei, que a executava com muita emoção. Enquanto tocava, pensava: "Esse menino está feliz casando-se hoje porque Deus me colocou no caminho de sua mãe. Eu o amo como se fosse meu filho. Que seja protegido por todos os deuses".

Rosa Maria e Zara, juntas, não conseguiam esconder a emoção.

– Você se lembra do dia em que lhe falei que estava esperando um filho, Zara?

– Como me lembro, Rosa Maria!

– Pensar que fiquei brava, que não queria. Olhe como se tornou um lindo homem.

– Sim, Rosa Maria, é muito lindo por fora, mas muito mais bonito por dentro. Esse nosso filho é maravilhoso. Merece toda a felicidade do mundo.

– E terá. Com certeza, terá.

As noivas chegaram, juntas e devagar. Foram aproximando-se de Felipe e Tobias, que as esperavam ansiosos e encantados com tanta beleza.

Aninha, com um vestido branco, véu e grinalda de flores de laranjeira. Divina, com roupa africana, flores de várias cores no cabelo. A beleza das duas era deslumbrante. Negros e ciganos unidos no mesmo pensamento, desejando toda felicidade do mundo para os noivos.

Zara apertou o braço de Rosa Maria, rindo.

– Rosa Maria, você deu a ela o colar que era seu.

– Quem melhor para herdá-lo, se não a esposa de Felipe? Contei a ela a história do colar. Prometeu-me que nunca o venderá, que será dado à minha neta. Se não tiver uma neta,

ELISA MASSELLI

à esposa de um neto. No dia em que for dado, será contada a história. Esse colar permanecerá em nossa família para sempre.

– Obrigada, minha filha. Estou muito feliz. Agora só me resta fazer um último pedido a Deus. Que sejam muito felizes.

– Eles serão, Zara. O amor é a base desses corações.

A festa durou o dia inteiro. Muita música e dança. Mais uma vez os ciganos misturaram-se com os negros, comemoravam felizes aquele acontecimento.

Dois dias após a festa, Aninha e Tobias seguiram para o Rio de Janeiro, onde já tinham uma casa esperando por eles.

Felipe e Divina ficaram na casa que havia nos fundos da casa-grande, construída por Dom Carlos para Rosa Maria e Rodolfo. Era grande e confortável. Durante os últimos anos, ela servira para alojar os hóspedes da fazenda, mas poucos vieram.

Desde que Rodolfo dera a carta de alforria, os amigos distanciaram-se. Temiam que aquela ideia se espalhasse e que seus negros se rebelassem querendo a alforria.

Rodolfo, com a ajuda dos negros, reformou, pintou e mandou vir móveis do Rio de Janeiro. A casa ficou linda.

A primeira noite de Felipe e Divina foi de muito carinho e amor. A felicidade dos dois era imensa.

Foram dias maravilhosos. Cavalgaram e tomaram banho no rio. Fizeram tudo que duas pessoas apaixonadas fariam. Ficaram juntos por quinze dias.

Felipe precisava ir para o Rio de Janeiro. Tinha que iniciar sua luta com Tobias, que também tivera quinze dias de felicidade e amor com Aninha.

O escritório estava pronto. Um secretário foi contratado e um rapaz faria o serviço de rua. Agora, teriam que fazer contato com as pessoas para tornarem-se conhecidos.

Naquela noite, haveria uma grande recepção na alta sociedade, à qual as pessoas importantes iriam comparecer. Felipe e Tobias precisariam estar presentes.

Foram. O salão, riquíssimo, onde o bom gosto e a beleza imperavam. As damas, com seus vestidos armados e deslumbrantes. Os homens, com seus fraques, luvas, bengalas e belas capas. Tudo muito luxuoso.

Felipe, Tobias e Aninha foram anunciados e apresentados aos anfitriões da festa, conde e condessa Barros de Morais e sua filha Marcela, uma linda moça de vinte anos, loura com olhos azuis. A família pertencia à corte portuguesa.

Aninha fez uma reverência diante dos anfitriões. Os rapazes também. Marcela estendeu a mão para que Felipe a beijasse. Ele o fez.

A música começou. Os pares saíram dançando. Aninha e Tobias também dançavam. Felipe sentiu-se um pouco perdido. Não conseguia esquecer Divina. "Como seria bom se ela estivesse aqui..."

– Vamos dançar esta valsa? É muito bonita.

Felipe voltou-se. Marcela sorria para ele.

– Vamos.

Foram até o centro do salão e começaram a dançar. Ela estava encantada com o porte e a beleza de Felipe. Ele, encantado por tanta beleza, deixou-se levar. Dançaram a noite toda.

Aninha e Tobias notaram o envolvimento de Felipe. Aninha ficou nervosa:

– Homem não presta mesmo. Não pode ver uma mulher diferente. Casou-se só há vinte dias. Pobre Divina. Está lá na fazenda, com certeza morrendo de saudade e esperando-o voltar. E ele aí, logo na primeira festa todo enrabichado por outra. Que raiva!

– Vamos, meu amor, não estrague sua diversão. Felipe ama Divina. Só está aproveitando a noite, mais nada. Para nosso negócio, é importante fazermo-nos notar por essas pessoas, principalmente pelo pai de Marcela.

– Com certeza, Felipe vai ser muito notado.

Felipe sabia que Marcela era importante para seus negócios, mas não podia negar que ela era muito bonita. Enquanto dançavam, ela estava feliz. Felipe, ao som da música, às vezes parecia ver o rosto de Divina rindo para ele.

Ao término da festa, ao se despedirem, Marcela disse:

– Gostei muito desta noite. Precisamos ver-nos novamente.

– Com certeza, senhorita, voltaremos a nos ver.

Na volta, na carruagem, Aninha ficou calada. Tobias divertia-se com a atitude da esposa.

Felipe misturava imagens de Divina e Marcela. Aninha não aguentou; disse, muito nervosa:

— Você não podia ter feito isso com Divina, Felipe!

— Não fiz nada. Do que está falando?

— Nada? Como nada? Dançou a noite toda com aquela moça... e Divina?

— Divina? Eu a amo com todas as minhas forças. Com Marcela só dancei, nada mais.

Embora falasse isso, sabia que Marcela havia mexido com ele. Sentia por Divina um amor puro, mas por Marcela havia um desejo intenso.

Naquela noite, teve problemas para dormir. As imagens das duas misturavam-se. "Sei que o pai dela servirá de escada, mas sei, também, que não preciso dele. Meu pai é rico e conhecido. Embora há muito tempo esteja longe de tudo aqui, é conhecido e respeitado."

No dia seguinte, acordou ao meio-dia e meia. Foi de carruagem até o escritório. Aninha não falou com ele.

Tobias, ao vê-lo, disse:

— Boa tarde. Que houve, Felipe? Não conseguiu dormir? O que aconteceu ontem?

— Não dormi muito bem. Não sei o que aconteceu. Aquela menina é linda demais, Tobias...

— É linda mesmo, mas para seu bem é melhor esquecê-la.

— Já esqueci. Agora vamos trabalhar. Senhor Rubens, por favor, venha até aqui.

O secretário foi até a sala deles.

— Vou lhe fazer uma pergunta que é muito importante para nós. O que acha da escravidão?

Rubens ficou sem saber o que responder. Ficou pensando: "Não sei o que pensam. Se forem abolicionistas e eu disser que aprovo a escravidão, podem me mandar embora. Se forem escravistas e eu disser que não aprovo, podem me mandar embora também. E agora, o que respondo?"

Felipe percebeu o impasse e o medo que ele estava sentindo:
– Pode ser sincero. Qualquer que seja a resposta, não vai afetar seu trabalho. Só poderá nos ajudar, ou não.
– Bem, senhores, acho que a escravidão não deveria existir. Somos todos filhos do mesmo Deus.
Felipe e Tobias fitaram-se. Rubens olhava ora para um, ora para o outro.
– Muito bem, senhor Rubens, era essa a resposta que queríamos ouvir. Eu e Felipe estamos aqui para conhecer os abolicionistas do Rio de Janeiro.
– Senhor, isso é difícil saber. Todos sabem que eles existem, mas ninguém sabe quem são ou onde estão.
– Alguém deve saber. Procure informar-se. Espalhe a notícia de que queremos conhecê-los, mas seja discreto.
– Farei o possível.
Rubens voltou para sua sala. Falou para o rapaz que cuidava do trabalho de rua:
– Julinho, preciso que saia por aí e procure saber quem são os homens envolvidos nessa história de abolição.
– Para que o senhor quer saber?
– Não sou eu quem quer saber, são os doutores. Para quê? Também não sei.
Julinho, um rapaz de dezessete anos, de boa família, nunca quis estudar. Embora sua família tivesse posses, não dava importância ao dinheiro. Só fazia aquilo que gostava. E o que gostava era ficar andando pelas ruas. Conhecia tudo e todos. E todos o conheciam.
Seu pai, cansado de querer fazê-lo estudar, pedira a Rubens, que era um amigo da família:
– Rubens, será que não consegue um emprego para Julinho nesse escritório em que vai trabalhar?
– Não sei. Vou falar com Julinho, depois volto a falar com o senhor.
Julinho gostou da ideia de trabalhar podendo andar pelas ruas, levando documentos de um lugar para outro.

— Está bem, pode falar para meu pai que vou trabalhar. Só não quero ficar preso. Se puder sair, tenho certeza de que vou gostar desse trabalho.

Rubens falou com Tobias, que conversou e gostou de Julinho. Ele foi contratado.

Depois que Rubens falou a respeito dos abolicionistas, Julinho saiu.

Ficou várias horas fora. No fim da tarde, voltou.

— Senhor Rubens, já consegui alguns nomes, mas só vou falar depois de conversar com os doutores.

— Não pode entrar na sala deles, muito menos dirigir-lhes a palavra. Dê-me os nomes, que eu transmito.

— Não, senhor. Preciso saber por que eles estão interessados nos abolicionistas. Para o senhor não falarei os nomes.

— Está bem, vou falar com eles.

Entrou na sala e voltou logo depois, dizendo:

— Pode entrar.

Julinho entrou. Colocou-se em uma posição em que podia ver o rosto dos dois sentados em suas mesas.

— O senhor Rubens disse que você tem a informação que queremos.

— Tenho, sim. Só que preciso fazer algumas perguntas.

Felipe olhou-o mais atentamente. Era um rapaz de boa aparência, podia-se dizer bonito, que os encarava sem desviar os olhos grandes e brilhantes.

— Que pergunta?

— Para que os senhores querem conhecer essas pessoas?

— Estamos interessados no projeto deles.

— Interessados? Como e por quê?

— O que é isso? Um interrogatório?

— Disseram-me que, se eu não obtiver essa resposta, não poderei dizer quem são.

— Como não pode dizer? Somos seus patrões.

— Vão me desculpar. São meus patrões, mas não meus donos. Não sou negro. Só direi depois que responderem minhas perguntas.

— Você é atrevido, mas gostei. Pode perguntar, responderemos todas. Estamos interessados em conhecê-los porque admiramos essa luta, queremos nos juntar a eles.

— O que homens brancos e ricos têm a ver com isso?

— Se olhar bem para mim, verá que não sou branco. Rico, talvez; mas branco, não.

Julinho olhou para Tobias. Calado, voltou os olhos para Felipe, que dizia:

— Na fazenda de meu pai, que fica nas Minas Gerais, os negros são livres há muito tempo. Todos que lá vivem têm carta de alforria.

— Se são livres, por que o senhor se preocupa com os outros?

— Porque deu certo. Se todos conhecessem, saberiam que é bom.

— O que mais?

Felipe não acreditou no topete daquele jovem.

— Escute aqui, menino. Não acha que está fazendo perguntas demais?

— Não acho, não. Preciso saber o que querem exatamente com os abolicionistas para depois dizer-lhes quem são.

— Está bem. Sou casado com uma negra, a quem amo muito. Quero que seja livre, não só na fazenda mas em todo o Brasil, em todo o mundo. Em qualquer lugar!

— Agora creio que deu um motivo justo. Vou falar com eles.

— Pois bem. Vá e conte aos outros nossas razões. Depois, se aceitarem, queremos marcar um encontro.

— Não preciso falar com ninguém. Eu decido.

— Você? — assustou-se Felipe. — Não acha que é muito novo para decidir qualquer coisa?

— Hoje, às oito horas da noite, estará aí em frente uma carruagem que os levará até eles. Com licença, preciso ajudar o senhor Rubens.

Saiu da sala antes que um dos dois falasse qualquer coisa. Ficaram olhando para a porta, não acreditando na petulância daquele menino.

— Sabe, Tobias, não conheço esse moleque, nem sua família, mas confiei nele. Confiei tanto que até lhe falei de Divina.

Seu modo de olhar e de falar... já o conheço... já o vi em algum lugar. Só não sei onde.

– Sabe que tive a mesma impressão, Felipe? Parece que o conheço. Mas de onde? Vou até em casa avisar a Aninha que chegaremos tarde por causa da reunião.

Tobias saiu. Felipe ficou no escritório.

Estavam prontos, esperando a carruagem, que chegou às oito horas em ponto. Só havia o cocheiro.

Subiram no veículo. Rumaram para um endereço desconhecido. Rodaram pela cidade. Passaram várias vezes pelos mesmos lugares. Depois de quase uma hora, chegaram a uma rua estreita. A carruagem parou em frente a uma casa pequena, sem muita beleza. O lugar também era estranho, parecia ser distante do centro da cidade. O cocheiro parou os cavalos. Desceu e abriu a porta, falando:

– Senhores, podem descer aqui.

Eles se olharam com um certo receio. Tobias falou:

– Não estou gostando deste lugar e de nada disso.

Felipe, também preocupado, falou para o cocheiro:

– Que lugar é este?

– As pessoas que querem conhecer estão aqui. Se não quiserem descer, tenho ordens para levá-los de volta.

– Não. Vamos entrar – disse Felipe.

Desconfiados, desceram e entraram na casa. Lá dentro, em volta de uma mesa grande, havia vários homens sentados. Felipe falou:

– Muito prazer a todos. Somos os doutores...

Um dos homens interrompeu-o.

– Por favor, nada de nomes. Aqui não precisamos de nomes, precisamos de atitudes.

– Se não soubermos os nomes, como poderemos confiar nos senhores?

– Cada um de nós foi apresentado por alguém que se tornou responsável por nossas atitudes.

– Nós fomos apresentados por quem?

– Por mim, doutor – respondeu Julinho, que estava na sala.

— Você? — assustou-se Felipe. — Mas é apenas um garoto.

Os outros riram. Um deles falou:

— Apesar de garoto, é um de nossos melhores colaboradores. Com essa aparência, entra e sai de qualquer lugar sem levantar suspeitas.

— É isso mesmo. Por isso fui trabalhar com os senhores. Sendo um escritório de advocacia, muitas pessoas iriam lá. Eu poderia escutar e saber o que pensavam sobre a abolição e a República.

— Quer dizer que é um espião?

— Mais ou menos isso, doutor. Mais ou menos isso.

Ele abriu um grande sorriso, seus olhos brilharam. Disse:

— Somos muitos. Aqui há jornalistas, médicos, engenheiros, escritores, advogados. Alguns estão dentro do palácio. Estamos espalhados por todo o Brasil. Essa nossa luta pela abolição será a primeira. O que queremos mesmo é a República. O Brasil é nosso país. Precisamos fazer como as demais colônias espalhadas pelo mundo. Temos que nos libertar de Portugal para sempre. Ser um país livre. Já fomos explorados demais.

Todos olhavam e ouviam, encantados, aquele menino falando como se tivesse mais de quarenta anos.

— Está bem. Também acreditamos que o Brasil deve ser livre, tem que ser dono de si e de seu povo. O que podemos fazer para ajudar? — perguntou Felipe.

— Cada um de nós trabalha em seu próprio meio. Escutamos muito, falamos pouco. Vamos defender a ideia da abolição e fazê-los pensar que podem nos ajudar.

— Isso podemos fazer.

— Este senhor é jornalista. Tem acesso às informações que vêm do exterior. Graças a ele, sabemos o que acontece nos outros países.

Logo estavam todos conversando, trocando ideias, fazendo planos. Julinho conversava com todos. Conseguia fazer com que aqueles homens sérios e sóbrios parassem para ouvi-lo.

Por volta das onze horas, a reunião terminou. Cada um saiu de lá com uma missão. As carruagens foram chegando. Ficou marcada outra reunião para a semana seguinte.

Felipe e Tobias voltaram para casa, animados. Aninha estava preocupada. Sabia que eles iriam encontrar-se com os abolicionistas, mas não sabia quem eram, nem onde seria a reunião. Quando chegaram, contaram-lhe tudo. Ela ficou tranquila.

Durante a noite, Felipe sonhou com Divina. Os dois corriam pelo campo, rindo, abraçando-se e beijando-se. Acordou com muita saudade. Pensou: "Preciso voltar para a fazenda. Preciso vê-la".

No dia seguinte, no escritório, Felipe percebeu que Julinho entrava e saía, mas, sabendo agora quem ele era, não se preocupou. Não falaram nada da noite anterior. No escritório, eram patrão e empregado. Algumas pessoas vieram visitar Felipe e Tobias para conhecer o escritório. Na hora do almoço, os dois foram para casa.

Na casa em que viviam, havia três negras que cuidavam de tudo. Felipe e Tobias resolveram que, assim como na fazenda, seriam livres para irem aonde quisessem. Combinaram com elas um salário semanal com a condição de que não comentassem com ninguém. Não queriam um confronto com os donos de outros escravos.

– Por enquanto, tem que ser assim. Logo chegará o dia em que todos serão livres e terão seus salários.

No fim da tarde daquele dia, chegou ao escritório um mensageiro negro, trazendo uma carta endereçada a Felipe e Tobias.

Prezados senhores,
o conde e a condessa Barros de Morais convidam-nos para um jantar no próximo sábado, às vinte e uma horas, em nossa residência.
Contando e agradecendo sua presença,
conde Barros de Morais.

Quando terminaram de ler, Felipe disse:
– O que será que querem de nós?
– Não sei, primo. Para mim isso tem dedo de mulher.
– Marcela? Não pode ser. Apenas dançamos.
– Você só dançou. Ela viu naquilo algo mais que uma simples dança.
– Só dancei. Mas para nós é importante participarmos de um jantar como esse. Iremos.
Aninha ficou animada com o jantar. Poderia usar seu vestido azul, dançar e conversar. Conhecer mais de perto aquela família tão importante.
– Mas e Marcela, Tobias! O que estará pretendendo com Felipe? E Divina, como fica? Ela é minha amiga. Não está aqui para defender-se.
– Felipe não está preocupado com isso, Aninha. Ele só quer conhecer pessoas que possam ajudar no nosso projeto.
– Espero que esteja certo...
Chegou o sábado. Aninha esmerou-se na roupa. Tinha uma educação primorosa, porque, embora tenha sido criada na fazenda, aprendeu bons modos com sua mãe e com Rosa Maria, que aprendera com Maria Luísa. Aprendeu a falar e a comportar-se, mas era um pouco insegura quando na presença de pessoas estranhas. Sempre que isso acontecia, prestava atenção em tudo e em todos. Precisava aprender tudo. Amava Tobias, não queria fazer nada que o envergonhasse. "Não conversarei muito. Vou observar como as damas portam-se. Só comerei depois dos outros."
Embora com muita vontade de ir, estava com medo.
No portão da casa, havia um brasão da família do conde. Notaram que não havia um trânsito grande de carruagem. Um escravo abriu o portão, eles entraram com a carruagem e seguiram por um caminho cercado por flores e folhagens baixas. No fim do trajeto, havia um enorme pátio e uma escadaria com uma dezena de degraus. Essa escada terminava na porta de entrada, que se abria em duas folhas e onde também havia um brasão. Um pajem aguardava e abria as portas

para os visitantes. Entraram. Outro pajem aguardava-os para pegar capas, cartolas e bengalas. Tudo muito luxuoso. Uma antessala, com tapetes e sofás dourados. Na sala, uma mesa grande, rodeada por cadeiras de madeira de lei com estofados em veludo vermelho. Um imenso candelabro de cristal com uma corrente que o trazia para baixo, onde eram colocadas velas que eram acesas para iluminar toda a sala. Uma toalha toda branca, copos de cristal e porcelanas finas. A mesa estava enfeitada com flores.

Aninha nunca tinha visto tanto luxo e bom gosto.

A casa de Rosa Maria na fazenda também era luxuosa, mas a decoração dela era diferente. Rústica. Os móveis eram também importados, mas de outro tipo. Ali, não. Parecia um palácio como os que se veem em contos de fadas.

Entraram e foram ao encontro dos pais de Marcela, que os esperavam de pé. Felipe viu que na mesa só havia seis lugares servidos.

– Sejam bem-vindos a nossa casa – disse o conde. – Esperamos que gostem do jantar.

– Não chegará mais ninguém? – perguntou Felipe.

– Não, doutor, este jantar é só para sua família. Embora esteja muito feliz com a presença dos senhores, devo confessar que a ideia foi de minha filha.

Olhou para Marcela, que sorria timidamente. Ela se aproximou e estendeu a mão, que Felipe e Tobias beijaram. Cumprimentou Aninha. Tomaram um drinque antes do jantar. Conversaram coisas banais.

Durante o jantar, todos comiam e conversavam. Aninha esperava Marcela comer. Só depois comia também, imitando seus gestos.

Após o jantar foram para a sala de música. Nela havia um piano e uma harpa. Marcela foi para a harpa e começou a tocar uma melodia suave. Quando terminou, foi aplaudida por todos. Ela olhou para Aninha, perguntando:

– Não quer tocar piano?

– Ela quer, sim. É uma ótima pianista – respondeu Tobias.

Aninha olhou para o marido com ódio. Ele continuou:

– Aprendeu a tocar com minha tia Rosa Maria, mãe de Felipe.

Marcela pegou Aninha pela mão e conduziu-a até o piano.

– Vamos, toque um pouco para nós.

– Não sei tocar muito bem.

– Não faz mal. Apenas toque.

Aninha sentou-se e tocou. A princípio timidamente, depois foi se entregando à música. Tocou lindamente a música que Sergei tocava e de que Rosa Maria tanto gostava.

Quando terminou, foi aplaudida por todos. Nem ela acreditava que havia tocado tão bem.

Enquanto os homens conversavam, Marcela puxou-a e levou-a até a biblioteca. Lá chegando, disse:

– Percebi que não estava à vontade durante o jantar. Posso saber por quê?

Aninha olhou em seus olhos. Marcela sorria docemente. Confiante, respondeu:

– Fiquei com medo de fazer algo errado. Nunca estive no meio da sociedade. Fui criada na fazenda.

– Você se portou muito bem. Tenho certeza de que foi muito bem-educada.

– Tudo que sei foi ensinado por minha mãe e por dona Rosa Maria.

– Já ouvi falar muito em Rosa Maria. Como ela é?

– É uma pessoa maravilhosa. Muito amada na fazenda. Na escola, ensina às meninas boas maneiras, bordado e costura.

– Na fazenda há escola?

– Sim. Minha mãe é a professora.

– Faz muito tempo que há escola? Quem a frequenta?

– Não sei há quanto tempo. Todos estudam. Crianças negras e adultos também. Todos sabem ler e escrever.

– Os negros? Está me dizendo que os negros da fazenda sabem ler e escrever?

– Sim. E são livres. Todos têm carta de alforria.

– Livres? E continuam na fazenda?

— Não sei muito bem essa história. Só sei que o senhor Rodolfo, pai de Felipe, muito tempo atrás alforriou todos os negros. Eles não foram embora e estão lá até hoje.

— Não posso acreditar numa história dessas... você não está exagerando?

— É tudo verdade. Mas por que o espanto?

— Já ouvi falar de fazendas em que isso acontecia, mas pensava ser conversa de abolicionistas.

— Na Fazenda Maria Luísa faz muito tempo que é assim.

— Está me dizendo que os negros são tratados como brancos?

— Claro que são. Todos trabalham, têm seu salário e sua casa.

— Não há senzala?

— Não. Há muito tempo foi derrubada e, no lugar dela, foram construídas casas para os negros morar.

— Isso é muito bonito. Daqui a pouco os negros vão casar com brancos e vai nascer uma porção de mestiços, assim como Tobias. Desculpe-me. Por um minuto esqueci que é seu marido. Já que estamos falando disso, como Tobias é tão rico e estudado?

— Ele é meu marido e amo-o muito. Ele é filho da irmã do pai de Felipe com um negro escravo.

— Não acredito! Conte-me essa história.

— Não posso. Não sei nada sobre isso. Aconteceu antes de minha mãe chegar à fazenda.

Aninha não gostou do jeito que Marcela falava a respeito dos negros, muito menos do modo que falou a respeito de Tobias. Não contou sobre Divina. Felipe, se quisesse, que contasse.

Enquanto elas conversavam, Felipe, Tobias e o conde também discutiam.

— Diga-me, doutor Felipe, como é essa história da fazenda de seu pai? É verdade que lá os negros são livres?

Felipe demorou um pouco para responder. Sabia da fama do conde. Ele era um escravista ferrenho, mas não poderia deixá-lo sem resposta.

– Sim, é verdade, e já faz muito tempo.

– Como ele pôde fazer uma coisa dessas? É uma traição contra todos nós! Nunca poderia ter feito isso. Está passando de boca a boca. Os abolicionistas estão aproveitando para usar isso a favor da abolição. Os negros estão se revoltando. Querem que todos façamos igual. Não pode continuar. Isso tem que acabar! Como e quando isso aconteceu?

– Não sei quando, nem por quê. Meu pai deve ter tido seus motivos, mas isso é coisa dele. Só posso dizer-lhe que, qualquer que tenha sido o motivo, deu certo. Sei que a Fazenda Maria Luísa tem dado bons lucros. Desde que alforriou os negros, meu pai vem ganhando muito dinheiro. Os negros trabalham e se esforçam para que tudo dê certo, pois sabem que, se a colheita for boa, com certeza, terão uma vida cada vez melhor. Meu pai, ganhando dinheiro, aumenta o salário deles.

– Salário? Isso é uma loucura. O imperador não pode permitir que essa ideia espalhe-se pelo Brasil. Seria o caos!

– Não sei se o imperador poderá impedir. Estão vindo exigências de outros países, principalmente da Inglaterra.

– O imperador com certeza arrumará uma forma de acabar com essa loucura!

– Vamos ver o que acontece. O senhor poderia experimentar. Talvez goste.

Aninha e Marcela entraram na sala.

– Os senhores parecem estar discutindo um assunto desagradável. O senhor está alterado, papai.

– Não, minha filha. Isso sempre acontece quando se fala de política.

Felipe aproveitou a entrada delas:

– Já se faz tarde. Está na hora de irmos.

– Também acho – completou Tobias. – Amanhã teremos que viajar para a fazenda.

– Doutor Tobias – disse Marcela –, estive falando com sua esposa. Peço permissão para visitá-la. Faremos companhia uma à outra. Se o senhor permitir.

– Ora, senhorita, será um prazer. Ela está muito sozinha.

ELISA MASSELLI

– Quando voltarão da fazenda?
– Talvez fiquemos por lá uns dez ou quinze dias.
– Quando voltarem, marcaremos um dia. Está bem, Aninha?
– Com certeza.

As duas abraçaram-se. Os homens cumprimentaram-se. Marcela estendeu a mão para que Felipe a beijasse. Quando foi beijar sua mão, ela apertou suavemente a dele. Ele levantou os olhos: ela sorria.

Foram embora. Felipe notou o sorriso insinuante de Marcela. Ela era bonita, educada e gentil. Mas isso de nada adiantava: ele não conseguia esquecer Divina.

– Não gostei da conversa do conde – disse ele a Tobias. – Com certeza, não será um aliado para nossa causa.

– Também não gostei. Ele jamais nos ajudará na luta contra a abolição, muito menos lutará pela República.

– Bem, agora só quero voltar para a fazenda. Vou rever Divina. Não suporto mais a ausência dela. Já não a vejo há um mês. É muito tempo.

– Ainda bem que está pensando nela – comentou Aninha. – Estava preocupada.

– Com o quê?

– Que se deixasse envolver pelos encantos de Marcela e esquecesse minha amiga.

CONHECENDO A CORTE

    Outra vez o sino tocou. Outra vez todos correram para ver quem chegava. Outra vez todos ficaram felizes.
    Divina não suportou ficar esperando a carruagem chegar. Foi correndo ao encontro dela.
    Felipe fez a carruagem parar, desceu e foi correndo ao encontro dela. Encontraram-se no meio do caminho. Abraçaram-se e beijaram-se, esquecidos de tudo e de todos, com muito amor e saudade. A carruagem passou por eles, que nem notaram, tão envolvidos estavam no abraço. Ao passarem por eles, Aninha e Tobias riram. Depois de algum tempo seguiram pela estradinha, abraçados e a pé.
    Rosa Maria não cabia em si de contentamento. "Os três voltaram. Será por pouco tempo, mas não faz mal."
    Abraçou o filho, que tanto orgulho lhe dava. "E pensar que um dia rejeitei-o por ser filho daquele monstro. Ele é perfeito. Eu o amo."

ELISA MASSELLI

Zara e Sergei também vieram receber os recém-chegados. Sergei começou a tocar seu violino.

Naquela noite, após o jantar, foram para a sala de estar. Aninha arrastou Divina para o quarto. Queria contar as novidades da corte.

Os outros ficaram conversando. Ouviam-se, ao longe, os tambores dos negros tocando. Embora livres, nunca deixaram suas tradições.

Enquanto isso, Felipe e Tobias conversavam com os pais. Felipe disse:

— Olhe, papai, há muita resistência na corte contra a abolição, mas muitos advogados, jornalistas e escritores estão lutando. Só os grandes fazendeiros ainda resistem. Eles têm medo de ter prejuízo com a abolição, pois pagaram caro por seus escravos.

— Como estão enganados. Mas não podemos fazer nada, só o tempo vai mostrar-nos o que irá acontecer.

Para não preocupá-los, Felipe não quis contar aos pais que ele e Tobias já estavam em contato com os abolicionistas.

Enquanto esteve na fazenda, não quis saber de problema algum, só queria ficar com Divina e amá-la muito. Em uma noite, disse:

— Eu sempre soube que a amava, mas essa distância me comprovou que não posso viver sem você.

Ficaram lá por quinze dias. Precisavam voltar. Após o jantar, Felipe falou:

— Está na hora de voltarmos, papai. Só que desta vez vou levar Divina.

Rodolfo quis falar, mas Rosa Maria fez um sinal com a cabeça. Ele se calou. Foi ela quem falou:

— Tem certeza disso?

— Sei que não vai ser fácil, mas ela é minha esposa. Não adianta escondê-la. Se quiser, irá comigo e lutaremos juntos.

Divina ouvia tudo em silêncio. Olhou para todos, dizendo:

— A coisa que mais quero é ficar ao lado dele. Este mês foi muito triste. Se quiser, eu irei. Garanto que serei o mais forte possível.

— Então, está tudo bem. Amanhã, iremos todos juntos.

No dia seguinte, partiram. Divina estava com medo, porém ansiosa. Estava consciente de sua condição de negra, mas eles se amavam tanto, não poderiam mais viver longe um do outro.

No Rio de Janeiro, ficaram todos na casa de Tobias até Felipe providenciar uma para ele.

Aninha contara muitas coisas sobre as festas e sobre Marcela.

— Ela é minha amiga. Um amor de pessoa. Vai me ensinar muita coisa a respeito da corte. Vou pedir que lhe ensine também.

Pediu a Tobias que mandasse um mensageiro à casa de Marcela avisando-a de que haviam chegado.

Quando Marcela recebeu a mensagem, ficou feliz. "Que bom que voltaram. Frequentando a casa de Aninha, poderei me aproximar de Felipe. Eu o amo. Até agora, não demonstrou sentir nada por mim, mas é uma questão de tempo."

No dia da visita de Marcela, Aninha mandou preparar uma bela mesa com bolo, doces e chá.

Ela e Divina estavam ansiosas pela chegada dela. Escutaram a batida na porta. Aninha, ansiosa, foi ela mesma abrir. Divina ficou parada, em pé, na entrada da sala. Era preciso percorrer um pequeno corredor para se chegar até a sala. Justamente ali, Divina ficou esperando a amiga chegar.

O cocheiro fez uma reverência para Aninha e se afastou. Atrás dele, surgiu Marcela, sorridente, na janela da carruagem. Aninha também sorriu. O cocheiro desceu as escadas, abriu a porta e Marcela desceu, acompanhada de uma escrava. As duas cumprimentaram-se e entraram no pequeno corredor. Marcela entrou, falando:

— Primeira aula, Aninha. Você nunca deve abrir a porta. Para isso, deve ter uma negra ou negro.

Antes que Aninha tivesse tempo de falar algo, Marcela chegou perto de Divina, olhou-a de cima a baixo e perguntou:

— Por que não foi abrir a porta, negra? Não sabe que sua senhora não pode nem deve abrir uma porta?

Divina olhou para Aninha, que estava branca como a neve.

— Espere, Divina. Marcela, aqui há um pequeno engano. Ela não é uma escrava da casa. O nome dela é Divina, e é esposa de Felipe.

— Esposa? — Marcela começou a tremer e disse: — Não sabia que ele era casado. Muito menos com uma negra.

— Casaram-se no mesmo dia que eu. Nossos casamentos foram lindos. Ela tinha ficado na fazenda, mas agora Felipe resolveu trazê-la. Ficarão morando aqui até Felipe providenciar uma casa.

— Nunca pensei que fosse casado. Ainda mais com...

— Uma negra? É isso que a senhorita está pensando? — perguntou Divina, nervosa.

Marcela olhou-a de frente. Divina sustentou o olhar.

— Não posso enganá-la. Fiquei surpresa, sim. Mas não quer dizer que não possamos ser amigas. Posso ensinar-lhe muita coisa.

— Não, muito obrigada. Vou me retirar.

Aninha ficou sem saber o que fazer no meio das duas.

— Aninha, não precisa ficar assim — disse Divina. — Não se preocupe. Estou bem, mas prefiro ir para meu quarto. Pode tomar o chá tranquila com a senhorita. Está tudo bem. Com licença.

Saiu da sala. Assim que virou as costas, as lágrimas começaram a correr. No quarto, jogou-se na cama chorando: "Como o senhor Rodolfo tinha razão! Jamais serei aceita. Para todos, serei sempre uma negra. Com certeza prejudicarei muito Felipe. O melhor será voltar para a fazenda".

Os pensamentos fervilhavam em sua cabeça.

Muito pouco à vontade, Aninha e Marcela tomavam o chá.

— Por que não me contou que ele era casado, Aninha? Ele é casado mesmo ou só tomou essa negra?

— Desculpe-me, Marcela, mas sua atitude foi cruel e está sendo mais cruel agora. Divina é minha amiga e não é uma negra. É a esposa de Felipe. Amam-se muito. Tanto que ele não quis mais ficar longe dela.

— Você é quem tem que me desculpar. Eu estava interessada em Felipe. Não sabia que era casado. Agora que sei, deixarei de pensar nele como um futuro marido. Esse mal-entendido vai passar. Quero ser amiga sua e de Divina também. Na primeira oportunidade, vou desculpar-me com ela.

Ficou mais um pouco e retirou-se, pensando: "Não posso acreditar que Felipe tenha se casado com aquela negra imunda! E atrevida! Teve a coragem de sustentar meu olhar como se fosse uma igual. Tenho que fazer alguma coisa para afastá-la. Mas o quê?"

Divina ficou por um bom tempo no quarto. Saiu toda arrumada e linda. Nem parecia que havia chorado. Disse:

— Felipe e Tobias já devem estar chegando, Aninha. Não vamos comentar nada do acontecido. Não quero que Felipe fique preocupado, está bem?

— Está. Também creio que seja o melhor.

Realmente, logo depois os dois chegaram. Jantaram tranquilos, como sempre. Tobias disse:

— Temos que sair. O senhor José do Patrocínio vai para São Paulo. Vamos nos despedir.

Logo após o jantar, saíram. Aninha aproximou-se de Divina, dizendo:

— Divina, Marcela saiu muito triste por todo aquele mal-entendido. Disse que vai lhe pedir desculpas na primeira oportunidade.

— Pensei muito, Aninha. O senhor Rodolfo tentou me avisar. O que aconteceu hoje acontecerá muitas vezes. Preciso estar preparada para não me deixar abalar.

Enquanto isso, Marcela pensava: "Não posso ser sua inimiga. É uma negra atrevida. Se for acuada, reagirá. Preciso usar de astúcia".

Passaram-se alguns dias. Aninha recebeu um mensageiro com um bilhete. Marcela queria visitá-la no dia seguinte. Queria saber se ela a receberia. Aninha mostrou o bilhete a Divina, que concordou.

Marcela chegou com dois belos braços de flores. Depois, com o olhar lacrimoso, disse:

— Estas flores são para você, Divina. Juntamente com um pedido de perdão. Tem que aceitar minha atitude. Fui criada sempre sabendo que havia uma separação entre brancos e negros. Nunca poderia pensar que você fosse casada com Felipe. Não estou acostumada ainda com esses novos tempos. Perdoe-me, por favor. Quero ser sua amiga.

Divina olhou para ela. Viu muita sinceridade.

– Está bem. Eu sabia que isso iria e ainda irá acontecer muitas vezes. Vamos ser amigas.

– Ainda bem que não vou ter que escolher entre as duas – disse, feliz, Aninha.

Tornaram-se amigas mesmo. Marcela ia quase todos os dias à casa de Aninha. Ensinava às duas como portar-se, vestir-se. Riam e brincavam muito.

Nunca mais Marcela insinuou-se para Felipe. Ele, por sua vez, ficou satisfeito com a atitude dela. Amava Divina, nunca a trocaria por outra, fosse ela quem fosse.

Felipe chegou em casa uma tarde, dizendo a Divina:

– A carruagem está lá fora. Vamos sair. Vou levá-la a um lugar que sei que gostará.

Dispensou a ama e foram só os dois.

Deram algumas voltas pela cidade. Finalmente, a carruagem parou em frente a uma casa grande e bonita, com um belo jardim na frente.

Divina perguntou:

– De quem é essa casa? Quem vamos visitar?

– Espere e verá.

Tocou na porta. Um pajem veio abrir. Entraram. A casa era ricamente decorada. Divina olhava tudo. Estava deslumbrada. Segurou o braço de Felipe com muita força.

– Felipe, quem mora aqui? Estou com medo. Não vou ser bem recebida.

Felipe ria do nervosismo dela. Uma negra entrou na sala e disse:

– *Sinhô, tá tudu prontu.*

Ele pegou Divina pela mão. Entraram pelos corredores da casa. Quase teve que puxá-la. Ela resistia com medo. Ele abriu uma porta. Encontrou um lindo quarto cheio de flores

com uma cama espaçosa. O quarto todo em tom de verde-
-água. Colcha e cortina e, sobre a cama, um mosquiteiro
também verde-água com laços de cetim em um verde mais
escuro.

Divina parou na porta. Olhou para Felipe sem saber o que
falar.

Ele a pegou nos braços e a conduziu até a cama.

— Meu amor, este quarto, esta casa, tudo isto é seu. Comprei
para nós dois.

Ela começou a saltar na enorme cama.

— Não acredito. Ela é linda. A cama, o quarto e a casa, tudo
é muito bonito! É muito mais do que sonhei. Eu o amo. Amo-o
muito!

Abraçaram-se. Amaram-se, desta vez, com mais carinho,
como se isso fosse possível.

No dia seguinte, Tobias trouxe Aninha para conhecer a
casa de Divina. Como não podia deixar de ser, ela também
ficou encantada.

Naquela tarde, Divina estava ansiosa. Marcela viria conhecer sua casa. Mandou que fosse preparado um ótimo chá
para recebê-la.

Marcela chegou, fez um imenso esforço para não demonstrar o ódio, o ciúme e a inveja que sentia por aquela negra suja.
"Tudo isto e ele deveriam ser meus. E ainda serão."

Embora estivesse pensando isso, disfarçou muito bem.

— Sua casa é maravilhosa, Divina, mas é menos do que
você. Tudo que tem aqui é merecido. É uma boa amiga e estou
feliz por tê-la conhecido.

Divina estava encantada com ela. Aninha chegou logo depois, acompanhada por sua ama. Conversaram e riram muito.

A tarde foi agradável. Marcela despediu-se, prometendo
voltar na semana seguinte.

Os dias passaram. Divina não estava sentindo-se muito
bem. Felipe resolveu levá-la a um médico. Depois de exami-
ná-la, o médico disse:

— A senhora não tem nada. O que está sentindo é normal
no começo.

— Começo do quê? — perguntou Felipe.
— O senhor conhece gravidez? O senhor vai ser pai!
— Pai, eu? Oh, meu Deus! Como vou ser pai? Não sei ser pai!
O médico riu.
— Aprenderá. Com certeza aprenderá.
Divina, rindo, disse:
— Estou muito feliz. Com um bebê, não me sentirei tão sozinha.
— Não sabia que se sentia tão sozinha, Divina.
— Você não é o culpado. É, pelo contrário, muito ocupado com seu trabalho. Com o bebê vai ser diferente. Estou muito feliz.

Aninha também ficou contente. Ela também gostava de crianças, mas preferia esperar um pouco para ter um filho. Sempre dizia:
— Quem sabe no próximo mês...

As notícias correm. As pessoas ficaram sabendo que o doutor Felipe, rico fazendeiro das Minas Gerais, estava casado com uma negra e agora seria pai. A curiosidade fez com que muitos os convidassem para festas e jantares.

Divina não gostava de tudo aquilo. No meio dos brancos, sentia-se como um animal no zoológico. Todos a observavam e comentavam. Conversavam de longe, olhando para ela.

Pediu a Felipe que não mais a levasse. Não se importaria se ele fosse sozinho. Sabia que fazia parte de sua profissão.

Felipe também não gostava de tudo aquilo. Não iria mais a festas, a não ser que houvesse um motivo político ou alguma missão. Como Divina, ele também estava feliz com a vinda do bebê.

Marcela, embora com muita raiva, começou a ir à casa de Divina mais frequentemente.

Mostrou-se feliz com a chegada do bebê. Foi com Divina e Aninha comprar tecidos e lã. Juntas, bordaram e tricotaram as roupinhas. Ajudou na escolha dos móveis e na decoração do quarto do bebê de Felipe. Mas no íntimo tinha verdadeiro ódio da negra e do mulatinho que estava por vir.

Rosa Maria, ao receber a notícia de que iria ser avó, não quis saber de mais nada. Queria ir para o Rio para ficar com Divina e Felipe.

Rodolfo convenceu-a a deixar para o fim da gravidez, assim poderia estar lá quando o bebê nascesse. Demorou um pouco para ela aceitar, mas, no final, como sempre, ele tinha razão.

A gravidez de Divina corria bem. Ela não sentia nada. A única coisa que a incomodava eram os chutes do bebê. Felipe estava sempre a seu lado, dando toda a assistência. Marcela também se mostrou uma grande amiga.

Faltava um mês para o nascimento. Rosa Maria chegou. Ficou encantada com a casa e o quarto do neto ou neta, isso não tinha importância. Divina ficou feliz com a presença dela. Tratavam-se como mãe e filha.

Marcela veio fazer uma visita. Quando se encontrou com Rosa Maria, desmanchou-se em elogios. Rosa Maria não entendia por quê, mas não gostara dela. Não havia motivo, parecia ser uma boa moça e muito amiga de Divina. Mas havia alguma coisa que a incomodava.

Chegou o dia. Divina acordou com um pouco de dor. Rosa Maria pediu a Felipe que mandasse chamar o médico.

Ele chegou. O trabalho de parto começou. Rosa Maria e uma negra ficaram no quarto para ajudá-lo.

Felipe, Tobias, Aninha e Marcela ficaram esperando na sala. Marcela deu muita atenção a Felipe. Contou histórias para descontrair e falou muito.

Escutou-se um choro de criança. Correram para a porta do quarto. Ficaram esperando ansiosos. Para Felipe, parecia uma eternidade. Rosa Maria abriu a porta trazendo um bebê enrolado em um cobertor azul.

– Felipe, aqui está seu filho, um lindo menino.

Felipe não conseguiu pegar o bebê. Não sabia como fazer. Ficou olhando-o no colo da mãe.

– Ele é lindo, mamãe! E Divina, como está?

– Está bem. Um pouco cansada, mas logo ficará bem. Entre, ela quer vê-lo.

Entrou no quarto. Ela estava abatida, mas disse, sorrindo:
– Viu como ele é lindo?
– Lindo? É o mais bonito do mundo! E você é a mulher mais linda do mundo. Amo-a cada vez mais.

Marcela, vendo toda aquela cena, mordeu os lábios com muito ódio. Aproximou-se, dizendo:
– Divina, seu filho é lindo.
– Obrigada, Marcela. Estou feliz que esteja aqui.

Rosa Maria colocou o menino perto de Divina, falando:
– Ele é perfeito. Só falta uma coisa. Qual vai ser o nome dele?
– Ora, mamãe, qual poderia ser? O nome mais lindo do mundo, que a senhora um dia escolheu. Felipe.

Rosa Maria lembrou-se de seu Felipe. Dos sonhos que nunca mais aconteceram. Lembrou-se do dia em que seu filho nasceu.

– Realmente, é um bonito nome. Obrigada, filho.

Durante um mês, Rosa Maria fez companhia a Divina. O menino era saudável, sem problemas. Marcela visitava-as todos os dias. Fazia tudo para agradar Rosa Maria. Tornou-se para Divina uma amiga indispensável. Rosa Maria, por sua vez, não conseguia gostar dela.

Rodolfo veio ao Rio de Janeiro conhecer o neto. Ficou alguns dias. Não demonstrava, mas estava feliz com o neto e com a felicidade do filho. Não se preocupou se ele era branco ou não. Era apenas uma linda criança.

Ele e Rosa Maria ficaram mais alguns dias e voltaram para a fazenda, felizes com a felicidade do filho.

Marcela continuou indo à casa de Divina. Ajudava a cuidar do menino. Trazia presentes. Era uma amiga fiel.

O menino crescia. Não era negro nem branco. Um lindo mulatinho com os traços acentuados de Felipe: olhos grandes e boca pequena.

Uma tarde, Marcela chegou chorando, desesperada. Divina ficou assustada com o desespero da amiga.

– O que foi, Marcela? O que aconteceu? Por que está chorando assim?

— Estou perdida. Não sei o que vou fazer. Meu pai vai me matar.

— Pare de chorar. Conte-me o que está acontecendo. Talvez não seja tão grave assim. Talvez eu possa ajudá-la.

— Você não pode me ajudar. Ninguém pode me ajudar. Preferia morrer.

— Não fale assim. Conte-me logo.

— Estou grávida, Divina.

— Grávida? Como? Nunca disse que tinha um namorado.

— Não tenho namorado. Aí é que está o problema. Este filho é de um negro lá de casa.

— Oh, meu Deus! Um negro? Como pôde fazer isso?

— Não sei. Como você se apaixonou por Felipe? Aconteceu.

Divina se lembrou da história de Maria Luísa e Tobias. Pensou um pouco e disse:

— Primeiro, pare de chorar. Vamos conversar. Essa não é a primeira nem será a última vez que um negro se apaixona por uma branca. Não vê Tobias? É filho de uma branca com um negro. Você mesma disse... meu amor com Felipe. Não se desespere. Para tudo há sempre uma saída.

— Já pensei demais. Não tenho saída. Meu pai vai me matar. Morrerei de vergonha. Não vou aguentar. Prefiro morrer!

— Pare de falar isso — disse Divina tentando acalmá-la. — Não vai morrer coisa nenhuma. Espere. Estou tendo uma ideia. Dona Rosa Maria é uma pessoa muito boa e compreensiva. Converso com Felipe. Ele nos leva até a fazenda. Ficamos lá até o bebê nascer. Depois voltamos. Tenho certeza de que dona Rosa Maria cuidará do bebê. Você poderá vê-lo sempre que quiser.

— Meu pai não me deixará ficar tanto tempo longe de casa.

— Irei com você. Felipe falará com seu pai, dizendo que vai me fazer companhia.

— Tudo bem. Só me prometa que não vai falar nada a Felipe, pelo menos por agora. Diga que quer ir para a fazenda ver os parentes e amigos e mostrar a todos seu filho, e que eu irei junto, fazendo-lhe companhia. Depois que estivermos lá, nós duas juntas, contamos. Tenho medo de que ele não entenda.

— Ele entenderá. É um homem maravilhoso.

— Sei disso. Mas vamos deixar para falar quando estivermos lá.

— Está bem. Hoje à noite, falarei com ele. No fim da semana, iremos. Seu filho vai nascer e ficará tudo bem. Não se preocupe.

Marcela saiu de lá mais calma. Beijou Divina e subiu na carruagem. Divina dava adeus com a mão. Estava preocupada com a situação da amiga.

A carruagem começou a andar. Marcela olhou mais uma vez para Divina, que sorria.

— Negra idiota! É mesmo uma idiota!

Depois que Marcela foi embora, Divina ficou rezando para que tudo desse certo. À noite, conversou com Felipe.

— Queria passar um tempo na fazenda. Levar Felipinho para todas as pessoas conhecerem, principalmente meus pais. Que acha?

— Não posso ir agora. Não tenho como sair daqui.

— Se não se incomodar, você me leva e volta. Marcela não está muito bem de saúde. Ela poderá ir junto e ficar comigo. O ar do campo, a comida e tudo que tem lá, na casa de sua mãe, farão bem a ela.

— Não gostaria de ficar aqui sozinho, longe de você e do menino, mas tem razão, seus pais precisam conhecê-lo. Está bem. Levarei vocês, mas não poderei ficar.

— Vou falar com Marcela, depois você fala com o pai dela, pedindo autorização. Vamos ver se ele a deixa ir.

— Também isso, Divina?

— Não custa nada, meu amor. Você diz que ela vai me fazer companhia.

— Está bem, amanhã falarei com ele.

— Obrigada, Felipe. Por isso que o amo tanto...

— O que você não consegue de mim, meu amor? É uma bruxa, mas eu a amo.

A VOLTA DE FELIPE

Rosa Maria foi se deitar, tranquila. Estava novamente na pedra, com os cabelos soltos e o vestido rosa.
— Estou aqui de novo? — disse admirada.
Olhou para o lado da água, sabia que ele estava lá.
— Há quanto tempo não vinha... Veio me cumprimentar pelo nascimento de meu neto?
— Também por isso, é um lindo menino. Mas mais uma vez seu amor vai ser necessário, Rosa Maria. Não se esqueça nunca de que a amo e que estou esperando-a.
Ela acordou. Viu que estava em seu quarto ao lado de Rodolfo. Arregalou os olhos, pensando: "Ele voltou. Depois de tanto tempo. O que será de ruim que vai acontecer? Oh, meu Deus, ajude-nos!"
Olhou para Rodolfo, que dormia tranquilo. Levantou-se, foi até a cozinha, bebeu água e foi até a varanda. Olhou para

o céu, que estava lindo. Lua cheia e muitas estrelas. "Oh, meu Deus! Que será que vai acontecer?"

Ficou lá durante muito tempo, pensando: "Sempre que sonhei com ele, alguma coisa ruim ou boa aconteceu. Sempre veio antes me avisar e dar força. O que será que vai acontecer agora? Tomara que seja boa. Está tudo tão bem. Deve ser boa. Bem, só posso esperar. Se não for boa, que Deus nos ajude".

Na manhã seguinte, Divina acordou e olhou para Felipe, que acabava também de acordar. Por um longo tempo, ficaram olhando um para o outro. Parecia que se viam pela primeira vez.

— Amo-o tanto. Vou amá-lo por toda a eternidade.

— Também a amo, mas deixe a eternidade para lá. Somos jovens, temos muito tempo ainda aqui nesta terra maravilhosa.

Amaram-se com o carinho e o ardor que só duas pessoas que se amam verdadeiramente podem conseguir.

Quando tudo terminou, ele pulou da cama.

— Estou atrasado. Tenho muita coisa para fazer no escritório. À noite, iremos a uma reunião. A abolição logo chegará e você será livre, mas livre mesmo! Eu a amo.

Levantaram-se e foram até a sala tomar café. Ele saiu. Ela foi ao quarto de Felipinho ver se já havia acordado.

Ele ainda dormia. A ama estava preparando a roupinha para trocá-lo. Divina olhou para o filho e disse baixinho:

— Como você é lindo! Obrigada, meu Deus, por toda a felicidade que tem me dado.

Estava no quarto com o menino quando uma ama entrou.

— *Sinhá, tem um mensageiru lá fora querendo falar cum a sinhá.*

— Da parte de quem?

— Ele não quis dizer. Só falou que é urgente.

Ela foi atendê-lo.

— Pois não, o que deseja?

– *Quem mi mandô foi uma negra que trabaia na casa da sinhazinha Marcela. Ela mandô dizê qui a sinhazinha Marcela saiu de casa disesperada e foi pra estação, dizendo que vai si jogá embaixu du trem. A negra pediu pra sinhá ir até lá ver se podi impedi.*

Divina, assustada, chamou uma negra e disse:

– Preciso sair. Vou até a estação. Cuide de Felipinho e do almoço. O senhor vem almoçar.

Colocou a mantilha na cabeça.

– *A sinhá podi i cum a carruage qui ieu vim.*

Ela subiu e foram. Ao chegar à estação, foi correndo até a plataforma. Lá estava Marcela, chorando. Correu para encontrá-la. O trem estava chegando.

– Graças a Deus deu tempo de chegar!

Quando estava se aproximando de Marcela, alguém a empurrou. Divina caiu no meio dos trilhos.

O homem que a empurrou saiu apressado no meio da confusão, sem ser notado.

Marcela também se afastou. Subiu na mesma carruagem que trouxe Divina. Foi para casa. Entrou, brincando com todos, como se nada tivesse acontecido.

As pessoas gritavam depois que o trem passou e parou.

– Ela se matou! Jogou-se embaixo do trem!

Felipe chegou em casa para o almoço. Procurou por Divina, não a encontrou. Perguntou à ama:

– Onde está a senhora?

– *Num sei não, sinhô. A sinhá disse qui ia inté a istação du trem, mais qui ia vortá logo. Mandô pripará u armoço pru sinhô. Num sei pru qui inda não vortô.*

Felipe sentou-se para comer. Precisava voltar logo para o escritório, mas não conseguiu. "O que terá acontecido? Divina nunca fez isso. Sabia que eu viria almoçar."

Chamou a ama e perguntou:

– Aconteceu alguma coisa que a fez sair? Alguém veio aqui?

– *Veio um mensageru qui tava muito nirvoso. Quiria falá cum a sinhá.*

— Mensageiro de quem?
— *Num sei, num quis dizê. Só disse qui era urgente. Dispois qui a sinhá falô cum ele, ficô muito nirvosa e deu as orde. Falô qui ia inté a istação, mais qui vortava logo.*

Felipe não falou nada, pegou a carruagem e foi até a estação. Quando chegou, viu todo aquele movimento. Mandou o cocheiro parar. Um senhor ia passando. Ele perguntou:
— O que aconteceu?
— Uma negra se matou. Pulou na frente do trem.

Ele estremeceu.
— Que negra? Quem é ela?
— Não sei. Ninguém sabe.

Nervoso e apavorado com o pensamento que veio à sua cabeça, sentiu que as pernas tremiam. Com o coração na boca, quase cambaleando, aproximou-se. O corpo não estava mais ali. Viu um pedaço do vestido que Divina usava pela manhã. Começou a gritar.
— Onde ela está? Para onde a levaram? Pelo amor de Deus, onde ela está?
— Foi levada para o hospital.

Felipe, desesperado, mandou um mensageiro avisar Tobias, que, naquela hora, já deveria estar no escritório.

Tobias chegou ao escritório com Julinho. O mensageiro deu o recado de Felipe. Tobias e Julinho foram para o hospital, sem saber o que havia acontecido. Quando chegaram, viram Felipe, que estava sentado, calado, sem forças nem para chorar.
— Felipe, o que aconteceu?
— Ela morreu, Tobias! Ela morreu!
— Ela quem? Pelo amor de Deus, fale!
— Divina... ela está morta!
— Morta? Como? Onde?
— Não sei. Não me deixaram vê-la.
— Como sabe que é ela?
— Vi um pedaço do vestido que ela estava usando hoje pela manhã...

Tobias saiu. Foi procurar a pessoa responsável. Encontrou um policial que estava ali, cuidando do caso. Apresentou-se como advogado e parente.

– O senhor pode me dizer o que aconteceu?

– Parece que ela quis se matar. Jogou-se embaixo do trem.

– Posso vê-la?

– O estado dela não é muito apresentável. Foi um trem que a pegou.

– Sei disso. Estou preparado.

– Sendo assim, me acompanhe.

Tobias, quando viu Divina, ou o que restou dela, achou melhor que Felipe não a visse.

Cumpriu as formalidades e voltou para falar com Felipe, que estava chorando, abraçado a Julinho.

– Infelizmente, é ela mesma, Felipe. O policial disse que ela se matou, que se jogou embaixo do trem.

– Isso é um absurdo! Não faria isso. Não tinha motivo. Estava fazendo planos para ir à fazenda, levar nosso filho para que todos o conhecessem. Pela manhã, deixei-a muito bem. Quando saiu, disse que voltaria logo. Ela não se matou.

– Eu sei, mas é isso que consta por testemunhas que presenciaram o acidente.

– Não pode ser. Quero vê-la.

– Providenciei tudo. Vão prepará-la para a viagem. Creio que vai querer levá-la para a fazenda, não vai?

– Sim. Mas quero vê-la agora.

– Felipe, melhor não. Foi um acidente de trem.

– Oh, meu Deus! Não! Como pôde acontecer isso? Éramos tão felizes. Alguém fez isso. Alguém mandou aquele mensageiro. Mas quem teria sido?

– Não sei. Talvez algum escravista que não se conformou em vê-la vivendo como branca. São fanáticos.

– Não. Ela conhecia quem mandou o mensageiro. Não teria saído se não fosse assim, se não o conhecesse.

Depois de muito tempo, os dois conseguiram levar Felipe para casa.

Tobias levou Felipe para o quarto. Pediu a Julinho que ficasse na casa enquanto ele iria avisar Aninha e trazê-la.

Felipe, ao ver-se sozinho no quarto, recomeçou a chorar, lembrando os momentos que ali passaram. O sorriso de Divina, sua voz. Ficou lá por muito tempo. Tudo parecia um sonho. Não podia ser verdade.

Quando Tobias voltou com Aninha, ele estava dormindo. Julinho havia pedido à ama que fizesse um chá com uma erva que o fizesse dormir.

Os negros da casa estavam inconsoláveis. Julinho na sala, calado, não podia acreditar. Tobias mandou um mensageiro para a fazenda contar o que havia acontecido e avisar que em poucos dias estariam chegando com o corpo de Divina.

O sino da porteira tocou. Alguém vinha chegando. Rosa Maria e Rodolfo estavam na sala. Ela, bordando uma roupinha para o neto. Ele, lendo. Quando ouviram o sino, foram juntos para a varanda. Viram só um cavaleiro. Ficaram olhando, curiosos. O negro já estava se aproximando para ver quem era e o que queria.

O cavaleiro chegou à varanda. Rodolfo foi a seu encontro. Rosa Maria, do alto, via Rodolfo falando com ele. Rodolfo colocou as mãos na cabeça e balançava como se estivesse desesperado, dizendo não. Rosa Maria percebeu que alguma coisa grave havia acontecido. Desceu a escada correndo. Rodolfo, quando a viu, foi em sua direção. Ela percebeu que ele estava desesperado.

— O que foi, Rodolfo? Que aconteceu?

Ele a abraçou e com a voz entrecortada falou:

— Divina está morta.

— Como morta? Que aconteceu?

Ele lhe contou o que o homem dissera.

— E Felipe, Rodolfo? Precisamos ir até lá.

– Não. Tobias mandou o mensageiro na frente para nos avisar e nos prepararmos. Chegarão dentro de alguns dias. Talvez amanhã ou depois.

Rosa Maria lembrou-se na hora do sonho que tivera.

– Então era isso? Oh, meu Deus!

Sentiu o perfume de rosas. Sabia que não estava sozinha, sabia que ele, o seu Felipe, estava lá. Chorando, sentindo muita dor, chamou um negro e pediu a ele que tocasse o tambor, chamando os outros.

Foram chegando aos poucos. Conheciam a batida do tambor. Sabiam que aquela batida significava que algo de grave havia acontecido. Talvez até a morte de alguém.

Naquela mesma noite da morte de Divina, Marcela chegou desesperada na casa de Felipe. Ele estava dormindo.

– Aninha, não posso acreditar! Como aconteceu?

– Não sei, Marcela. Ninguém sabe. Disseram que ela se jogou na frente do trem. Mas nós não acreditamos. Tobias acha que foi empurrada por algum escravista.

– Também não acredito que tenha se matado. Não tinha motivo. Era feliz. Eles se amavam, ainda mais agora com o menino. Não, ela não se mataria.

Abraçaram-se e choraram muito. Enquanto chorava, Marcela pensava: "Essa história de escravista é muito boa. Pratiquei o crime perfeito. Ninguém descobrirá. Felipe agora vai ser meu, só meu. Só quero Felipe. O negrinho que fique na fazenda com Rosa Maria ou com a gente dele. Se Felipe insistir em ficar com ele, dou um jeito".

Divina foi preparada para a viagem. Embora o corpo estivesse estraçalhado, o rosto estava perfeito. Não tinha um arranhão sequer.

Quando o sino tocou, todos sabiam o que era. Dessa vez ninguém correu. Todos ficaram parados, esperando a carruagem mortuária chegar.

Felipinho dormia no colo de Aninha, que estava na mesma carruagem com Felipe, Tobias e Marcela. Mais duas carruagens vieram, com alguns amigos de Felipe e Tobias. Julinho vinha em uma delas.

Enquanto a carruagem ia passando, os tambores soavam tristes. Os negros estavam perfilados em todo o caminho; desde a entrada da fazenda, iam se ajoelhando e baixando a cabeça até o chão.

Rosa Maria foi até a carruagem em que Felipe estava. Desde o dia da morte de Divina, ele não falara mais nada. Ficava com os olhos parados, distantes.

Quando desceu da carruagem, Rosa Maria o abraçou.

— Meu filho querido, Deus o abençoe...

Ele não respondeu. Parecia que não a estava vendo ou ouvindo.

Rodolfo também o abraçou. Levaram-no para dentro, onde uma mesa grande já estava preparada para receber o caixão.

Depois de colocado na mesa, Tobias abriu uma janelinha por onde podia-se ver o rosto de Divina. Os negros foram entrando devagar, cada um com um maço de flor do campo. Cantavam baixinho, seguindo o tambor. Sergei, longe dali, tocava seu violino. Ouviu-se o sino. Rosa Maria foi até a varanda. Viu as carroças dos ciganos chegando. Igor também tocava, mas uma melodia alegre.

— Obrigada, meu Deus! Como agora precisava da presença de todos.

Igor entrou tocando. Viu de longe a carruagem mortuária. Chicoteou os cavalos para que corressem mais. De longe, viu Rodolfo e Rosa Maria abraçados. Seu pensamento foi para o pai e a mãe.

Um negro chegou perto. Ele parou os cavalos. O negro contou o acontecido. Quando desceram da carroça, Rosa Maria abraçou-os, chorando.

— Como aconteceu, Rosa Maria? Quando? Onde?

Ela, em lágrimas, contou tudo.

Os ciganos foram descendo das carroças em silêncio. Sergei e Zara, que estavam um pouco distantes, ouviram a música de Igor. Vieram ao encontro dos ciganos. Igor abraçou os pais.

– Onde está Felipe?

– Está lá dentro, junto ao caixão. Não sai de perto dela e desde que chegou não disse uma palavra – disse Zara.

Sergei e Zara somente naquele momento se aproximaram e, acompanhados por Igor e todos os outros ciganos, entraram na sala. Quando Sergei chegou perto de Felipe, disse, emocionado:

– Meu filho, estamos aqui para ficar junto de você.

Felipe olhou para ele e para os outros com lágrimas, mas continuou calado.

O caixão foi colocado sobre uma carroça enfeitada com flores. Todos os moradores da fazenda acompanhavam. Os negros iam atrás, tocando e cantando, mas tristemente.

Depois de enterrado o corpo no alto do morro, foi colocada mais uma cruz.

Todos foram descendo o morro. Somente Felipe ficou ali parado, olhando.

Julinho também não desceu. Preferiu permanecer ali, ao lado de Felipe. Ficou olhando as cruzes, mas de longe prestava atenção em Felipe, que ficou lá por muito tempo.

Julinho aproximou-se, falando:

– Vamos embora, doutor, já está escurecendo.

– Não sei o que vai ser de minha vida sem ela.

– Agora não é hora de pensar em mais nada. Vamos para casa, amanhã será outro dia. Hoje, não pode fazer mais nada.

Colocou a mão no ombro de Felipe e ajudou-o a levantar-se. Desceram em silêncio. Ao chegar em casa, Felipe não quis entrar pela porta da frente. Não queria falar com ninguém.

Julinho entrou com ele pelos fundos, foi até o quarto e o ajudou a se deitar. Depois, saiu e ficou olhando o pôr do sol. Sentiu um bem-estar muito grande, pensou: "Este lugar é lindo. Parece até que já estive aqui..."

Olhou para o alto do morro. O sol ainda batia lá. "Quem serão todas aquelas pessoas enterradas ali?"

Quando o sol se pôs e a lua já vinha surgindo, entrou e foi ficar com os outros. Aquele dia foi muito tenso. Todos estavam cansados e tristes. Foram dormir cedo.

No dia seguinte bem cedo, Julinho acordou e foi para a sala de refeições. A mesa estava servida. Rosa Maria, Rodolfo e Tobias estavam tomando café.

– Bom dia para todos.

Rosa Maria olhou para ele e com um sorriso disse:

– Bom dia, meu filho, sente-se para tomar café.

Ele se sentou. Rosa Maria ficou olhando para aquele rapaz. Aquele rosto parecia familiar.

– Dona Rosa Maria, esta fazenda é muito bonita, parece que tem muita paz. Se pudesse, ficaria aqui pelo resto de minha vida.

– Por que não fica? Garanto que Rodolfo logo arrumaria algo para você fazer.

– Obrigado, mas não posso. Pelo menos por enquanto.

Terminou de tomar café, foi até a varanda e ficou olhando tudo em sua volta. O dia estava frio, havia uma leve garoa. Lá no alto, as cruzes.

Felipe, deitado, pensava: "Como vou viver sem ela?"

Levantou-se e foi até o quarto do filho. Disse baixinho:

– Meu filho, tão pequeno e sem mãe. Tenho certeza de que ela não se matou. Ela o adorava, nunca o deixaria... nunca. Vou descobrir quem mandou aquele mensageiro e por que ela saiu. Não terei paz enquanto não descobrir.

– Ele é lindo, não é?

Felipe se virou. Marcela entrava no quarto. Chegou perto do berço, onde o menino estava deitado, e passou a mão sobre sua cabeça, dizendo:

– Por ele, você precisa continuar. É muito jovem. Tudo vai passar. Tenha fé em Deus.

Felipe não respondeu. Saiu do quarto, entrou no seu e fechou a porta.

Ela, sorrindo, também saiu. Foi para fora da casa e começou a andar. Viu o acampamento dos ciganos e foi até lá.

– Bom dia. Nunca vi um acampamento cigano. Posso ver hoje?

Zara, que estava junto ao fogo pegando chá, respondeu:

– Pode, minha filha. Não quer tomar um chá?

– Quero, sim, mas o que quero mesmo é que a senhora leia minha mão. Sempre tive curiosidade.

Zara olhou em seus olhos. Falou:

– Vamos primeiro tomar chá. Depois lerei sua mão. Tem certeza de que quer? Tudo que eu vir, direi.

– Quero, sim. É o que mais desejo saber: se as mãos mostram mesmo nosso destino.

Depois do chá, Zara pegou sua mão. Ficou por um longo tempo olhando, calada. Depois, olhou firme nos olhos de Marcela:

– Você veio para este mundo com todas as armas para ser boa e praticar a caridade. Nasceu em uma família com posses e poderia usar tudo o que Deus lhe deu. Infelizmente, até agora, não usou.

– Está tudo certo o que está dizendo. Minha família me ama e temos dinheiro. Ainda não usei meu dinheiro porque não surgiu oportunidade. Talvez, um dia, eu use, mas o que quero saber é sobre o homem de minha vida.

Zara voltou a olhar sua mão. Olhou por um bom tempo:

– Não vejo um homem em sua vida. O que vejo é um segredo terrível, muito bem guardado em seu coração.

Marcela tremeu; perguntou, assustada:

– Que segredo é esse? Não tenho segredo algum!

– Esse segredo é seu. Não se preocupe. Ele não vai ser descoberto pelos homens. Ele pertence às pessoas que dele participaram. Foi formada uma aliança em que, todos juntos, terão que corrigir o mal hoje praticado e que será cobrado por sua vítima. Os homens não descobrirão, mas Deus, sim. Ele tudo vê e tem sua justiça pronta para ser usada.

Marcela levantou-se, nervosa.

— Isso tudo é mentira! Não tenho segredo algum. A senhora não está vendo nada. Está inventando tudo isso!

Saiu correndo em direção à casa.

Dois dias depois, todos foram embora. Só Felipe não quis ir. Rosa Maria estava preocupada. O menino tomava muito do seu tempo, mas sabia que o filho estava sofrendo e não sabia como ajudar.

Todos os dia ele levantava, pegava o cavalo e ia a todos os lugares em que antes estivera com Divina. Revivia todos os segundos que viveram ali.

Fazia quase um mês que Divina havia morrido. Como todos os dias, Felipe pegou o cavalo e saiu. Na hora do almoço, não voltou. Rosa Maria e Rodolfo ficaram preocupados. Resolveram sair procurando o filho. Rodolfo, a cavalo; Rosa Maria, de charrete.

Nos momentos de tristeza, todos eles tinham um lugar para ir. Rosa Maria foi para lá, no rio.

Ele estava lá. Sentado na margem, vendo o rio correr. Quando o viu, ela respirou, aliviada. Desceu da charrete e foi até ele. Sentou-se a seu lado, em silêncio. Ficou também olhando o rio correr.

Felipe percebeu que a mãe estava a seu lado. Também ficou calado. Ficaram calados por um longo tempo, até que Rosa Maria disse:

— Parece que este lugar é o preferido da família para pensar. Meu filho, sei que está sofrendo muito. Sei também que talvez eu nem possa avaliar o quanto. Agora, já é hora de retomar sua vida. Deus sabe o que faz.

— Que Deus? Deus não existe, mamãe. Se existisse, não permitiria que isso acontecesse. Nos éramos felizes, nos amávamos. Por que essa coisa horrível tinha que acontecer? Retomar minha vida? Que vida? Não tenho vida sem ela.

— Não sei por quê, neste momento, estou me lembrando de Pai Joaquim. Lembra quando Manequinho morreu? O que ele lhe disse?

Felipe voltou para o passado. Viu a sua frente Pai Joaquim com seu cachimbo e sua risada.

— *Tudo anjo quando morre tem asa pra vuá. Si a gente chorá, ele num vai imbora. A asa cai e ele num pode mais vuá. Num pode i mais simbora e fica aqui penando.*

Felipe falou essas palavras em voz alta.

— Isso mesmo, meu filho. Ele falava bem assim.

— Ora, mamãe. Eu era criança. Hoje não. Sou adulto. Sei que tudo isso é bobagem.

— Pode ser bobagem, mas Divina também era um anjo. E se for verdade? Não sabemos o que acontece depois da morte. Se for verdade? Ela está sofrendo por vê-lo assim.

Felipe ficou quieto. Rosa Maria continuou:

— Você agora tem um projeto maior. Abolição. Ela, com certeza, iria querer que continuasse sua luta. Você deve isso a ela.

— Para quê? Ela agora não está mais aqui para ser livre.

— E os outros negros? Ainda são escravos.

— Para que ajudar os outros? O que tenho a ver com eles?

— Não fale assim. Muita coisa ruim já aconteceu por causa da escravidão e do preconceito. Em nossa própria família. Maria Luísa... Tobias... E tantos outros que não conhecemos e que ainda estão sofrendo. Você ainda diz que não tem nada a ver com isso? Se existe uma chance de terminar, temos que lutar. Temos que conseguir a igualdade de todos os seres humanos. Dizem que foi um escravista que mandou matar Divina. Não sei se foi ou não. A única coisa que sei é que Felipinho é meu neto. Eu o amo muito, mas não podemos negar que é mulato, portanto, será considerado um negro. Não acha que tem que deixar um mundo melhor para ele? Não acha que Divina ficaria feliz em vê-lo lutando pela liberdade de seu povo? Acha que ela está feliz vendo-o aí chorar como uma criança mimada?

Felipe começou a chorar alto, muito alto, como se arrancasse do fundo do peito toda a dor que sentia. Um homem não podia chorar, mas ele chorava abraçado à mãe, que chorava também.

Ela, abraçada ao filho, sentiu um perfume de rosas. Olhou para o rio. Felipe lá estava, rindo, mandando um beijo com as pontas dos dedos. Ela sorriu e mentalmente falou: "Obrigada, muito obrigada por estar sempre a meu lado quando preciso, por me inspirar a falar as palavras certas".

Ele abanou a mão dando adeus e sumiu.

Rosa Maria continuou abraçada ao filho por muito tempo. Ele se soltou, se levantou e foi até perto da água. Olhou para o alto, abanando os braços e dando adeus. Disse:

— Vá, meu amor. Vá. Voe com essas lindas asas. Eu a amarei para sempre.

Mãe e filho ficaram por alguns minutos abanando as mãos. Depois, foram para casa.

No dia seguinte, ele voltou para o Rio de Janeiro, deixando Felipinho com Rosa Maria.

Foi para sua casa. Podia, agora, entrar sem sofrimento. Sabia que Divina estaria no céu, ou a seu lado na luta. Da porta de entrada, falou em voz alta:

— Lutarei com todas as minhas forças. Vou lhe dar esse presente. Nosso filho e todos os negros serão livres.

Voltou para o escritório. Tobias ficou feliz ao vê-lo. Os dois se dedicariam mais à luta abolicionista.

A tensão no Brasil estava grande. Os brasileiros e o Exército não estavam contentes com o governo imperial. Havia muita luta entre abolicionistas e escravistas.

Julinho levou Felipe e Tobias a uma casa em que nunca estiveram antes. Usavam essa tática para não serem descobertos. Naquela casa havia muitos abolicionistas, entre eles alguns maçons, que também estavam interessados na abolição, mas, principalmente, na República. Estavam descontentes com o imperador. Este havia proibido a maçonaria por todo o território nacional.

No encontro, combinaram estratégias que seriam usadas por todos. Sabiam que a abolição estava perto. Depois da

Lei do Ventre Livre e da Lei dos Sexagenários, o preço dos escravos restantes havia valorizado muito. A Inglaterra continuava pressionando para que houvesse a abolição. Com a industrialização, ela queria e precisava de consumidores. Os negros, enquanto continuassem sendo escravos, não o seriam. Viviam agora à custa do senhor. Quando fossem livres, teriam seu salário e com este comprariam seus produtos.

Felipe e Tobias voltaram animados para casa. Perceberam que a abolição e a República estavam perto. Muitos brasileiros não aceitavam mais a escravidão, muito menos o domínio de Portugal.

Uma noite, eles estavam em uma reunião, discutindo diretrizes para o andamento do movimento, quando alguns homens entraram armados. Começaram a atirar, chamando-os de traidores.

Felipe percebeu que um deles estava com a arma voltada na direção de Julinho. Rapidamente, pulou na frente dele. A bala atingiu-o. Levou a bala que seria para Julinho. Quando os escravistas viram o corpo caindo, saíram correndo em disparada.

Julinho correu para Felipe, que continuava deitado, com o paletó sujo de sangue.

– Doutor, como está? Salvou minha vida.

– Não sei onde a bala pegou. Mas acredito que não estou morto ainda. Quanto à sua vida, já que a teve de volta, aproveite. Não sei por que fiz isso. Não sou herói. Agora me levem para o hospital...

– Claro, doutor. Ajudem aqui!

A bala passou de raspão pelo ombro de Felipe. Embora dolorido, o ferimento não tinha gravidade.

Os laços de amizade entre os dois, a partir daquele dia, aumentaram, ficaram mais firmes. Andavam sempre juntos.

Finalmente, a polícia terminara o inquérito sobre a morte de Divina. Resultado final: suicídio.

Felipe não aceitou aquele resultado. Mas também não se importava mais. Como dizia Pai Joaquim: "*Xangô vê tudas coisa. Usa u machado na hora certa e na pessoa certa*".

A única coisa que ele queria era dar de presente para Divina a abolição.

Durante o inquérito, Marcela evitou encontrar-se com Felipe. O plano foi perfeito, mas era preciso esperar a polícia encerrar o caso. Só assim ela ficaria completamente livre. Com o encerramento e aquele resultado, estava livre.

Começou a frequentar a casa, o escritório, jantavam e iam ao teatro. Saíam sempre juntos. Tobias e Aninha ficaram felizes, porque aquilo iria dar em casamento. Felipe estava muito sozinho. Precisava retomar a vida.

Marcela começou até a mobilizar mulheres para lutarem contra a escravidão, falando com seus maridos. Tornou-se uma aliada de Felipe.

Ele, no entanto, tratava-a como uma amiga, por mais que ela se insinuasse. Ele não entendia, ou se fazia de desentendido. Até que um dia ela disse:

— Felipe, desde o primeiro dia que o vi me apaixonei. Quando soube que era casado, me afastei e me tornei amiga de Divina. Agora ela está morta, não é justo continuar escondendo todo o amor que sinto por você. Não é justo que sendo tão novo se isole assim e não se case novamente. Sei que não me ama ainda, mas meu amor é suficiente para nós dois. Quero me casar com você e ser uma mãe para Felipinho.

— Gosto muito de você, sei que foi a melhor amiga de Divina, por isso lhe agradeço, mas não a amo. Creio que jamais amarei outra. Amei Divina com todas as forças de meu coração. Tenho quase certeza de que nunca mais me casarei com você ou outra pessoa. Se quiser continuar sendo minha amiga, tudo bem, mas, se estiver querendo outra coisa, é melhor não nos vermos mais. A única coisa que me importa agora é a abolição. É um presente que prometi a Divina. Depois, voltarei para a fazenda e ficarei junto de meu filho.

Marcela não respondeu. Com os olhos cheios de lágrimas, foi embora, pensando: "Continuarei assediando-o, mas com inteligência. Sei que sou inteligente. Pratiquei um crime perfeito!"

QUANDO O PASSADO NÃO PASSA

A luta pela abolição continuou até que Dom Pedro afastou-se do palácio, deixando o governo com sua filha, a princesa Isabel, que, não suportando a pressão da Inglaterra e do povo, proclamou a abolição da escravatura em todo o território brasileiro. No Brasil não haveria mais escravos.

A notícia correu rapidamente. Mensageiros dos abolicionistas foram enviados a cavalo para toda parte, dando a notícia aos negros e senhores.

Os negros, quando se viram livres, tocaram os tambores, que soavam de fazenda a fazenda.

Houve muita dança e muita alegria. Quando Rosa Maria soube, ficou feliz, e uma grande festa foi feita na fazenda. Enquanto eles tocavam e dançavam, ela, na varanda, pensou: "Pai Joaquim disse que isso aconteceria".

— *Us nego um dia vão sê livre. Um dia, vai tê nego dotô, divugado e inté puliciar. Tumara qui quando esse dia chegá tudos nego sabe pruveitá.*

"É, Pai Joaquim. De onde estiver, deve estar contente. Seus negros estão livres. Tomara que saibam aproveitar."

Os negros abandonaram as fazendas. Muitos fazendeiros ficaram em situação difícil. Sem homens para trabalhar, as lavouras foram perdidas.

Os negros foram para as vilas, mas, ao chegarem, não souberam o que fazer, acostumados a ter tudo fornecido pelo senhor: roupa, comida e casa para morar. Nas vilas, não havia emprego para todos. Foram se afastando e formaram pequenos núcleos só deles. A abolição chegou, mas eles não estavam preparados para ela.

Muitos fazendeiros foram à falência. Outros contrataram imigrantes que chegavam dos países da Europa, principalmente da Itália, Portugal e Espanha.

Os negros conseguiram só subempregos. Sem saber ler e escrever, não tinham como conseguir empregos melhores. Viveram momentos difíceis.

Na Fazenda Maria Luísa, nada mudou. Os escravos que lá estavam, lá permaneceram. A abolição já tinha chegado havia muito tempo. Iriam sair de lá por quê? Rodolfo comprou algumas fazendas que estavam falidas.

No dia da abolição, os abolicionistas fizeram uma grande festa. Felipe disse para Julinho:

– Missão cumprida. Conseguimos. Agora, já posso voltar para a fazenda.

– Não pode, não, doutor. A missão ainda não está terminada.

– Como não? A abolição chegou. Os negros estão livres!

– Ainda falta a República. O Brasil também tem que ser livre.

– República? Ah, não! Nunca falei que lutaria, também, pela República.

– Mas precisa. Agora é a hora. Mostrou que é idealista e lutador. Não pode nos abandonar agora.

– Vou pensar.

Mas não pensou. Sem perceber, estava participando de reuniões, agora pela República.

Durante quase um ano, participou de todas as manifestações a favor da República. O Exército, maçons e o povo estavam todos unidos contra o imperador. Por intermédio de uma carta, o marechal Deodoro da Fonseca proclamou a República. Finalmente, o Brasil, depois de Tiradentes e tantos outros, não era mais uma colônia, era agora um país.

Felipe, Aninha e Tobias voltariam para a fazenda. Convidaram Julinho para passar uns dias lá. Ele aceitou. Aninha teve a ideia de convidar Marcela também. Eles foram até a casa dela. Os pais os receberam.

– Viemos convidar Marcela para ir conosco passar uns dias na fazenda.

A mãe de Marcela estava muito nervosa.

– Seria bom se ela fosse, mas creio que não será possível.

– Por que não?

– Ela não está bem. Não sai do quarto. Fica o tempo todo falando coisas que não entendemos. Está com medo. Não sabemos do quê. Aninha, você não quer tentar falar com ela?

– Se a senhora permitir, gostaria.

Entrou no lindo quarto de Marcela. Ela estava enrolada no cobertor, com a cabeça coberta. Aninha se aproximou e tentou tirar a coberta de sua cabeça.

– Marcela, estou aqui. Preciso falar com você.

Marcela descobriu a cabeça. Olhou para Aninha com os olhos arregalados.

– O que você quer? Não fiz nada. Está me acusando do quê?

– Marcela, o que está acontecendo? Não estou lhe acusando de nada. Só quero levá-la para a fazenda.

– Aninha, você não a está vendo aqui?

– Quem? Não estou vendo ninguém.

– Divina. Ela está aqui. Não está vendo? Ela está mentindo. Está dizendo que eu paguei para aquele homem empurrá-la. Não fiz isso! Ela está mentindo. Eu nem conhecia aquele homem!

Aninha sentiu um arrepio de horror por todo o corpo.

– Você fez isso? Por quê, Marcela?

– Divina está dizendo que é porque eu queria Felipe, mas é mentira. Não fiz isso!

Aninha, chorando, saiu do quarto. Felipe e Tobias não entenderam. Ela falou para a mãe de Marcela:

– Ela realmente não está bem para ir viajar.

Foram embora. No caminho, perguntaram o que Marcela tinha.

– Ela não está bem, só chora. Pareceu-me que está com febre.

Deixaram Felipe em casa. Tobias disse:

– Estamos sozinhos agora. O que aconteceu que a deixou tão abalada, Aninha?

Aninha olhou para o marido, começou a chorar e respondeu:

– É tudo tão horrível. Não estou querendo acreditar.

Contou a Tobias tudo o que tinha acontecido. Ele ficou apavorado e com ódio:

– Por que não disse enquanto estávamos lá? Aquela criminosa! Como teve coragem?

— Não contei porque fiquei com pena da mãe dela. Já está sofrendo tanto... o que vai adiantar abrir essa ferida novamente? Felipe está bem. Se souber, vai voltar a sofrer. Vai querer vingança. Pode estragar sua vida. É melhor deixar do jeito que está. Ela mesma está se remoendo. Louca de remorso. Se quiser, você pode contar a Felipe, é um direito seu. Mas não sei se vai valer a pena.

Tobias estava nervoso e apertava as mãos com muito ódio. Ficou pensando por alguns minutos e disse:

— Creio que tem razão. Por que abrir essa ferida? Deus é quem sabe. Não vamos falar nada.

Não falaram. Felipe estava tranquilo por ter conquistado com os amigos a abolição e a República. Agora, poderia voltar para a fazenda.

Na fazenda, viveram dias de tranquilidade. Felipe cavalgava com o filho por todos os lados. Resolveu que não voltaria mais para o Rio de Janeiro. O escritório ficou por conta de Tobias, e ele ajudaria o pai e o tio na fazenda.

Depois de vinte dias na fazenda, na hora do almoço, Tobias disse:

— Julinho, está na hora de voltarmos. O senhor Rubens deve estar precisando de nossa presença.

— Vou aproveitar estarmos todos juntos para fazer um comunicado. Não vou voltar para o escritório.

— Como não, Julinho? Você pode entrar na faculdade, fazer Direito e ser um ótimo advogado! Gostamos de sua atuação nas lutas.

— Não. Sinto muito, doutor, mas não consigo ficar preso em um escritório.

— Então, venha morar aqui, trabalhar com Felipe — sugeriu Rosa Maria. — Parece que gosta muito da fazenda.

Julinho começou a rir. Arregalou os olhos, dizendo:

— Obrigado, dona Rosa Maria, mas agora vou realizar o sonho de minha vida. Vou ser é marinheiro!

Todos se entreolharam, divertidos e assustados.

— O que foi? Parece que viram um fantasma.

Rosa Maria, rindo, disse:

– Vimos, sim. Um querido fantasma. Vá, sim, meu filho. Vá realizar seu sonho. Quando voltar, se quiser, estaremos aqui esperando por você.

Todos se lembraram, com muito carinho, de Manequinho.

Rosa Maria continuou cuidando do neto. Ria quando via Rodolfo levando o menino – seu negrinho, como falava – para todos os lados e na maior felicidade.

– Esse negrinho é a maior felicidade de minha velhice. Foi um presente que Deus me deu.

Rosa Maria também amava aquele menino.

Enfim, estavam em paz.

Rodolfo adoeceu. Uma doença até então desconhecida por eles. Muita tosse e muita febre. Felipe levou-o para o Rio de Janeiro. Consultou os melhores médicos, mas não adiantou: depois de quase dois anos lutando contra a doença, ele se foi.

Rosa Maria ficou muito triste. O companheiro de sua vida, que fora tão amado e importante, partiu, deixando-a sozinha.

Uma tarde, na varanda, admirando o entardecer, olhou para o alto do morro. Muitas cruzes existiam lá agora. Zara e Sergei também tinham ido para Deus. Pensou: "Raul casou-se na Inglaterra. Vem aqui de vez em quando. Mário trabalha com Felipe. Casou-se com uma moça do Rio de Janeiro. Tem duas crianças. José e Celeste continuam felizes e juntos. Felipinho agora está grande, quase na hora de ir estudar fora. Esta vida é estranha... trabalha-se e luta-se tanto. Maria Luísa, Tobias, Pai Joaquim e Serafina... foram todos importantes em minha vida. Fizemos parte de uma história, mas agora já está ficando tarde, é melhor eu ir jantar e me deitar".

Depois do jantar, se deitou e dormiu.

O REENCONTRO

    Estava naquele lugar novamente. Em cima da pedra. Jovem, bonita e com seu vestido rosa. Olhou para o lado da água para revê-lo. Realmente, ele estava ali.
– Que coisa ruim está sendo, agora, preparada para mim?
    Ele saiu das águas trazendo nas mãos um ramalhete de rosas. Veio sorrindo. Ela sabia que ele logo sumiria como das outras vezes. Mas ele não sumiu. Entregou as flores e abriu os braços para que ela viesse até ele. Ela não entendeu, mas jogou-se, e os dois se abraçaram com muito amor, carinho e muita saudade.
– Não há motivo algum. Desta vez, vim buscá-la para ficar comigo. Finalmente, voltou. Com todas as honras de um trabalho bem-feito. De uma vencedora.
    Ainda abraçada a ele, olhou para todas as pessoas que estavam lhe dando flores. Reconheceu todas. Sua mãe e seu

pai. Tadeu abraçado a Roberta. Alguns negros da fazenda. Felipe puxou-a e beijou-a carinhosamente. Quando ela se soltou daquele beijo maravilhoso, voltou a olhar para todos novamente. Ainda nos braços de Felipe, viu Rodolfo chegando. Soltou-se imediatamente dos braços de Felipe, sentindo-se muito mal.

Todos riram do constrangimento dela. Felipe puxou-a para si. Ela olhou para Rodolfo dizendo:

– Mas você está morto!

– Eu, não! Você está?

– Não. Mas você está enterrado no alto do morro...

– O que está lá é meu corpo. Eu, não. Estou aqui, bem na sua frente. Vivinho. Assim como você.

– Não se preocupe, meu amor. Aos poucos vai lembrar-se de tudo. Verá que Rodolfo não está morto. Nem você. Verá que nos amamos. Rodolfo é um querido amigo que tinha uma missão na Terra, e você, sem precisar, foi junto para ajudá-lo.

Ela olhou para Rodolfo, que abriu os braços. Ela o abraçou, carinhosamente.

– Obrigada, Rosa Maria, por ter me ajudado tanto. Consegui com Felipe e Divina, mas perdi mais uma vez Maria Luísa. Novamente ela cometeu o suicídio. Não conseguimos evitar. Agora também, para piorar, ela tem um assassinato.

– Não me lembro de nada. Mais tarde vocês me contarão tudo. Agora, quero abraçar meus entes queridos. Mamãe. Papai. Tadeu. Roberta. Como estou feliz em revê-los.

– Minha irmãzinha querida! Logo agora que chegou, estou indo embora. Vou nascer e depois Roberta me seguirá. Desta vez, vamos nos reencontrar e seremos felizes.

– Não estou entendendo nada. Estou surpresa por vê-los, mas não estou entendendo nada. Que história é essa de nascer de novo?

– Não se preocupe. Logo entenderá.

– Se estão todos aqui, onde estão os outros? Dom Carlos, dona Matilde, Maria Luísa, Tobias, Pai Joaquim, Serafina, Divina, Sergei, Zara e Manequinho?

Felipe, que continuava abraçando-a, disse:

– Vai se lembrar aos poucos, mas vou lhe adiantar alguma coisa. Dom Carlos está no hospital em recuperação. Terá que voltar e, desta vez, em uma situação não muito confortável. Dona Matilde está ao lado dele no hospital, ajudando-o a recuperar-se. Pai Joaquim e Serafina ficaram aqui por pouco tempo. Quiseram renascer para ajudar seu povo. São hoje dois jovens ricos que vão encontrar-se, casar-se e juntos cuidarão de muitas pessoas no Nordeste brasileiro. Tendo muito dinheiro, abrirão escolas e postos de saúde para aquele povo necessitado.

"Divina é hoje uma adolescente que encontrará Felipe. Eles se casarão e serão felizes. Ele é um pouco mais velho do que ela, mas isso não vai ter importância. O amor deles é imenso. Manequinho é um companheiro constante de Felipe. Assim que chegou, quis voltar. Queria ajudar o amigo em sua luta contra a escravidão e depois a República, mas tinha um desejo maior. Queria ser marinheiro. Ah, ah, ah! Alguns espíritos, dependendo de sua evolução, podem fazer isso. Voltam sempre que querem, para ajudar um amigo, para cumprir uma missão ou simplesmente para realizar um sonho."

– E Maria Luísa? Tobias?

– Maria Luísa, infelizmente, por ter cometido suicídio e assassinato, está no vale, vagando, procurando Tobias, Dom Carlos e você.

– Eu? Mas estou aqui.

– Ela não sabe. Acha que só vai ficar bem quando pedir perdão a você e a Tobias. Sente ainda muito ódio de Dom Carlos. Esse ódio não permite que ela nos ouça ou nos veja. Tobias está ao lado dela, protegendo-a dos outros, mas não consegue se fazer ouvir.

– Pobre Maria Luísa. Pobre Tobias. Que amor imenso ele tem por ela. Quero vê-los. O que é e onde está esse vale?

– O vale é o lugar para onde vão aqueles que se suicidam. É um lugar tenebroso. Não há uma fresta de luz. Todos que lá estão vagam sem destino.

– Quero vê-la. Tentar falar com ela.

– Poderá ir, mas não hoje. Vai descansar um pouco. As lembranças retornarão. Depois, irá vê-la.

Foi levada a uma linda casa. Lá moravam seus pais e Tadeu. Ficaria ali até se recordar de tudo, principalmente de Felipe. Sabia que o amava, mas não se lembrava de nada.

Passaram-se alguns dias. Foi visitar Dom Carlos.

Voltou acompanhada por Felipe, seu amor, para a fazenda. Reviu Felipe, seu filho, justamente no dia em que ele estava junto ao rio contando para Felipinho a história das asas dos que morrem. E os dois juntos estavam abanando as mãos, dando adeus para que Rosa Maria voasse. Ela sorriu e deu um beijo nos dois. Felipinho perguntou:

– Papai, não está sentindo esse perfume de rosas?

Felipe cheirou à sua volta. Rosa Maria jogou sobre eles uma porção de rosas.

– Estou, sim, filhinho. Estou, sim...

Rosa Maria sorriu, enternecida. Olhou para Felipe, que também estava sorrindo. Foram visitar outros lugares. Em dado momento, Felipe disse:

– Venha, vou levá-la a um lugar. Terá uma surpresa.

Foram até o Rio de Janeiro, até a casa de Marcela. Ela estava em seu quarto, brigando, se escondendo, dizendo ser inocente.

– O que está acontecendo com ela? Por que está assim?

– Cometeu o crime perfeito para os homens. Conseguiu esconder de todos, menos dela mesma.

Marcela gritava:

– Divina, vá embora! Não fiz nada. Não paguei para aquele homem. Eu nem o conhecia. Foi ele quem quis matá-la. Era um escravista.

– Meu Deus! Ela cometeu aquele crime? Pagou para que Divina fosse morta? – Rosa Maria perguntou, assustada.

– Isso mesmo. Ela pagou para que o homem empurrasse Divina. Ela amava Felipe e queria ficar com ele de qualquer maneira. Pensa estar vendo Divina acusando-a.

ELISA MASSELLI

– Pobre moça. E agora, o que vai acontecer?
– Ficará assim por um longo tempo. Quando voltar para nosso mundo, poderá se arrepender. Dependerá dela e de Divina. Serão provavelmente mãe e filha. Terão mais uma chance de se perdoarem. O lar é o melhor lugar para os inimigos se encontrarem, porque lá, apesar de todo o ódio, a voz do sangue e a convivência sempre podem aproximar as pessoas. A lei de Deus é justa, mas sempre nos dará uma chance de nos arrependermos e sermos felizes.

Voltaram para a casa do senhor Tadeu.

Estavam todos na sala, conversando, quando Rodolfo chegou acompanhado por Felipe, que disse:

– Temos uma surpresa para você.

Rosa Maria olhou. Atrás deles, entraram Pai Joaquim e Serafina. Correu para abraçá-los.

– Que saudade! Quanta falta me fizeram. Quanto precisei de vocês. Viram? Não há mais escravos no Brasil!

– *Vimo, sim, mia fia. Vimo tudo. Us nego agora vão tê qui lutá muito pra si fazê iguar us branco. Muitos deles vai cunsigui.*

– *Sinhá, ocê tá muito bunita. Iguarzinha quando mi cumprô nu Rio di Janero.*

– Você que é bonita e muito amada, Serafina. Mas como estão aqui? Não estão vivendo na Terra?

– *Nosso corpo tá drumindo. Viemo vê a sinhazinha. Manhã, quando acordá, nóis vamo dizê qui tivemo um sunho bunito. Só qui nóis num vai lembrá di nada.* – disse Serafina.

Rosa Maria beijava ora um, ora outro. Estava muito feliz mesmo.

Pai Joaquim disse:

– *Nóis viemo pruque percisamo di sua juda.*

– O que é? Faço qualquer coisa por vocês.

– *Nóis percisa i lá nu vale tentá falá cum a sinhazinha Maria Luísa. Quim sabe ela cunsegue iscuitá e vê a sinhazinha.*

– Claro que vou. Também quero vê-la.

– *Tá bão. Intão vamo tudos nóis pidi pruteção pru Nosso Sinhô.*

– E para Xangô também.

— Pra Xangô tumém, sinhazinha. Vamo tudos nóis lá. Cum amô nu curação e querendo judá a sinhazinha Maria Luísa. Já tá na hora dela acordá e vortá.

Deram-se as mãos e fizeram uma oração, pedindo ajuda e proteção.

Chegaram em um lugar tenebroso, escuro e lamacento. Ouviam-se gritos de dor e de horror. Rosa Maria segurava-se em Felipe e Rodolfo. Pai Joaquim ia na frente, determinado. Não eram vistos pelos moradores dali. De longe, viram Tobias, que estava em pé como se fosse um soldado. Ao vê-los chegando, abriu um sorriso.

— Qui bão qui vieru hoje. A minha sinhazinha tá drumindo. Ieu tô aqui tumando conta dela. Sinhazinha Rosa Maria, qui bão qui a sinhazinha veio.

Rosa Maria olhou para Tobias. Continuava bonito. Só estava com o olhar triste e parecia cansado. Abraçou Tobias, dizendo:

— Que bom vê-lo, meu amigo. Obrigada por ter cuidado todo esse tempo de minha amiga.

— Ela podi sê amiga da sinhazinha, mais é meu amô. Só vô saí daqui quando pudé levá ela cumigo.

Rosa Maria se aproximou de Maria Luísa, que estava encolhida, suja, com os cabelos embaraçados, não parecendo nem de longe a Maria Luísa de antes. Rosa Maria se abaixou, levantou os cabelos de Maria Luísa, que caíam sobre seu rosto.

Pai Joaquim estendeu as mãos sobre as duas. Os outros se ajoelharam pedindo ajuda do alto.

— Maria Luísa, querida. Sou eu, Rosa Maria. Vim buscá-la. Venha, vamos embora.

Maria Luísa abriu os olhos, como se ouvisse uma voz vindo de muito longe. Todos se colocaram em volta delas com o pensamento no alto. De suas mãos saíam luzes que as iluminavam. Tateando com as mãos, Maria Luísa foi levantando as mãos em direção ao rosto de Rosa Maria. Esta pegou suas mãos e beijou-as. Depois envolveu-a em seus braços e trouxe-a para junto de seu peito. Abraçou-a com todo o carinho, como se fosse uma filha reencontrada depois de muito tempo.

ELISA MASSELLI

Maria Luísa abriu os olhos e, chorando, perguntou:
— Rosa Maria, você está viva? Ele não conseguiu matá-la? Estou há tanto tempo procurando-a. Que bom que não morreu. Vamos voltar para a fazenda? Você me ajuda a encontrar Tobias? Onde ele estará? Depois, nós três iremos em busca daquele monstro. Vamos matá-lo!
— Maria Luísa, escute. Você tem que esquecer tudo isso. Já passou. Se olhar à sua volta, encontrará muitos que a amam e que vieram buscá-la. Olhe.

Maria Luísa olhou. O primeiro que viu foi Tobias, que, chorando, se aproximou. Ela gritou:
— Tobias! Você está aqui? Meu amor! Procurei-o por tanto tempo. Tem que me perdoar por não ter acreditado em você. Em seu amor. Por ter feito aquela maldade.
— *Ieu ti amo, sinhazinha. Num tenho qui pirdoá nada. Só quero levá a sinhazinha imbora desse lugá. U sinhozinho Rudofo, Pai Juaquim e a Serafina tumém vieru buscá a sinhazinha. Vamu imbora, vamu?*

Ela olhou à sua volta. Viu Rodolfo e atirou-se em seus braços. Ele a abraçou, falando:
— Até que enfim, minha irmã! Que Deus seja bendito. Vamos embora.
— *Qui Deus e Xangô seje lovado.* – Agradeceu Pai Joaquim.

À frente deles se abriu um caminho de luz. Maria Luísa, apoiada em Tobias e Rodolfo, foi sendo levada para fora.

Qui o Sinhô seje lovadu
Nesse dia e nessa hora
Cum a juda lá du céu
A sinhazinha tá indo imbora
A luz qui aqui tem, quebrô o véu
Di tristeza e sufrimentu
Vamo levá mia fia pru céu
Pra lá pru firmamento
É o amô di Deus Pai
Qui mandô isso nóis fazê

Qui manda seu perdão
Vamo tudo gradecê
Juelhado em oração
Vamo, mia fia? Vamo agora
A luta vai cuntinuá
Mais as bença di Deus Pai
Nunca vai cabá

Foram caminhando em oração. No caminho, Pai Joaquim parou, conversou e levou mais duas pessoas que lá estavam.

Chegaram à casa do senhor Tadeu. Maria Luísa foi recebida com muito carinho. Rosa Maria cuidou dela. Felipe e Tobias abraçaram-se.

Uma semana depois, Rosa Maria já se havia lembrado de algumas coisas. Voltara para a Terra para ajudar Rodolfo. Ele precisava ajudar Maria Luísa para que ela não voltasse a se matar. Precisava perdoar Dom Carlos por muitas maldades que ele já havia feito, contra ele e Tobias. Divina havia sido rica e poderosa, usou o dinheiro para humilhá-lo e o fez sofrer muito. Também teria que perdoá-la. Conseguiu perdoar Dom Carlos, aceitou Divina, só não conseguiu evitar o suicídio de Maria Luísa.

O nome de Rosa Maria na encarnação anterior foi Luana. Muitas vezes viveu com Felipe, seu amor eterno. Na anterior, já tinham conquistado lugares mais altos, não precisava ter voltado, mas voltou para ajudar Rodolfo, um grande amigo de várias lutas. Felipe não foi, ficou tomando conta e ajudando os dois no que fosse possível.

Depois que Maria Luísa já estava bem, sabendo o que havia feito e onde estava, perguntou:

– E meu pai, onde está?

– Em um hospital. Ele também sofreu muito na Terra antes de vir para cá. Sofreu a humilhação de ter que ser tratado como criança. Tão poderoso, dependeu da ajuda de Serafina para viver. Você deve perdoar. Só assim encontrará sua paz. Quer vê-lo? Eu e Felipe a levaremos até lá.

As duas, acompanhadas por Felipe e Rodolfo, foram até o hospital. Dom Carlos, sentado em uma cadeira, estava com o olhar distante. Dona Matilde, quando viu a filha chegando, correu para ela, com saudade.

– Minha filha querida! Que bom que voltou! Estou feliz por vê-la tão bem.

– Também estou, mamãe. Estava perdida, mas fui encontrada pelo amor de meus amigos. Onde está papai?

Dona Matilde apontou para a direção em que ele estava. Maria Luísa se aproximou. Os outros ficaram olhando de longe. Ela se ajoelhou na frente da cadeira para poder olhar os olhos do pai.

Quando a viu, seus olhos brilharam. Ela não sabia se de felicidade ou medo.

– Minha filha! Esperei tanto sua vinda. Perdoe-me. Fui orgulhoso e egoísta, mas nunca quis prejudicá-la, sempre a amei. Se o fiz, foi sem querer. Sabe o quanto a amei. Perdoe-me, por favor.

Ela olhou para aquele homem retorcido, humilhado. Sentiu saudade do pai forte e poderoso, que comandava a tudo e a todos.

– Papai, todos erramos. Para que tudo aquilo acontecesse, algum motivo existiu. Realmente, antes de toda aquela desgraça, o senhor foi um bom pai e eu o amava muito. Talvez tenhamos uma nova chance. Deus é um pai poderoso e nos ama a todos.

Despediu-se da mãe e do pai e foi embora com o coração livre.

Estava pronta para recomeçar.

Naquele mesmo dia, Rosa Maria e os outros foram até um acampamento cigano que havia lá perto. Encontraram Zara e Sergei, que, quando os viu, começou a tocar sua música.

O tempo passou. Tobias e Maria Luísa andavam juntos para todo o lado. Felipe e Luana também. Rodolfo apresentou Rita a Rosa Maria. Ela era seu amor, que Rosa Maria não conhecia porque ela não havia ido para a Terra nesta última vez.

Em uma noite, Pai Joaquim e Serafina voltaram. Chegaram cercados de luz.

— Meus filhos, estou de volta para dizer que está na hora de Maria Luísa voltar. Depois irá Dom Carlos. Viverão novamente na mesma casa. Terão uma vida pobre e sofrida, que será ainda pior por causa da doença que ele terá. Tobias quer voltar para viver ao lado de Maria Luísa. Rodolfo também voltará. Vai tentar mais uma vez evitar que ela se mate. Vocês devem despedir-se. Continuarão ajudando daqui da melhor maneira possível.

Rosa Maria arregalou os olhos:

— O senhor sabe falar direito, Pai Joaquim?

— Claro que sabe — respondeu Felipe. — É um espírito de grande sabedoria e luz. Tomou o corpo de um negro para estar junto de seus entes queridos e ajudá-los.

— O senhor disse que Maria Luísa vai voltar? E eu?

— Você, não, minha filha. Tem muito para fazer aqui.

— Não. Não vou deixá-la voltar sozinha. Vou junto para ficar ao seu lado e ajudar no que for possível. Tenho certeza de que, desta vez, ela voltará vitoriosa. Por favor, Pai Joaquim, permita que eu vá.

— Novamente vou lhe dizer: não precisa mais voltar. Pode viver feliz aqui ao lado de Felipe. Já resgatou todas as suas dívidas. Não precisa voltar.

— Não preciso. Mas... se eu quiser?

— Se quiser, pode. Só que não sei como será sua vida. Poderá sofrer e ter uma vida difícil para poder estar perto dela.

— Não me importo. Não quero deixá-la sozinha.

Pai Joaquim olhou para Serafina. Piscou o olho, como dizendo:

— Não lhe falei, Serafina, que ela ia querer voltar? Não ia deixar Maria Luísa sozinha.

Serafina sorriu.

— Espere aí, Luana. E eu? — reclamou Felipe. — Vou ficar aqui, sozinho, esperando sua volta novamente?

– Meu amor, o tempo passa depressa. Você fica como da última vez, me mandando flores e beijos através de meus sonhos.

– Nada disso. Outra vez, não! Desta vez vou junto.

– Felipe, você quer mesmo?

– Claro, pai. Não vou deixá-la sozinha novamente. Estaremos juntos para o que der e vier.

– Está bem. Se é assim que querem, assim será.

EPÍLOGO

Um carro corria veloz pela estrada.
— Não corra muito. Gosto de apreciar a paisagem. Realmente, essas montanhas são lindas.
— Também acho. Adoro passar o fim de semana na fazenda. Seu avô, embora com oitenta anos, ainda está lúcido. O que achou daquela história que nos contou? Sobre o pai dele ter nascido em um acampamento cigano? Que a mãe dele era negra e se matou?
— Não sei, mas não é só ele quem conta. Meus primos também ouviram essa mesma história dos pais deles. Vai ver, foi verdade mesmo.
— Não sei se foi verdade, mas foi uma linda história. E este colar que me deu hoje? É lindo. Disse que a avó dele ganhou da tal cigana. Como era mesmo o nome dela?

— Acho que Zara. Um bonito nome.

— Já sabe. Este colar não pode ser vendido. Tem que permanecer na família para sempre.

— Sei disso. Espere! Pare o carro. Quando puder, dê marcha a ré.

— O que aconteceu?

— Olhe lá atrás aquele casal. Parece que estão em dificuldades. A moça parece que desmaiou.

— Está bem, doutora. A senhora manda.

Assim que pôde, ele deu marcha a ré. Parou o carro perto de um moço alto e bonito, mas com ar triste e sofrido. Estava com uma criança no colo e tentava reanimar a esposa.

Desceram.

— O que está acontecendo?

— Ela está muito cansada e fraca. Desmaiou.

Ela tirou a criança dos braços do rapaz, que disse:

— Por favor, senhor, me ajude. Estamos tentando chegar à cidade para levar nosso menino ao hospital, mas ela não vai aguentar.

— Luana, pegue minha maleta.

— Pois não.

Ela entregou a maleta para o marido. Abriu o cobertor em que o menino estava enrolado. Viu uma criança deformada, com as perninhas tortas, precisando de ajuda.

Ao ver aquela criança, sentiu um misto de horror e ternura. A moça acordou. Loura, de olhos azuis.

— Onde está meu filho? Oh, meu Deus! O que fiz de tão errado nesta vida para sofrer tanto? Não aguento mais. Prefiro morrer.

Luana olhou para a moça, que chorava desesperada. Os olhos se encontraram. Aqueles olhos se conheciam. Um brilho surgiu nos olhos de ambas. Muita ternura, muito amor.

— Seu filho está aqui. Não se preocupe mais. Agora ele está comigo. Você também ficará. Não vai precisar morrer. Sua vida mudará a nosso lado. Não vai precisar morrer. Felipe, o que acha?

— Somos médicos. Temos um hospital na capital. Rodolfo, meu irmão, cuida exatamente de doenças como a de seu filho. Vamos levá-los e cuidar dele.

— Não tenho dinheiro. Nem sequer um emprego. — Disse o pai da criança.

— O hospital é grande. Precisamos de funcionários. Ficarão morando e trabalhando lá e ajudando a cuidar de seu filho e de outros que precisam.

— Muito obrigado, doutor. O senhor caiu do céu. Deus vai abençoar toda essa bondade.

— Já me abençoou. Deu-me um corpo perfeito e a mulher que amo. Não preciso de mais nada. Não é, meu amor?

— De mais nada. Só de ajudar este menino. Vamos embora.

A moça olhou para o céu, agradecendo a Deus em pensamento. Depois, perguntou:

— Estão sentindo esse perfume de rosas?

Os outros tentaram sentir o perfume, mas não conseguiram.

— Não estou sentindo. E vocês? — Perguntou Felipe.

Balançaram a cabeça, dizendo que não.

Não sentiam, mas, se pudessem ver, veriam pétalas de rosas que caíam sobre eles. Jogadas pelos amigos do céu, que estavam torcendo e festejando aquele reencontro.

TÍTULOS DA ESCRITORA:

- Apenas começando
- À beira da loucura
- As chances que a vida dá
- O destino em suas mãos
- Deus estava com ele
- É preciso algo mais
- Em busca do amanhã
- Encontros com a verdade
- A missão de cada um
- Nada fica sem resposta
- Não olhe para trás
- Nem tudo está perdido
- O passado não importa
- Quando o passado não passa
- Sempre existe uma razão
- Tudo a seu tempo...
- A vida é feita de escolhas

Av. Porto Ferreira, 1031 - Parque Iracema
CEP 15809-020 - Catanduva-SP
Fone: 17 3531.4444

www.lumeneditorial.com.br | atendimento@lumeneditorial.com.br
www.boanova.net | boanova@boanova.net